ACESSO À JUSTIÇA
Uma análise multidisciplinar

IRAPUÃ SANTANA
DO NASCIMENTO DA SILVA

ACESSO À JUSTIÇA
Uma análise multidisciplinar

2ª edição
revista, atualizada e ampliada

2025

- Direitos exclusivos para a língua portuguesa
Copyright ©2025 by
Saraiva Jur, um selo da SRV Editora Ltda.
Uma editora integrante do GEN | Grupo Editorial Nacional
Travessa do Ouvidor, 11
Rio de Janeiro – RJ – 20040-040

- **Atendimento ao cliente: https://www.editoradodireito.com.br/contato**

- Capa: Lais Soriano
Diagramação: Mônica Landi

DADOS INTERNACIONAIS DE CATALOGAÇÃO NA PUBLICAÇÃO (CIP)
ODILIO HILARIO MOREIRA JUNIOR – CRB-8/9949

S586a   Silva, Irapuã Santana do Nascimento da
    Acesso à justiça: uma análise multidisciplinar / Irapuã Santana do Nascimento da
    Silva. – 2. ed. – São Paulo: Saraiva Jur, 2025.

    216 p.
    ISBN 978-65-5362-895-3 (Impresso)

    1. Direito constitucional. 2. Direito processual civil. 3. Acesso à justiça. 4. Incentivos legais. I. Título.

                            CDD 342
2024-2247   CDU 342

Índices para catálogo sistemático:
1. Direito constitucional   342
2. Direito constitucional   342

A Deus.

À minha mãe, que segue ao meu lado, sempre orando por mim.

Ao meu falecido pai, que sempre se esforçou por mim.

À espiritualidade, de onde extraio toda a energia para seguir em frente.

À Beatriz, que encheu minha vida de amor genuíno e faz de mim uma pessoa melhor.

AGRADECIMENTOS

Chegar nessa etapa da vida acadêmica é uma vitória que foi construída com muito suor, noites em claro, obviamente, muito esforço.

Ninguém poderia imaginar que o rapaz que entrara na faculdade em 2004 estaria, em 2020, saindo dela após defender sua tese de doutorado e recebendo o título de doutor.

É uma alegria inenarrável estar aqui e poder expor minha pesquisa e minhas humildes reflexões.

Mas essa vitória não poderia vir sem ajuda, obviamente. Então, agradeço a Deus, aos meus pais, Mirna e José, e à espiritualidade. Sem a base de tudo, não poderíamos construir um caminho tão lindo como o que temos construído ao longo dos anos.

Especificamente sobre a tese, devo agradecer as lições e orientações do ministro Fux e do professor Humberto Dalla, que me guiaram, desde a entrada no mestrado até os dias atuais.

Agradeço, ainda, aos professores Flavio Mirza, Flavia Hill, Teresa Arruda Alvim e Claudia Schwerz, que aceitaram meu convite de ler minha tese e me questionar acerca dela a fim de que eu pudesse concluir esse sonho de me tornar doutor.

Por fim, devo declarar minha eterna gratidão aos amigos que tanto me ajudaram na construção da tese, que deu origem a este livro: Pedro Duarte Pinto, Daniel Duque, Mariozinho, Andressa, Ingrid e Juliana.

Por fim, agradeço a todos que sempre torceram por mim e não me deixaram esmorecer nos momentos mais difíceis.

Como sempre digo, eu não sou eu sozinho. Sou a soma de todos. Muito obrigado!

PREFÁCIO

O estudo do Direito hodiernamente reclama a comunicação com outras fontes de conhecimento. Com o Processo Civil, não poderia ser diferente. Além de dialogar com novos ramos do âmbito jurídico, é preciso também buscar os desafios nas teorias de outras ciências para se chegar a respostas antes não encontradas.

É sobre isso que se trata a presente obra de Irapuã Santana.

Muito me orgulha seu livro, produto de sua tese de doutorado, que tive o privilégio de orientar, ocasião na qual ele seguiu demonstrando seu talento para o trabalho duro e para a realização de uma pesquisa acadêmica séria e difícil, condições sempre à vista em sua caminhada junto de mim, tanto no Supremo Tribunal Federal quanto no Tribunal Superior Eleitoral, entre 2014 e 2018.

Esta obra trata do tema do acesso à justiça em todas as suas acepções, abordando o sentido e alcance desse princípio a partir de pontos destacados pela doutrina clássica e mais atualizada, com especial destaque ao embate com as condições da ação e a utilização de novas tecnologias.

O autor também avança sobre a classificação dos fatores que influenciam de sobremodo o acesso à justiça, chegando aos incentivos (i) legais, (ii) sociais e (iii) judiciais, que se relacionam entre si em um movimento cíclico. Os incentivos sociais, por exemplo, correspondem à influência das pessoas na atuação das instituições e se relacionam naturalmente com a edição das leis e a forma de trabalho do Poder Judiciário. Tais incentivos, juntamente aos legais e judiciais, podem gerar relevantes impactos ao acesso à justiça no Brasil.

A partir de então, o leitor pode se debruçar em uma exposição mais aprofundada sobre cada aspecto dos chamados incentivos sistêmicos. Nessa parte, o Código de Processo Civil de 2015 é desmembrado e seus institutos e mecanismos são remontados à luz do acesso à justiça, em que nitidamente se busca uma sistematização e observância da vinculação ao tema central do trabalho.

A seguir, percorrem-se as várias etapas do procedimento comum, por meio da maior pesquisa empírica realizada sobre o sentimento social quanto à prestação da tutela jurisdicional. Se a jurisdição é um serviço público, de fato, ninguém melhor do que a própria sociedade para dizer como ele vem sendo prestado. Com a elaboração de um questionário com 14 perguntas, o Doutor Irapuã aponta os caminhos pelos quais os operadores do Direito devem seguir para existir maior efetividade do Direito Processual no Brasil. A incidência da Economia e da Psicologia Social faz com que a pesquisa ganhe contornos científicos mais sólidos e, dessa maneira, seja entregue uma obra de grande relevância teórica e prática para a comunidade acadêmica brasileira.

Por todo o exposto, honra-me sobremaneira prefaciar a presente obra, que desde logo marca sua contribuição para o desenvolvimento do direito processual brasileiro. Tenho a convicção de que o prodigioso estudo do Doutor Irapuã Santana ingressará na literatura jurídica como referência indispensável no tema do acesso à justiça, tanto no campo acadêmico quanto na *práxis* judicial.

Luiz Fux
Ministro do Supremo Tribunal Federal

APRESENTAÇÃO

CONSTITUIÇÃO, ACESSO À JUSTIÇA E O ATUAL CPC: OS INCENTIVOS PARA UM PROCESSO CÉLERE E EFETIVO

I. O autor

Irapuã Santana é uma dessas pessoas que conseguiu furar o cerco, apropriar-se da própria história e traçar o destino que escolheu. Foi um longo caminho até o sucesso acadêmico e funcional de que hoje desfruta. Irapuã não desperdiçou nenhuma das chances que a vida lhe deu. Que, aliás, não caíram do céu, mas foram buscadas com esforço, sacrifícios e talento.

O autor cursou a graduação na Faculdade de Direito da Universidade do Estado do Rio de Janeiro – UERJ, uma das mais reputadas do país. Também na UERJ obteve os seus títulos de mestre e doutor, na concorrida linha de Direito Processual Civil do Programa de Pós-Graduação *stricto sensu* da instituição. Sua formação acadêmica incluiu, ainda, o intercâmbio no Linkage Program, da Faculdade de Direito da Universidade de Yale e uma especialização em Direito Tributário pelo Insper, com conclusão prevista para 2021.

Em suas atividades funcionais, Irapuã é Procurador Municipal e esteve requisitado, por mais de quatro anos, para atuar no Supremo Tribunal Federal e no Tribunal Superior Eleitoral, no gabinete do Ministro Luiz Fux. Em Brasília, não perdeu a viagem: estrelou por mais de um ano o Programa "Explicando o Direito", da Rádio Justiça, no qual procurava divulgar, em linguagem simples e acessível, questões relevantes para o Direito e a Justiça. É também consultor jurídico e colaborador acadêmico do movimento conhecido como Livres.

Tive o prazer de ser professor de Irapuã Santana na graduação e na pós-graduação. Sou testemunha do seu empenho em fazer as coisas bem-feitas. Sem surpresa, ele produziu um livro singular, que revisita um dos temas mais importantes do Processo Civil em todo o mundo, que é o acesso amplo ao sistema de justiça, que deve se mover, todavia, por critérios de racionalidade, eficiência e celeridade. É uma honra apresentar este trabalho.

II. O livro

As democracias contemporâneas consagram o acesso à justiça pela população. Irapuã desenvolve uma reflexão teórica e prática, utilizando-se de pesquisas empíricas, sobre o sentido e o alcance do princípio constitucional do acesso à justiça e de como aprimorar os incentivos processuais, à luz do atual CPC, para alcançar o acesso adequado ao Judiciário, a fim de que a prestação jurisdicional seja mais efetiva e célere.

O reconhecimento de força normativa e de efetividade às normas constitucionais foi uma importante conquista do constitucionalismo contemporâneo. No Brasil, as normas constitucionais passaram a ser aplicáveis direta e imediatamente, na extensão máxima de sua densidade normativa, o que lhes conferiu imperatividade. Os direitos subjetivos consagrados na Constituição são, como regra, direta e imediatamente exigíveis, do Poder Público ou do particular, por via das ações constitucionais e infraconstitucionais previstas no ordenamento jurídico, comportando tutela judicial específica. Nesse sentido, o princípio do acesso à justiça, previsto no art. 5º, XXXV, estabelece que "a lei não excluirá da apreciação do Poder Judiciário lesão ou ameaça a direito". É neste contexto que o Poder Judiciário passa a ter papel ativo e decisivo na concretização da Constituição.

Por estar comumente ligado à ideia de um Judiciário que possui portas abertas para litígios que envolvam direitos individuais, políticos, sociais ou difusos, definir os contornos do princípio do acesso à justiça é uma tarefa repleta de complexidades e sutilezas, muito bem identificadas por Irapuã. Em um mundo em que, mais cedo ou mais tarde, tudo se judicializa, juízes, tribunais e cortes constitucionais defrontam-se com o dever de oferecer uma resposta efetiva e célere aos conflitos e assegurar o uso adequado dos serviços do Poder Judiciário, sem diminuir o acesso à justiça. A situação é ainda mais premente no Brasil: cerca de 80 milhões de processos tramitam pelos 91 tribunais do país. A Índia aparece em segundo lugar, com cerca de 30 milhões de processos e uma população de mais de 1,3 bilhão de pessoas, bastante inferior à nossa.

Com auxílio da análise econômica do Direito, Irapuã aponta incentivos sistêmicos – legais, sociais e judiciais – que afetam diretamente o acesso à justiça. Os incentivos, que funcionam como estímulos para estabelecer um determinado comportamento humano, são, portanto, variados: normas legais, inclinações da sociedade sobre determinadas matérias e decisões judiciais são espécies de incentivos. Atento a eles,

Irapuã conclui que o atual CPC fornece uma série de mecanismos que, se usados devidamente, irão trazer um impacto positivo na forma de se acessar o Judiciário e no modo como a tutela jurisdicional é prestada. Exemplo elucidativo destes mecanismos são, como ele bem destaca, os filtros recursais, que, longe de serem um obstáculo ao acesso à justiça, constituem incentivos para o uso adequado dos recursos, permitindo a melhoria na qualidade das decisões, diante da redução do volume de processos, bem como que os Tribunais se debrucem sobre questões relevantes para a sociedade.

III. Breves reflexões sobre o tema

Uma das principais características dos Estados constitucionais e democráticos contemporâneos é a centralidade dos direitos fundamentais, cabendo ao Poder Público preservá-los, protegê-los e promovê-los. Os três Poderes – Legislativo, Executivo e Judiciário – têm o dever de realizar os direitos fundamentais, na maior extensão possível, tendo como limite mínimo o núcleo essencial desses direitos. O princípio do acesso à justiça abriga o direito fundamental à inafastabilidade da jurisdição. Analisando este direito fundamental em conjunto com o ambiente democrático pós-88, que reavivou a cidadania e deu maior nível de consciência de direitos a amplos segmentos da população, bem como com a presença crescente da Defensoria Pública em diferentes partes do Brasil, é fácil compreender as razões do aumento da demanda judicial na sociedade brasileira.

As demandas previdenciárias são um exemplo emblemático do que se afirmou: o INSS é, atualmente, o maior demandado em todo o Judiciário e quase 7 mil novas ações são ajuizadas por dia contra a autarquia, na Justiça Federal e Estadual, segundo a Advocacia-Geral da União.

A face negativa deste fenômeno – e isso não se passa apenas no Brasil – é um Judiciário sobrecarregado, uma demora excessiva na entrega da prestação jurisdicional e a insegurança jurídica decorrente de decisões conflitantes. Por outro lado, os tempos atuais exigem uma Justiça que conceda uma resposta célere e efetiva, como ensinado por Mauro Cappelletti. É nesse ambiente que se coloca uma questão essencial e que foi objeto de detida análise por Irapuã: buscar o sentido e o alcance do princípio do acesso à justiça, considerando-o multifacetado, composto não apenas pelo direito de provocar a jurisdição, mas, igualmente, de obter dela uma resposta em tempo razoável e com efetividade.

Reforçando o íntimo relacionamento da Constituição com os institutos processuais, Irapuã responde à questão posta acima defendendo o uso de diversos mecanismos previstos pelo atual CPC; entre eles, a força vinculante dos precedentes. O autor não ignora, no entanto, o comportamento dos Tribunais em relação a sua jurisprudência e os incentivos judiciais daí decorrentes. Tribunais que respeitam seus entendimentos consolidados e Ministros que observam a tese fixada pelo colegiado são exemplos tratados na obra para demonstrar a existência de segurança jurídica, propiciando maior incentivo à confiança pela sociedade. Trata-se de trabalho que traz reflexões em boa hora, no aniversário de 5 anos do diploma processual.

IV. Conclusão

O presente estudo – Os incentivos sistêmicos ao acesso à justiça – constituiu a tese de doutorado do autor, orientada pelo Professor Luiz Fux, meu colega no STF e amigo de toda a vida, e contou na banca com os professores Humberto Dalla Bernardina de Pinho – um ex-aluno brilhante –, Flavia Pereira Hill, Flavio Mirza Maduro e Teresa Arruda Alvim. Com o aval desse seleto grupo, Irapuã Santana entra no clube dos processualistas brasileiros, em que brilhará por seu talento e dedicação ao estudo. Boa leitura a todos.

Luís Roberto Barroso
Ministro do Supremo Tribunal Federal

Brasília, 20 de outubro de 2020.

SUMÁRIO

INTRODUÇÃO

O segundo pós-guerra foi responsável por uma revolução nas estruturas de poder de todos os países do mundo. A criação de constituições sociais gerou um novo tempo na relação entre a sociedade e o Estado e transportou, como consequência, a tutela jurisdicional para o centro do debate ao redor do globo. As transformações políticas, sociais e econômicas ocorridas nos países com o advento do Estado Social, as tensões entre o socialismo e o capitalismo, tiveram suas influências no Estado-Juiz, que passa a regular novas questões, novos direitos e começa a se inserir em assuntos específicos, de natureza privada, até os rumos políticos que serão tomados por uma nação.

No Brasil, isso é visto com muita clareza, a partir do advento da Constituição de 1988 e, com isso, foi possível assistir ao *boom* das ações de medicamentos, às ações de defesa do consumidor, ao ativismo jurídico, a dois *impeachments* e outras questões de grande repercussão nacional. O resultado dessa linha do tempo de 30 anos é tratar o fenômeno da chamada cultura de superlitigância, do abarrotamento do Poder Judiciário, bem como da chamada ditadura do Poder Judiciário. Nesse período, o Código de Processo Civil (CPC) de 1973 passou por diversas reformas pontuais e, em 2015, deu lugar ao atual Código, com o objetivo de tornar o processo mais (i) célere e (ii) igualitário.

Entretanto, essas questões somente identificam problemas que não guardam relação com a lei em si, mas sim com comportamentos de todos que atuam de alguma maneira no processo. Nesse momento poderia vir um contra-argumento para dizer que a lei molda a atividade do homem. Será?

É intuitivo que os processos no país demoram mais do que precisariam e não raro temos notícias de processos se estendendo por mais de 10 anos. Em primeiro lugar, é preciso esclarecer que essa preocupação não é recente, e não é exclusiva do Brasil. Tanto é assim que a Corte Europeia de Direitos Humanos já tratou do tema diversas vezes, considerando a duração razoável do processo um direito fundamental[1]. Afinal, "Justiça retardada é Justiça denegada".

Assim, é preciso entender como o passar do tempo influencia no desenvolvimento do processo, principalmente se considerarmos um dado importantíssimo em 80% do tempo total de duração de um processo ele se encontra completamente parado, sem qualquer movimentação[2].

Considerando esse cenário, os prazos estabelecidos em lei para a prática dos atos processuais são, ao nosso modo de ver, completamente irrelevantes, porque o tempo de demora entre um ato processual e outro é incomparavelmente maior. O comum é apresentarmos um pedido ao juiz hoje e só chegar até ele depois de dois meses, sendo que esses prazos de manifestação são de 5, 10 ou 15 dias.

E por que isso acontece?

Mesmo numa situação em que funcionários do judiciário tenham muitos incentivos para trabalhar mais e melhor, há inegavelmente um déficit de servidores. O país conta com nada menos que 81,4 milhões de processos, conforme dados expostos pelo Conselho Nacional de Justiça[3]. Quando levamos em consideração os 203.080.756 de habitantes do país[4], concluiremos que existe quase um processo para cada brasileiro – na razão de 0,8 –, já que um litígio se faz com, no mínimo, duas partes (autor e réu).

Isso resultou numa grande crise do Judiciário, que tem muita demanda e quadro de funcionários insuficientes para atender. Esse panorama ocorre, basicamente, pelo fato de a nossa constituição prometer

---

[1] GUINCHARD, Serge et al. *Droit processual*: droit commun et droit comparé du procès équitable. 5. ed. Paris: Dalloz, 2009, p. 1016. Nesse sentido, merece menção o importante posicionamento adotado pela Corte Europeia de Direitos Humanos, no denominado caso *Hornsby vs. Grécia*, julgado em 19-3-1997, no qual se entendeu que o direito à execução dos julgamentos é uma das garantias do processo justo, cuja falta acarretaria a existência de um acesso à justiça meramente abstrata, teórica.

[2] Análise da Gestão e Funcionamento dos Cartórios Judiciais Ministério da Justiça – Secretaria de Reforma do Judiciário – Programa das Nações Unidas para o Desenvolvimento – PNUD.

[3] Conselho Nacional de Justiça. Justiça em Números. Disponível em: https://www.cnj.jus.br/wp-content/uploads/2023/08/justica-em-numeros-2023.pdf. Acesso em: 25-4-2024.

[4] Instituto Brasileiro de Geografia e Estatística. Disponível em: https://agenciadenoticias.ibge.gov.br/agencia-noticias/2012-agencia-de-noticias/noticias/39525-censo-2022-informacoes-de-populacao-e-domicilios-por-setores-censitarios-auxiliam-gestao-publica. Acesso em: 25-4-2024.

tudo e, nas palavras do ministro Luís Roberto Barroso, "só não traz a pessoa amada em três dias"[5].

Uma Constituição, que promete que o Estado tudo proverá e abre as portas do Judiciário para toda a sociedade, acaba por jogar-lhe uma carga imensa de responsabilidade. Como consequência, a exemplo do que ocorre com o restante dos outros poderes, o Judiciário passa a não corresponder aos anseios da população a quem deveria servir.

Tal conclusão está traduzida nos números de litigantes, onde encontramos o Estado, por meio de sua administração pública direta e indireta, no topo da lista. Entre os 20 primeiros lugares, 18 são pessoas jurídicas de natureza pública quando figuram como parte autora. O gráfico abaixo representa o painel desenvolvido pelo CNJ[6].

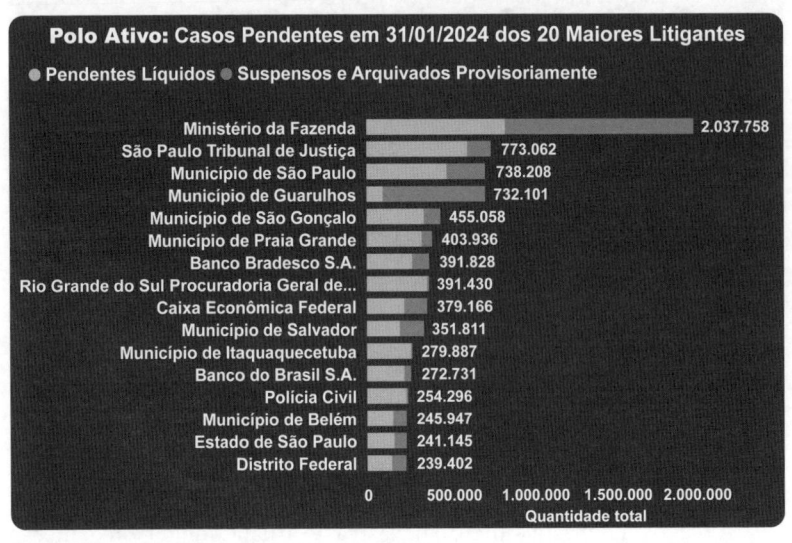

Fonte: CNJ.

Mas não é só. No polo passivo, o Estado também é maioria tendo 11 da lista dos 20 maiores litigantes, o que, à primeira vista não parece

5   BARROSO, Luís Roberto. Disponível em: http://g1.globo.com/politica/noticia/2013/06/constituicao-so-nao-traz-pessoa-amada-em-3-dias-diz-indicado-ao-stf.html. Acesso em: 6-11-2019.
6   Conselho Nacional de Justiça. Disponível em: https://justica-em-numeros.cnj.jus.br/painel-litigantes. Acesso em: 25-4-2024.

tão ruim, mas, analisando em termos de volume de processos, a discrepância impressiona. O INSS e a Caixa Econômica Federal, juntos, respondem por 6.190.819 processos, o que corresponde a 3,2 vezes mais do que o volume de todos os processos das 9 pessoas jurídicas de direito privado restantes do top 20 no polo passivo[7].

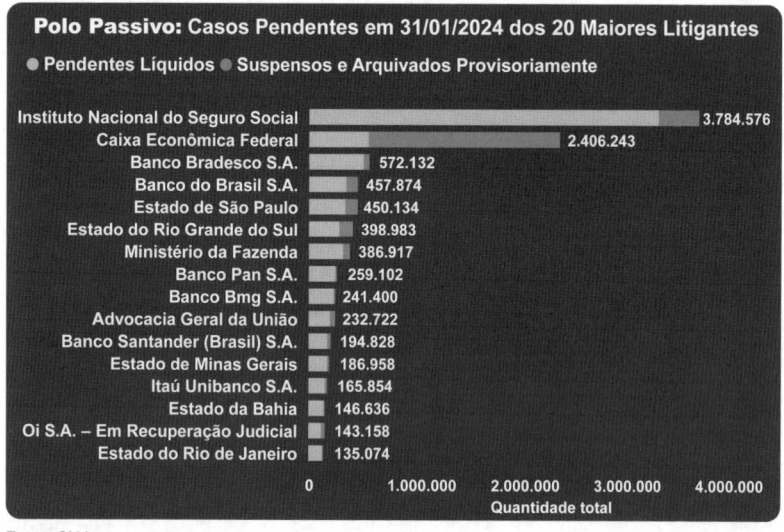

Polo Passivo: Casos Pendentes em 31/01/2024 dos 20 Maiores Litigantes

● Pendentes Líquidos ● Suspensos e Arquivados Provisoriamente

Instituto Nacional do Seguro Social	3.784.576
Caixa Econômica Federal	2.406.243
Banco Bradesco S.A.	572.132
Banco do Brasil S.A.	457.874
Estado de São Paulo	450.134
Estado do Rio Grande do Sul	398.983
Ministério da Fazenda	386.917
Banco Pan S.A.	259.102
Banco Bmg S.A.	241.400
Advocacia Geral da União	232.722
Banco Santander (Brasil) S.A.	194.828
Estado de Minas Gerais	186.958
Itaú Unibanco S.A.	165.854
Estado da Bahia	146.636
Oi S.A. – Em Recuperação Judicial	143.158
Estado do Rio de Janeiro	135.074

0   1.000.000   2.000.000   3.000.000   4.000.000
Quantidade total

Fonte: CNJ.

Isso demonstra o tamanho do problema gerado tão somente pelo Estado brasileiro na equação sobre como o Judiciário é utilizado no país. Resta, portanto, a seguinte pergunta: o atual CPC teria condições de diminuir esse fluxo?

A resposta é infalivelmente negativa. O atual Código trouxe mecanismos de contenção e combate da consequência, mas a causa continua sem tratamento, qual seja, o tamanho do Estado. Assim, a celeridade e o nosso desejo de ter uma resposta rápida e real (traduzida na efetividade) do Judiciário não passam de mera ilusão.

Outro grande problema também identificado é que processos iguais, muitas vezes, são decididos de forma diferente pelo Judiciário, o que gera insegurança não somente quanto à prestação jurisdicional,

---

[7] Ibidem.

mas, inclusive a nível econômico. Que empresa vai investir em um lugar que não se pode prever minimamente seus custos com ações judiciais possíveis?

O atual CPC tem muitos institutos em vários dispositivos para diminuir essas contradições do sistema que violam o princípio da igualdade e trazem consequências nefastas para nossa economia, mas se os tribunais não entenderem seu papel, de nada adiantará.

Como havia mencionado anteriormente, a mera previsão em lei não assegura a existência de efeitos práticos no mundo dos fatos.

A título exemplificativo, basta rememorar que, quando do advento do atual CPC, houve uma mudança significativa com relação à contagem de prazos processuais, a qual apenas ocorreria em dias úteis. Assim, se o advogado tem 10 dias para se manifestar começando na segunda, ele tem até a sexta-feira da semana seguinte para fazê-lo. Entretanto, o CNJ estabeleceu, num primeiro momento, que essa regra não se aplica aos juizados especiais, porque atentaria contra o princípio da celeridade. Todavia, a técnica jurídica não permite esse tipo de posicionamento, tendo em vista que a lei que rege os juizados especiais (Lei n. 9.099/95) não disciplina o tema, restando ao atual CPC sua regulação, de modo subsidiário. Nessa linha, para além da alteração indevida e arbitrária na legislação processual, ao suposto argumento de privilégio do princípio da celeridade, na prática, alterar o modo de contagem de prazo de dias úteis para dias corridos é irrelevante perto do tempo em que o processo ficou efetivamente parado, como já exposto.

Portanto, a necessidade de uma nova legislação não cuida de resolver os questionamentos subsequentes, haja vista que a inovação legislativa, além de não combater a real origem do verdadeiro problema, não vem, de fato, sendo cumprida integralmente pelos operadores do direito.

Dessa forma, fica muito claro que uma lei nova acompanhada de muitas promessas – de políticos e juristas – no sentido de haver uma diminuição imediata na duração do processo e maior unidade do sistema, sozinha, não fará mudança alguma.

É preciso, pois, ir além e observar o conjunto que circunda a nova legislação e forma o sistema de justiça, quais sejam, jurisprudência e sociedade – enquanto partes –, analisando, ao longo das próximas reflexões, os diversos mecanismos trazidos pelo atual CPC e sua repercussão à luz da jurisprudência e do jurisdicionado, visando ao entendimento e aprimoramento dos incentivos processuais necessários para se verificar o real potencial de atingir um melhor acesso à justiça, entendido também como uma prestação mais efetiva e adequada prestação jurisdicional.

Capítulo 1
ACESSO À JUSTIÇA

O art. 5º, XXXV, da Constituição estabelece que "a lei não excluirá da apreciação do Poder Judiciário lesão ou ameaça a direito". É nesse dispositivo constitucional que está encartado o princípio do acesso à justiça. Entretanto, é preciso ressaltar que se mostra apenas uma de suas facetas em nossa Carta Magna, sendo necessário perquirir suas demais acepções.

A fim de haver melhor entendimento do raciocínio pretendido nesta obra, devemos seguir uma linha do tempo para, após, retomarmos as reflexões acerca das diversas formas de entendimento do acesso à justiça.

1.1 BREVE HISTÓRICO

Nossa caminhada começa na Revolução Industrial, que corresponde às modificações econômicas e tecnológicas que consolidaram o sistema capitalista e permitiram o surgimento de novas formas de organização da sociedade. As transformações tecnológicas, econômicas e sociais vividas na Europa Ocidental, inicialmente limitadas à Inglaterra, em meados do século XVIII, tiveram diversos desdobramentos, os quais podemos chamar de fases. Essas fases correspondem ao processo evolutivo das tecnologias desenvolvidas e as consequentes mudanças socioeconômicas.

A Primeira Revolução Industrial refere-se ao processo de evolução tecnológica vivido a partir do século XVIII na Europa Ocidental, entre 1760 e 1850, estabelecendo uma nova relação entre a sociedade e o meio, bem como possibilitando a existência de novas formas de produção que transformaram o setor industrial, dando início a um novo padrão de consumo.

Essa fase é marcada especialmente pela substituição da energia produzida pelo homem por novas energias, como a vapor, eólica e hidráulica; a substituição da produção artesanal (manufatura) pela indústria (maquinofatura) e pela existência de novas relações de trabalho.

As principais invenções dessa fase, que modificaram todo o cenário vivido na época, foram: a utilização do carvão como fonte de energia; o consequente desenvolvimento da máquina a vapor e da locomotiva. Nessa fase foi, também, desenvolvido o telégrafo, um dos primeiros meios de comunicação quase instantânea.

A produção modificou-se, diminuindo o tempo e aumentando a produtividade; as invenções possibilitaram o melhor escoamento de matérias-primas, bem como de consumidores e favoreceram a distribuição dos bens produzidos.

A Segunda Revolução Industrial refere-se ao período entre a segunda metade do século XIX até meados do século XX, tendo seu fim durante a Segunda Guerra Mundial. A industrialização avançou os limites geográficos da Europa Ocidental, espalhando-se por países como Estados Unidos, Japão e demais países da Europa.

Compreende a fase de avanços tecnológicos ainda maiores que os vivenciados na primeira Revolução, bem como o aperfeiçoamento de tecnologias já existentes. O mundo pôde vivenciar diversas novas criações que aumentaram ainda mais a produtividade e, consequentemente, os lucros das indústrias. Houve nesse período, também, grande incentivo às pesquisas, especialmente no campo da medicina.

As principais criações dessa fase estão associadas ao uso do petróleo como fonte de energia, utilizado com o advento do motor à combustão. A eletricidade que antes era utilizada apenas para desenvolvimento de pesquisas em laboratórios, nesse período começa a ser usada para o funcionamento de motores, com destaque para os motores elétricos e à explosão. O ferro, que antes era largamente utilizado, passou a ser substituído pelo aço.

A Terceira Revolução Industrial, também conhecida como Revolução Tecnocientífica, iniciou-se na metade do século XX, após a Segunda Guerra Mundial. Essa fase representa uma revolução não só no setor industrial, visto que passou a relacionar não apenas o desenvolvimento tecnológico voltado ao processo produtivo, mas também ao avanço científico, deixando de limitar-se a apenas alguns países e espalhando-se por todo o mundo.

Todo esse desenvolvimento proporcionado pelos avanços obtidos nas diversas áreas científicas relacionam-se ao que chamamos de globalização: tudo converge para a diminuição do tempo e das distâncias, ligando pessoas, lugares, transmitindo informações instantaneamente, superando, então, os desafios e obstáculos que permeiam a localização geográfica, as diferenças culturais, físicas e sociais.

A Primeira Revolução Industrial representou uma nova organização no modo capitalista. Nesse período houve um aumento significativo de indústrias bem como o aumento significativo da produtividade (produção em menor tempo). O homem saiu da zona rural para as cidades em busca de novas oportunidades, dando início ao processo de urbanização.

A Segunda Revolução Industrial teve como principais consequências, mediante o maior avanço tecnológico, o aumento da produção em massa em bem menos tempo e, consequentemente, o aumento do comércio e modificação nos padrões de consumo.

Por fim, a Terceira Revolução Industrial e nova integração entre ciência, tecnologia e produção, possibilitou avanços na medicina; a invenção de robôs capazes de fazer trabalho extremamente minucioso e preciso; houve avanços na área da genética, trazendo novas técnicas que melhoraram a qualidade de vida das pessoas; possibilitou diminuir as distâncias entre os povos e a maior difusão de notícias e informações por meio de novos meios de comunicação.

No campo do Direito, houve mudanças drásticas a partir do momento em que ocorreu o crescimento das relações entre as pessoas e nas respectivas transformações consequentes desse rearranjo – a globalização trazendo inúmeras espécies de novos direitos a partir de inovações, saindo do plano individual para o coletivo.

Nasce, com isso, o Direito das massas, possibilitando observar que um simples ato poderá gerar efeitos grandiosos, atingindo a esfera individual do direito de um número incontável de pessoas. Isso é o que demanda, em primeiro lugar, a atenção dos estudiosos do Direito, para observar que ele não pode ficar parado no tempo, sem que sofra os reflexos da sociedade e vice-versa.

Essa massificação, no que concerne aos litígios, criou algumas situações, por todo o mundo, vale dizer, em que era urgente a solução rápida e eficaz para que o Poder Judiciário pudesse cumprir com o seu dever perante a sociedade. Relativamente ao acesso à justiça, nosso objeto de estudo, não foi diferente. A tutela jurisdicional precisava permanecer à disposição desse novo quadro, seja pela porta de entrada, seja do ponto de vista de sua entrega.

Foi para enfrentar tamanho desafio que surgiu o projeto de Florença e, com ele, as chamadas Três Ondas Renovatórias[8], de Mauro Cappelletti, que visava a expor, analisar e resolver os principais problemas que
ocorriam nesse Poder a fim de que o acesso à justiça fosse devidamente
fortalecido.

Em sua pesquisa, Cappelletti apontou o alto custo para se litigar
em juízo, asseverando que:

> se é certo que o Estado paga os salários dos juízes e do pessoal auxi-
> liar e proporciona os prédios e outros recursos necessários aos julgamen-
> tos, os litigantes precisam suportar a grande proporção dos demais custos
> necessários à solução de uma lide, incluindo os honorários advocatícios e
> algumas custas judiciais[9].

Ainda sob o viés econômico, processos que envolvem causas pequenas tendem a ter prejudicada sua persecução judicial diante do alto
custo[10], que pode aumentar ainda mais quando se pensa em fatores ex-
ternos, como a inflação, por exemplo[11].

Além disso, diante da diferença ontológica e estrutural dos indivíduos, ocorrem vantagens naturais, seja por natureza patrimonial, seja
por desenvolvimento intelectual, seja por experiências em litígios, o
que apresenta uma barreira gigantesca para a prestação de uma tutela
jurisdicional efetiva.

---

[8] CAPPELLETTI, Mauro; GARTH, Bryant. *Acesso à Justiça*. Tradução e revisão por Ellen Gracie Northfleet. Porto Alegre: Fabris, 1988. Disponível em: https://www.academia.
edu/6522484/MAURO_CAPPELLETTI_ACESSO_%C3%80_JUSTI%C3%87A. Acesso em:
20-11-2019.

[9] Ibidem, p. 6.

[10] Cappelletti afirma que "os dados reunidos pelo Projeto de Florença mostram claramente
que a relação entre os custos a serem enfrentados nas ações cresce na medida em que se reduz
o valor da causa. Na Alemanha, por exemplo, as despesas para intentar uma causa cujo valor
corresponda a US$ 100, no sistema judiciário regular, estão estimadas em cerca de US$ 150,
mesmo que seja utilizada apenas a primeira instância, enquanto os custos de uma ação de US$
5.000, envolvendo duas instâncias, seriam de aproximadamente US$ 4.200 – ainda muito
elevados, mas numa proporção bastante inferior, em relação ao valor da causa. Nem é preciso
multiplicar os exemplos nessa área; é evidente que o problema das pequenas causas exige especial atenção" (ibidem).

[11] A título exemplificativo, apenas no ano de 2018, as despesas do Poder Judiciário chegaram
a 93,7 bilhões de reais. Dividindo-se pelo número de processos existentes no país, chegamos
ao valor anual de R$ 877,34 para manter apenas um processo tramitando.

Outro problema apontado é o caráter pulverizado dos novos direitos multifacetados, chamados interesses coletivos[12]. Para ilustrar bem essa questão, cabe transcrever um exemplo elaborado pelo próprio autor:

> Um exemplo simples pode mostrar por que essa situação cria especiais barreiras ao acesso. Suponhamos que o governo autorize a construção de uma represa que ameace de maneira séria e irreversível o ambiente natural. Muitas pessoas podem desfrutar da área ameaçada, mas poucas – ou nenhuma – terão qualquer interesse financeiro direto em jogo. Mesmo esses, além disso, provavelmente não terão interesse suficiente para enfrentar uma demanda judicial complicada. Presumindo-se que esses indivíduos tenham legitimação ativa (o que é frequentemente um problema), eles estão em posição análoga do autor de uma pequena causa, para quem uma demanda judicial é antieconômica. Um indivíduo, além disso, poderá receber apenas indenização de seus próprios prejuízos, porém não dos efetivamente causados pelo infrator à comunidade. Consequentemente, a demanda individual pode ser de todo ineficiente para obter o cumprimento da lei; o infrator pode não ser dissuadido de prosseguir em sua conduta. A conexão de processos é, portanto, desejável – muitas vezes, mesmo, necessária – não apenas do ponto de vista de Galanter, senão também do ponto de vista da reivindicação eficiente dos direitos difusos[13].

Com essa exposição, Cappelletti demonstrou que as principais barreiras ao acesso atingem pobres e indivíduos que não têm estrutura para suportar todo o ônus de mover a máquina judiciária num processo.

---

[12] Com relação à definição de interesses coletivos, vale conferir que "a expressão direito evoca uma posição adrede positivada, atributiva de certa situação de vantagem a um titular definido, ao passo que os interesses tuteláveis na jurisdição coletiva podem acaso não estar previstos expressamente no ordenamento, bastando que se mostrem compatíveis com ele, sejam socialmente relevantes e venham manejados por adequado representante, por aí se exemplificando a cláusula que abre para 'outros interesses coletivos e difusos', constante da parte final do art. 129, III, da CF" (MANCUSO, Rodolfo de Camargo. *Jurisdição coletiva e coisa julgada*: teoria geral das ações coletivas. São Paulo: Revista dos Tribunais, 2007, p. 86).

Em contrapartida, Kazuo Watanabe esclarece que os termos "foram utilizados como sinônimos, certo é que, a partir do momento em que passam a ser amparados pelo direito, os 'interesses' assumem o mesmo status de 'direitos', desaparecendo qualquer razão prática, e mesmo teórica, para a busca de uma diferenciação ontológica entre eles" (WATANABE, Kazuo et al. *Código brasileiro de defesa do Consumidor comentado pelos autores do anteprojeto*. 6. ed. São Paulo: Forense Universitária, 1999, p. 718).

[13] CAPPELLETTI, Mauro; GARTH, Bryant. Ob. cit.

Os primeiros esforços importantes para incrementar o acesso à Justiça nos países ocidentais concentraram-se em proporcionar serviços jurídicos para os pobres (primeira onda renovatória). Assim, quem não pode custear o serviço não tem fechada a porta do Poder Judiciário, aumentando o acesso à Justiça[14].

Passando ao próximo tópico, interessa notar que tornar a tutela jurisdicional menos individual, para um atendimento mais amplo e eficaz das necessidades existentes no bojo da sociedade, criando um caráter coletivo (segunda onda renovatória), é o objetivo de suplantar a pulverização dos interesses coletivos[15]. É justamente nessa esteira que surge o processo coletivo, acompanhando a evolução da sociedade como um todo, no crescimento em rapidez e complexidade de seus anseios e necessidades, obrigando um estudo aprofundado para adaptação e solução para a problemática existente.

---

[14] "A mais dramática reforma da assistência judiciária teve lugar nos últimos 12 anos. A consciência social que redespertou, especialmente no curso da década de 60, colocou a assistência judiciária no topo da agenda das reformas judiciárias. A contradição entre o ideal teórico do acesso efetivo e os sistemas totalmente inadequados de assistência judiciária tornou-se cada vez mais intolerável.

A reforma começou em 1965 nos Estados Unidos, com o Office of Economic Opportunity (OEO) e continuou pelo mundo no início da década de 1970. Em janeiro de 1972, a França substituiu seu esquema de assistência judiciária do século dezenove, baseado em serviço gratuito prestado pelos advogados, por um enfoque moderno de 'securité çociale', no qual o custo dos honorários é suportado pelo Estado. Em maio de 1972, o novo e inovador programa da Suécia tornou-se lei. Dois meses mais tarde, a Lei de Aconselhamento e Assistência Judiciária da Inglaterra aumentou grandemente o alcance do sistema implantado em 1949, especialmente na área de aconselhamento jurídico, e a Província Canadense de Quebeque estabeleceu seu primeiro programa de assistência judiciária financiado pelo governo. Em outubro de 1972, a República Federal da Alemanha aperfeiçoou seu sistema, aumentando a remuneração paga aos advogados particulares por serviços jurídicos prestados aos pobres. E em julho de 1974, foi estabelecida nos Estados Unidos a longamente esperada Legal Services Corporation – um esforço para preservar e ampliar os progressos do programa do OEO, já agora dissolvido. Também durante esse período, tanto a Áustria quanto a Holanda reviram seus programas de assistência judiciária, de modo a remunerar os advogados mais adequadamente. Houve várias reformas na Austrália; e a Itália quase chegou a mudar seu sistema anacrônico, que era semelhante ao esquema francês anterior a 1972" (ibidem).

[15] "A concepção tradicional do processo civil não deixava espaço para a proteção dos direitos difusos. O processo era visto apenas como um assunto entre duas partes, que se destinava à solução de uma controvérsia entre essas mesmas partes a respeito de seus próprios interesses individuais. Direitos que pertencessem a um grupo, ao público em geral ou a um segmento do público não se enquadravam bem nesse esquema. As regras determinantes da legitimidade, as normas de procedimento e a atuação dos juízes não eram destinadas a facilitar as demandas por interesses difusos intentadas por particulares" (ibidem).

Outro aspecto de grande relevância que impede o acesso à Justiça é a falta de informação das pessoas, haja vista o não conhecimento de seus direitos e da forma como pleiteá-los. No plano coletivo, esse impedimento não existe em virtude da substituição processual – que ocorre quando a lei concede poderes de representação nas ações coletivas a determinados órgãos ou entidades, como o Ministério Público. O indivíduo desinformado terá seu direito defendido pelo substituto processual bem aparelhado, no sentido de poder representá-lo da melhor forma possível, tendo o povo, portanto, mais acesso à tutela jurisdicional[16].

Como meio de economia processual, fica evidente o uso da ação coletiva, porquanto, num mesmo processo, há a materialização da pretensão de muitos indivíduos, evitando o ajuizamento de várias ações autônomas, que acabam sobrecarregando o Poder Judiciário. Sem tal abarrotamento, o acesso de demais questões, sem dúvida, é facilitado.

As ações coletivas vêm também como um modo de realização da segurança jurídica e do princípio da igualdade. É possível observar que, se ao invés de se ajuizar uma ação coletiva, fossem ajuizadas várias ações individuais, ocorreria de juízes diferentes julgarem a mesma situação de formas distintas, resultando em sentenças variadas e conflitantes. Assim, haveria uma quebra do princípio da isonomia e da segurança jurídica.

A equiparação das partes na relação processual complementa a série dos principais objetivos da idealização de uma tutela jurisdicional coletiva. Há que se ter em mente que a parte contrária tem uma ampla noção de que suas ações podem dar ensejo a ações propostas por parte de eventuais lesados, sabendo também da possibilidade de seu resultado e, portanto, valendo-se de um resguardo jurídico capacitado para suportar um processo. Situação que já não ocorre com o autor sendo um indivíduo simples, o que resulta na chamada vulnerabilidade jurídica[17]. Tal vulnerabilidade se vê diminuída quando se está no plano coletivo, haja vista a relação diferenciada, seja pela união de vários interessados na causa, seja pela representação adequada no polo ativo.

---

[16] MENDES, Aluísio Gonçalves de Castro. *Ações coletivas no direito comparado e nacional*. São Paulo: Revista dos Tribunais, 2002, v. 4, p. 27-38.

[17] MARQUES, Cláudia Lima. *Contratos no Código de Defesa do Consumidor*. 4. ed. São Paulo: Revista dos Tribunais, 2002, p. 271-272.

A partir da reflexão das duas primeiras ondas, chega-se à conclusão de que, apesar de aumentar de sobremodo o acesso à Justiça, é preciso ir além e reformular, elevando esse princípio à máxima potência a fim de que somente os pobres e indivíduos não sejam os únicos contemplados. Além de entender o acesso à Justiça como um aumento do raio de incidência dos jurisdicionados tutelados, é preciso qualificar a forma com a qual o serviço judiciário é prestado (terceira onda)[18].

É plenamente reconhecido que os esforços organizados, sob a égide da terceira onda, devem ser levados a efeito fora do circuito jurisdicional, com várias formas de heterocomposição dos conflitos, entre elas, a mediação[19]. Seguindo essa fórmula, fica mais fácil chegar ao que se denomina de quarta onda renovatória, a saber, a efetividade dos direitos processuais[20].

Após essa breve contextualização histórica, passando por revisitar

---

[18] "O progresso na obtenção de reformas da assistência jurídica e da busca de mecanismos para a representação de interesses 'públicos' é essencial para proporcionar um significativo acesso à justiça. Essas reformas serão bem-sucedidas – e, em parte, já o foram – no objetivo de alcançar proteção judicial para interesses que por muito tempo foram deixados ao desabrigo. Os programas de assistência judiciária estão finalmente tornando disponíveis advogados para muitos dos que não podem custear seus serviços e estão cada vez mais tornando as pessoas conscientes de seus direitos. Tem havido progressos no sentido da reivindicação dos direitos, tanto tradicionais quanto novos, dos menos privilegiados. Um outro passo, também de importância capital, foi a criação de mecanismos para representar os interesses difusos não apenas dos pobres, mas também dos consumidores, preservacionistas e do público em geral, na reivindicação agressiva de seus novos direitos sociais. O fato de reconhecermos a importância dessas reformas não deve impedir-nos de enxergar os seus limites. Sua preocupação é basicamente encontrar representação efetiva para interesses antes não representados ou mal representados. O novo enfoque de acesso à Justiça, no entanto, tem alcance muito mais amplo. Essa 'terceira onda' de reforma inclui a advocacia, judicial ou extrajudicial, seja por meio de advogados particulares ou públicos, mas vai além. Ela centra sua atenção no conjunto geral de instituições e mecanismos, pessoas e procedimentos utilizados para processar e mesmo prevenir disputas nas sociedades modernas. Nós o denominamos 'o enfoque do acesso à Justiça' por sua abrangência. Seu método não consiste em abandonar as técnicas das duas primeiras ondas de reforma, mas em tratá-las como apenas algumas de uma série de possibilidades para melhorar o acesso" (CAPPELLETTI, Mauro; GARTH, BRYANT. Ob. cit.).

[19] "Le recours à la médiation, se substituant à l´exercise d´actions en justice, a pris une importance considérable dans les réformes et expériences faites récemment aux Etats-Unis, au niveau local avec les tribunaux de communautés ou les Neighbordhood Justice Centers, et aussi en rapport avec la protection des intérêts diffus avec des procedes tels que l´environmental mediation." CAPPELLETTI, Mauro (Org.). *Accès a la justice et état-providence. Economica*. Paris, 1984, p. 29.

[20] CAPPELLETTI, Mauro. Ibidem, p. 33.

a obra de Cappelletti, já se torna possível avançar para o estudo de sentidos não tão estampados do princípio do acesso à justiça.

1.2 DEFINIÇÃO

Conforme anteriormente comentado, a nossa Constituição trata da ideia de inafastabilidade da tutela jurisdicional, onde nenhum indivíduo será impedido de bater à porta do Poder Judiciário para resguardar o seu direito.

Entretanto, apenas o direito de provocação não basta. É preciso ir além e assegurar que a Justiça seja feita no caso concreto. Em outras palavras: essa apreciação prevista no dispositivo constitucional precisa ocorrer, de fato. Mas não é só. Tal exame da disputa em jogo deve ser realizado devidamente.

Como bem expõem o ministro Fux e o professor Bodart, "autores pontuam que não há acesso à justiça sem o *rule of Law* e vice-versa, sendo ambos componentes essenciais do desenvolvimento de qualquer país"[21]. Nessa linha, acesso à justiça e desenvolvimento social e econômico estão intimamente associados, sendo indispensáveis não apenas para garantir a estabilidade e pacificação social, mas também para o desenvolvimento dos países. Esse é o exemplo dos Estados Unidos, onde "os esforços para a implementação do acesso à justiça envolvem o acesso a serviços jurídicos, acesso às Cortes e acesso a técnicas inovadoras para a resolução de controvérsias"[22].

O Direito Estrangeiro segue o mesmo caminho da reflexão ora tratada. A Constituição da Espanha, de 1978, estabelece, em seu art. 24, I:

> Todas as pessoas têm direito a obter a tutela efetiva dos juízes e tribunais no exercício dos seus direitos e interesses legítimos, sem que, em nenhum caso, possa produzir-se desamparo.

A Constituição italiana, por sua vez, no seu art. 24, dispõe que "todos podem recorrer em juízo para a tutela dos próprios direitos e interesses legítimos".

A Constituição da Alemanha também reconhece como um direito fundamental ser legalmente ouvido perante os tribunais.

---

[21] FUX, Luiz; BODART, Bruno Vinícius da Rós. *Processo civil e análise econômica*, cit., p. 28.

[22] Ibidem, p. 33.

Após o nazismo, com amplas limitações aos direitos fundamentais, surgiu a Lei Fundamental de Bonn, que constitucionalizou as garantias processuais, que passaram a constar também das novas normas de Direito Internacional, logo após a 2ª Guerra Mundial.

Foi também na Lei Fundamental de Bonn que se previu a garantia do processo justo e de acesso aos tribunais e ao direito[23]. A garantia de um processo justo é mesmo encarada como um direito fundamental.

A Declaração Universal dos Direitos do Homem, da ONU, de 1948, definiu, expressamente, em seus artigos 8 e 10, que:

> Art. 8º Toda pessoa tem direito a um recurso efetivo perante as jurisdições nacionais competentes contra os que violam os direitos fundamentais que lhe são reconhecidos pela constituição e pela lei.
>
> [...]
>
> Art. 10. Toda pessoa tem direito, em plena igualdade, a que a sua causa seja ouvida equitativamente e publicamente por um tribunal independente e imparcial, que decidirá seja de seus direitos e obrigações, seja da legitimidade de toda acusação em matéria penal dirigida contra ela.

Nesse sentido, após analisadas as balizas nacionais e internacionais, podemos definir o princípio do acesso à justiça como aquele segundo o qual se confere a todo indivíduo o direito de exigir do Estado uma tutela jurisdicional efetiva e adequada. Assim, temos que o exercício da jurisdição seja devidamente prestado, respeitados todos os parâmetros constitucionais previamente estabelecidos pelo sistema.

Por tutela adequada, devemos entender como aquela que mais se ajusta ao interesse da parte, seguindo a linha do princípio da adstrição ao pedido, segundo o qual a parte deve receber exatamente aquilo que pediu, ou o que for mais próximo do pedido realizado, em caso de procedência de ação. Um bom exemplo disso é o caso de uma mediação judicial em que o autor aceita tão somente um pedido de desculpas para encerrar a ação. Apesar de ter deixado de ganhar alguma in-

---

[23] Artigo 103 [Direitos fundamentais perante os tribunais] (1) Perante o tribunal, todos têm o direito de ser ouvido. (2) Um fato somente pode ser punido, se a punibilidade foi estabelecida por lei antes de seu cometimento. (3) Ninguém pode ser punido mais de uma vez pelo mesmo fato, com base no direito penal comum.

denização e eventuais outros pleitos, ele sai muito satisfeito com a entrega de um ato que, em tese, é menos vantajosa, do ponto de vista financeiro.

Passada tal premissa, é preciso analisar, também, o sentido e o alcance desse princípio na prática.

O primeiro ponto a ser enfrentado é de que ele poderia ser considerado um direito quase absoluto, visto que é multifacetado, como já exposto. O momento em que o Direito de Ação e o Acesso à Justiça convergem demonstram que a assertiva, apesar de contundente, é verdadeira. Em sua acepção tradicional, o direito de ir a juízo terá, em todas as vezes, alguma resposta, ainda que não seja a de análise de mérito. No entanto, o princípio do acesso à justiça reflete-se nas várias etapas do processo, o que faz ocorrer a separação com a simples provocação do Judiciário.

No que tange aos seus desdobramentos, tem sofrido algumas flexibilizações, não do ponto de vista da possibilidade de propositura da ação, mas sim de se obter um provimento de mérito do caso levado a juízo.

Sendo a primeira onda renovatória aquela que tratava da questão de a justiça ser mais barata, fomentando o acesso dos mais pobres, iniciaremos pela questão da (i) justiça gratuita e (ii) defensoria pública.

1.3 JUSTIÇA GRATUITA

O Brasil é um país em que metade da sua população vive, em média, com R$ 820,00, ou seja, menos de um salário mínimo[24]. Além disso, um quarto de seu povo vive abaixo da linha da pobreza, auferindo mensalmente menos de R$ 420,00.

Quando se fala de acesso à justiça, é preciso desenhar formas de utilização do sistema judiciário também para essas pessoas. Afinal de contas, estamos falando de 104 milhões de indivíduos, que não podem ficar ainda mais à margem da sociedade.

Assim é que haver uma justiça gratuita se torna um grande passo para que o art. 5º, XXXV, da Constituição não se torne letra morta para um montante de pessoas que poderiam formar uma nação inteira.

---

[24] Instituto Nacional de Geografia e Estatística. Rendimento de todas as fontes, 2018. Disponível em: https://biblioteca.ibge.gov.br/visualizacao/livros/liv101673_informativo.pdf. Acesso em: 13-12-2019.

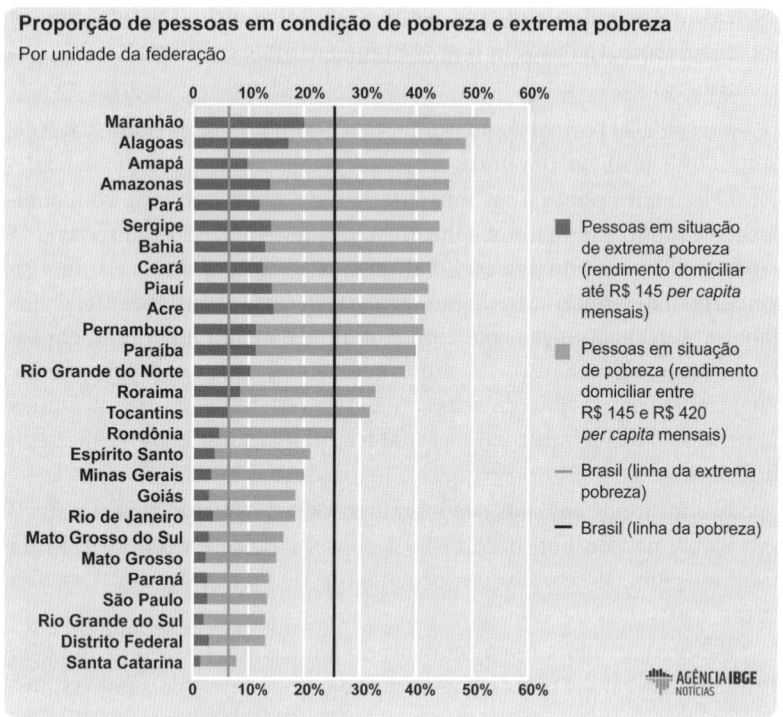

Proporção de pessoas em condição de pobreza e extrema pobreza
Por unidade da federação

Fonte: Síntese de Indicadores Sociais, 2019.

1.3.1   Lei n. 9.099/95

A Lei n. 9.099/95 – que instituiu os juizados especiais – realizou uma grande revolução no que tange ao acesso à justiça, assim como a concessão do benefício da gratuidade de justiça, desonerando a pessoa pobre do pagamento das custas e da taxa judiciária para demandar em juízo nas questões de menor complexidade[25].

A legislação, portanto, aponta para a necessidade de se abarcar aquelas pessoas cujas rendas não podem ser comprometidas em questões que, *prima facie*, seriam assumidas como prejuízos do dia a dia. Em outras palavras: em casos em que seria muito caro acessar o judiciário

---

[25]   Lei n. 9.099/95. Art. 54. O acesso ao Juizado Especial independerá, em primeiro grau de jurisdição, do pagamento de custas, taxas ou despesas.
Lei n. 9.099/95. Art. 55. A sentença de primeiro grau não condenará o vencido em custas e honorários de advogado, ressalvados os casos de litigância de má-fé.

para resolver um problema simples, com o advento dos juizados especiais, não subsistiria mais tal óbice da onerosidade.

Entretanto, além da gratuidade da justiça, outros são os incentivos trazidos pela lei para que efetivamente a população mais pobre acesse o Poder Judiciário sem prejuízo à sua subsistência. Isso porque o art. 2º estabelece que seus processos serão orientados pelos princípios da oralidade, simplicidade e informalidade. Ou seja, tornam-se dispensáveis o conhecimento prévio de procedimentos técnicos e linguagem mais rebuscada, inerentes às atividades judiciárias, aproximando aqueles que muitas vezes não tiveram acesso à educação formal do Judiciário, garantindo acesso à justiça.

Prosseguindo no tema, é possível afirmar que esses três princípios têm a finalidade de aproximar o jurisdicionado do Estado, dando maior valor à linguagem falada e simples. Dessa forma, a autoridade judicial impõe menos medo e se torna mais acessível aos que necessitam de sua tutela.

O princípio da oralidade é fortíssimo nos juizados especiais, ainda mais observando-se seu procedimento, em que há duas audiências – conciliação e instrução e julgamento –, onde as partes podem explicar verbalmente, da maneira que lhes é possível, suas razões.

Por meio da fala, o terceiro imparcial – seja o magistrado, seja o conciliador – poderá extrair todos os detalhes nos quais a causa se funda, inclusive pela linguagem corporal e pelas lacunas ocorridas em audiência, sendo muito mais profícuo que a mera linguagem escrita.

A imposição do princípio da simplicidade, por sua vez, é um sinal de que se deve abandonar aquela figura etérea do magistrado. O respeito obviamente deve permanecer, todavia a liturgia se flexibiliza na busca pela resolução do caso concreto. Não basta ao magistrado permanecer equidistante das partes, é necessário que ele se coloque no mesmo nível a fim de que sua figura não afugente as pessoas mais simples.

A forma de se portar e se manifestar precisa estar de acordo com os demandantes. Trazemos um exemplo de sentença proferida em um caso de defeito em aparelho de telefonia celular pertencente a um carpinteiro, a qual ficou nacionalmente conhecida pela forma como fora elaborada.

O magistrado do juizado especial teve a preocupação de se fazer entender pelo autor do processo para ele saber efetivamente que ganhou a causa. Com essa finalidade, ele renunciou às palavras técnicas e acolheu dentro do Poder Judiciário o autor da ação, que teve prestada adequadamente a tutela jurisdicional em seu favor[26].

Acerca do princípio da informalidade, há o art. 13, segundo o qual, "os atos processuais serão válidos sempre que preencherem as finalidades para as quais forem realizados, atendidos os critérios indicados no art. 2º desta Lei". Esse dispositivo encarta explicitamente o chamado formalismo valorativo, ensinado pelo saudoso professor Carlos Alberto Alvaro de Oliveira, onde objetivar a concretude da satisfação da preten-

---

[26]   Processo n. 0737/05. Quem Pede: José de Gregório Pinto. Contra quem: Lojas Insinuante Ltda, Siemens Indústria Eletrônica S.A e Starcell Computadores e Celulares.
"Vou direto ao assunto. O marceneiro José de Gregório Pinto, certamente pensando em facilitar o contato com sua clientela, rendeu-se à propaganda da Loja Insinuante de Coité e comprou um telefone celular, em 19 de abril de 2005, por suados cento e setenta e quatro reais. [...] Para sua surpresa, diferente das boas ferramentas que utiliza em seu ofício, em 21 de junho, o aparelho deixou de funcionar. Que tristeza: seu novo instrumento de trabalho só durou dois meses. E olha que foi adquirido legalmente nas Lojas Insinuante e fabricado pela poderosa Siemens... Não é coisa de segunda mão, não! Consertado, dias depois não prestou mais... Não se faz mais conserto como antigamente! [...] Caixinha de papelão na mão, indicando que se tratava de um telefone celular, entrou seu Gregório na sala de audiência e apresentou o aparelho ao Juiz: novinho, novinho e não funciona. De fato, o Juiz observou o aparelho e viu que não tinha um arranhão. [...] Doutor Juiz, disse Seu Gregório, a minha prova é o telefone que passo às suas mãos! Comprei, paguei, usei poucos dias, está novinho e não funciona mais! Pode ligar o aparelho que não acende nada! Aliás, Doutor, não quero mais saber de telefone celular, quero apenas meu dinheiro de volta e pronto! [...] Está certo Seu Gregório: O Juizado Especial Cível serve exatamente para resolver problemas como o seu. Não é o caso de prova técnica: o telefone foi apresentado ainda na caixa, sem um pequeno arranhão e não funciona. Isto é o bastante! Também não pode dizer que Seu Gregório não tomou a providência correta, pois procurou a loja e encaminhou o telefone à assistência técnica. Alegou e provou! [...] Pois é Seu Gregório, o senhor tem razão e a Justiça vai mandar, como de fato está mandando, a Loja Insinuante lhe devolver o dinheiro com juros legais e correção monetária, pois não cumpriu um com sua obrigação de bom vendedor. Também, Seu Gregório, para que o Senhor não se desanime com as facilidades dos tempos modernos, continue falando com seus clientes e porque sofreu tantos dissabores com seu celular, a Justiça vai mandar, como de fato está mandando, que a fábrica Siemens lhe entregue, no prazo de 10 dias, outro aparelho igualzinho ao seu. Novo e funcionando! [...] Por último, Seu Gregório, os Doutores advogados vão dizer que o Juiz decidiu 'extra petita', quer dizer, mais do que o Senhor pediu e também que a decisão não preenche os requisitos legais. Não se incomode. Na verdade, para ser mais justa, deveria também condenar na indenização pelo dano moral, quer dizer, a vergonha que o senhor sentiu, e no lucro cessante, quer dizer, pagar o que o Senhor deixou de ganhar. No mais, é uma sentença para ser lida e entendida por um marceneiro. Conceição do Coité, 21 de setembro de 2005." Disponível em: https://www.migalhas.com.br/Quentes/17,MI42577,101048-Leitor+envia+integra+-da+sentenca+O+Celular+do+Carpinteiro+do+juiz. Acesso em: 29-11-2019.

são passa a ser o novo parâmetro de medida da segurança jurídica, na garantia de um processo equânime[27].

Nessa esteira, o abandono de uma visão positivista e a adoção de uma lógica argumentativa, com a colocação do problema no centro das preocupações hermenêuticas, assim como o emprego de princípios, de conceitos jurídicos indeterminados e juízos de equidade, em detrimento de uma visão puramente formalista na aplicação do direito, reflete-se diretamente no processo, transportando e contaminando todo esse dinamismo às partes e ao juiz, impondo um dever de cooperação entre si, com boa-fé e lealdade[28].

Dessa maneira, o formalismo deve ser o suficiente para legitimar e ordenar os atos, ao passo que se for excessivo, fará com que seu poder organizador, ordenador e disciplinador aniquile o próprio direito ou determine um retardamento irrazoável na solução do litígio. Logo, as formas processuais cogentes não devem ser consideradas "formas eficaciais", mas "formas finalísticas", subordinadas de modo instrumental às finalidades processuais. Se a finalidade da prescrição foi atingida na sua essência, sem prejuízo a interesses dignos de proteção da contraparte, o defeito de forma não deve prejudicar a parte, mesmo em se tratando de prescrição de natureza cogente, pois, por razões de equidade, a essência deve sobrepujar a forma.

Carlos Alberto Alvaro de Oliveira acrescenta que, tendo eventualmente tramitado o processo e atingido a sua finalidade essencial, a sua extinção sem julgamento do mérito, por falta de interesse, implicaria no formalismo excessivo. O órgão judicial deve agir com lealdade e boa-fé, e não estaria sendo leal no uso de seus poderes sem um esforço efetivo para salvar o instrumento dos vícios formais.

De todo modo, é importante observar que os juizados especiais não se caracterizam pelos seus usuários, mas sim pela causa, de menor complexidade, que, em regra, passa por apenas três grandes atos, quais sejam, audiência de conciliação, audiência de conciliação instrução e julgamento e sentença.

Portanto, os juizados especiais seriam uma espécie de via expressa, na qual causas mais simples tramitariam sem maiores problemas, desa-

---

[27] OLIVEIRA, C. A. A. de. O Formalismo-valorativo no confronto com o formalismo excessivo. Porto Alegre: PPGD-UFRGS, 2001. Disponível em: http://www.ufrgs.br/ppgd/doutrina/CAO_O_Formalismo-valorativo_no_confronto_com_o_Formalismo_excessivo_290808.htm. Acesso em: 22-9-2019.

[28] Ibidem.

fogando o Judiciário e deixando os procedimentos mais complexos para os problemas mais difíceis de resolver.

Os gráficos abaixo demonstram a diferença de tempo entre a via expressa e o procedimento comum. Enquanto o processo pode levar quase 6 anos na Justiça comum e até 8 anos na Justiça Federal na 1ª instância, nos Juizados, os processos não passam de 2 anos, em regra.

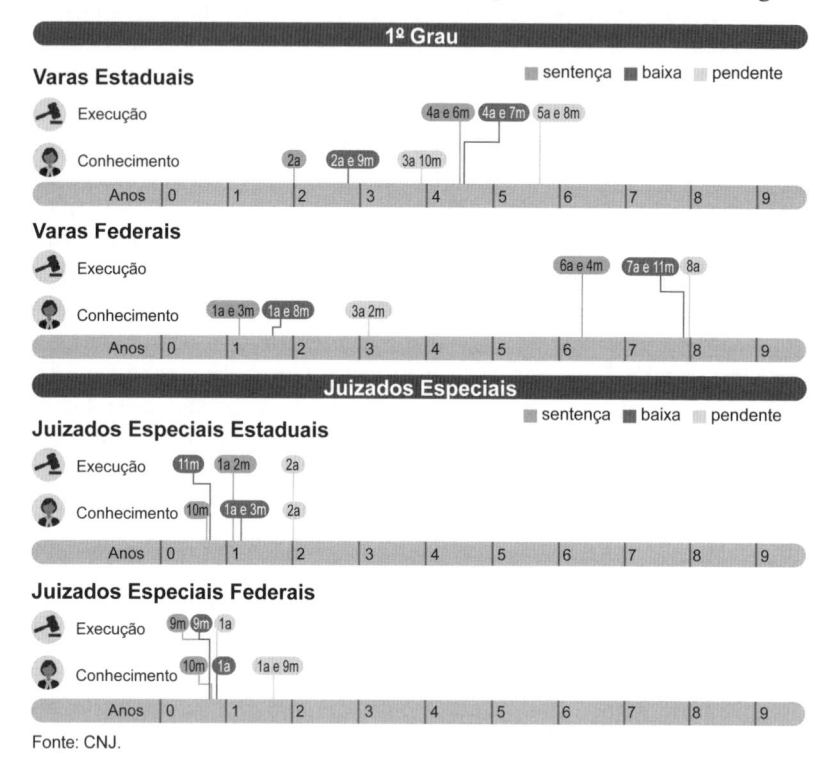

Fonte: CNJ.

Entretanto, o mesmo não pode ser dito quando comparamos a 2ª instância dos dois procedimentos.

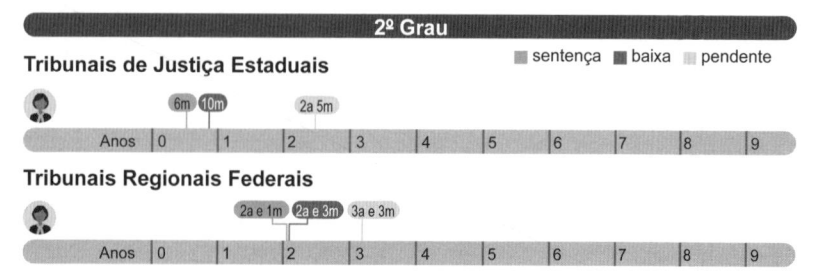

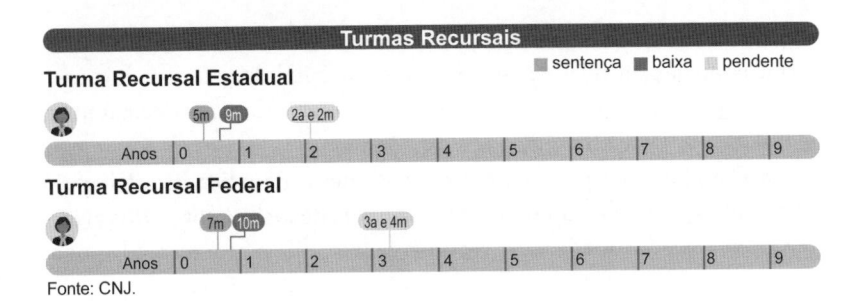

Fonte: CNJ.

Ainda assim, é correto dizer que, considerando todo o curso do processo, a via dos Juizados é significativamente mais célere.

Por conseguinte, com o adequado ajuizamento de ações nos juizados especiais, é possível haver uma evolução na prestação da tutela jurisdicional, haja vista o maior fluxo de processos resolvidos devidamente.

1.3.2 Gratuidade de Justiça

Inicialmente prevista pela Lei n. 1.060/50, o benefício da gratuidade de justiça deveria ser concedido mediante simples afirmação do jurisdicionado de que não poderia arcar com as despesas e custas do processo, com uma presunção relativa da veracidade dessa declaração.

A nossa Constituição, no seu art. 5º, LXXIV, também consagrou que "o Estado prestará assistência jurídica integral e gratuita aos que comprovarem insuficiência de recursos". Nesse mesmo movimento, o atual CPC estabeleceu essa presunção apenas para pessoas físicas e revogou o citado diploma a partir do art. 98[29].

Na prática, para obter a concessão do benefício, é preciso tão somente uma simples petição declarando não poder arcar com as despesas do processo, acompanhada de documentos comprobatórios de sua hipossuficiência, apesar de sua desnecessidade legal[30].

---

[29] Lei n. 13.105/2015. Art. 98. A pessoa natural ou jurídica, brasileira ou estrangeira, com insuficiência de recursos para pagar as custas, as despesas processuais e os honorários advocatícios tem direito à gratuidade da justiça, na forma da lei. § 1º A gratuidade da justiça compreende: I – as taxas ou as custas judiciais; II – os selos postais; III – as despesas com publicação na imprensa oficial, dispensando-se a publicação em outros meios; IV – a indenização devida à testemunha que, quando empregada, receberá do empregador salário integral, como se em serviço estivesse.

[30] É comum na prática forense ser exigida a comprovação de hipossuficiência da parte. Destacamos um caso concreto a título exemplificativo. Um advogado em Porto Alegre teve seu

Entretanto, há certas questões a serem apontadas, sendo certo que a concessão de gratuidade não afasta a responsabilidade do beneficiário pelas despesas processuais e pelos honorários advocatícios decorrentes de sua sucumbência (art. 98, § 2º, do atual CPC).

Há também um ponto interessante: apesar de o benefício se chamar "gratuidade", ele tem mais uma natureza de facilitador para o acesso à justiça. A gratuidade não precisa envolver todo o processo. Ela pode ser apenas parcial, para determinados atos, assim como pode ser superveniente, podendo ser requerida a qualquer tempo. Há, ainda, a possibilidade de se realizar o parcelamento do pagamento das custas de determinado ato, ou se obter um desconto sobre seu valor[31].

A ideia central é obter o justo meio entre o custeio da movimentação da máquina judiciária e o sustento da parte hipossuficiente. É por esse motivo que, no caso de a pessoa conseguir no futuro meios de prover o pagamento das despesas processuais, no espaço de cinco anos do trânsito em julgado, ela deverá retornar os valores dispendidos aos cofres públicos[32].

---

requerimento de concessão do benefício da gratuidade de justiça negado em 1ª instância e confirmado em 2ª instância sob os seguintes fundamentos: "De regra, em se tratando de pessoa física, a gratuidade judiciária deve ser concedida à vista da simples afirmação do postulante, uma vez que goza de presunção *juris tantum* de veracidade, nos termos do § 3º do art. 99, do Novo Código de Processo Civil. Contudo, tal dispositivo não deve ser interpretado de forma absoluta, isto é, havendo dúvidas fundadas, não bastará a simples declaração de hipossuficiência, devendo o agravante comprovar a sua real necessidade. Isso porque se deve levar em conta o fato de, eventualmente, o juiz ter determinado a produção de alguma prova a ser feita pela parte que requereu o benefício e se ela foi atendida ou não, a fim de ser verificado se ela realmente faz jus ao benefício; afora isso, deve ser aquilatado, na sua plenitude, o que efetivamente ganha o postulante dessa pretensão, bem como o seu patrimônio. A relativa presunção de veracidade é, pois, suscetível de ser afastada por ausência de elementos que lhe confiram verossimilhança à alegação de pobreza". Disponível em: https://www.conjur.com.br/dl/decisao-monocratica-desembargador7.pdf. Acesso em: 3-12-2019.

[31] Lei n. 13.105/2015. Art. 98. § 5º A gratuidade poderá ser concedida em relação a algum ou a todos os atos processuais, ou consistir na redução percentual de despesas processuais que o beneficiário tiver de adiantar no curso do procedimento.
§ 6º Conforme o caso, o juiz poderá conceder direito ao parcelamento de despesas processuais que o beneficiário tiver de adiantar no curso do procedimento.

[32] Lei n. 13.105/2015. Art. 98. § 3º Vencido o beneficiário, as obrigações decorrentes de sua sucumbência ficarão sob condição suspensiva de exigibilidade e somente poderão ser executadas se, nos 5 (cinco) anos subsequentes ao trânsito em julgado da decisão que as certificou, o credor demonstrar que deixou de existir a situação de insuficiência de recursos que justificou a concessão de gratuidade, extinguindo-se, passado esse prazo, tais obrigações do beneficiário.

Para a Terceira Turma do Superior Tribunal de Justiça (STJ), a assistência jurídica gratuita só pode ser negada pelo magistrado se houver elementos nos autos que indiquem a falta de critérios legais para a concessão do benefício, e apenas depois de intimado o requerente para comprovar a alegada hipossuficiência, conforme previsto nos arts. 98 e 99, *caput*, do atual CPC.

O relator do recurso no STJ, ministro Villas Bôas Cueva, frisou que "o Estado prestará assistência jurídica integral e gratuita aos que comprovarem insuficiência de recursos", como previsto no art. 5º, LXXIV, da Constituição Federal. Em seguida, o ministro expôs que "ao analisar o requerimento da gratuidade, o magistrado somente poderá rejeitá-lo com base em elementos contidos nos autos contrários à pretensão".

Dessa forma, entendeu que não cabe ao juiz indeferir de plano o pedido, devendo intimar a parte interessada para comprovar a situação financeira. Se o magistrado, após esse procedimento, negar o pedido de gratuidade, o requerente deverá ser intimado para realizar o preparo de forma simples[33].

Relativamente às pessoas jurídicas, não existe, como foi exposto, uma presunção com a mera declaração. Desse modo, o STJ emitiu a Súmula 481, a qual atesta "faz jus ao benefício da justiça gratuita a pessoa

---

[33] STJ. Resp 1787491/SP. Julgado em 12-4-2019. Para melhor elucidação, trazemos a ementa: "RECURSO ESPECIAL. GRATUIDADE DA JUSTIÇA. PEDIDO FORMULADO EM RECURSO. INDEFERIMENTO DE PLANO. IMPOSSIBILIDADE. INTIMAÇÃO DO REQUERENTE. ART. 99, § 2ª, DO CPC/2015. RECOLHIMENTO EM DOBRO. NÃO CABIMENTO. 1. Recurso especial interposto contra acórdão publicado na vigência do Código de Processo Civil de 2015 (Enunciados Administrativos ns. 2 e 3/STJ). 2. Cinge-se a controvérsia a definir se é possível ao magistrado indeferir, de plano, o pedido de gratuidade de justiça, sem a abertura de prazo para a comprovação da hipossuficiência, e, por consequência, determinar o recolhimento em dobro do preparo do recurso de apelação. 3. Hipossuficiente, na definição legal, é a pessoa natural ou jurídica, brasileira ou estrangeira, com escassez de recursos para pagar as custas, as despesas processuais e os honorários advocatícios (art. 98, *caput*, do CPC/2015). 4. O pedido de gratuidade de justiça somente poderá ser negado se houver nos autos elementos que evidenciem a falta dos pressupostos legais para a concessão do benefício. Antes do indeferimento, o juiz deve determinar que a parte comprove a alegada hipossuficiência (art. 99, § 2ª, do CPC/2015). 5. Indeferido o pedido de gratuidade de justiça, observando-se o procedimento legal, o requerente deve ser intimado para realizar o preparo na forma simples. Mantendo-se inerte, o recurso não será conhecido em virtude da deserção. 6. Somente no caso em que o requerente não recolhe o preparo no ato da interposição do recurso, sem que tenha havido o pedido de gratuidade de justiça, o juiz determinará o recolhimento em dobro, sob pena de deserção (art. 1.007, § 4ª, do CPC/2015). 7. Na situação dos autos, a Corte local, antes de indeferir o pedido de gratuidade de justiça, deveria ter intimado a recorrente para comprovar a incapacidade de arcar com os custos da apelação. 8. Recurso especial provido".

jurídica com ou sem fins lucrativos que demonstrar sua impossibilidade de arcar com os encargos processuais".

Por fim, merece destaque outro posicionamento do STJ relativo à participação da Defensoria Pública e a concessão automática do benefício da justiça gratuita: o fato de haver defensor público patrocinando a parte não gera a obrigatoriedade de concessão do benefício[34].

1.4 DEFENSORIA PÚBLICA

A Emenda Constitucional n. 80/2014 elevou a instituição ao *status* de essencial à prestação da tutela jurisdicional. O art. 134 de nossa Carta Magna estabelece que a

> Defensoria Pública é instituição permanente, essencial à função jurisdicional do Estado, incumbindo-lhe, como expressão e instrumento do regime democrático, fundamentalmente, a orientação jurídica, a promoção dos direitos humanos e a defesa, em todos os graus, judicial e extrajudicial, dos direitos individuais e coletivos, de forma integral e gratuita, aos necessitados, na forma do inciso LXXIV do art. 5º desta Constituição Federal.

---

[34] EREsp 1655686/SP, Rel. Ministra Maria Isabel Gallotti, Segunda Seção, julgado em 12-12-2018, *DJe* 18-12-2018. "PROCESSUAL CIVIL. EMBARGOS DE DIVERGÊNCIA EM RECURSO ESPECIAL. DEFENSORIA PÚBLICA. CURADORIA ESPECIAL. RECURSO. PREPARO. ASSISTÊNCIA JUDICIÁRIA GRATUITA. IRRELEVÂNCIA. FUNÇÃO INSTITUCIONAL. 1. Não está o julgador vinculado ao exame de hipossuficiência material levado a cabo pelas Defensorias Públicas no patrocínio de causas de seus representados, podendo exigir da parte que prove nos autos a sua condição de incapacidade de custeio da causa. 2. A exigência de o curador especial comprovar o estado de hipossuficiência da parte revel, no entanto, limita o dever (*munus*) público do profissional e inviabiliza a atuação na fase de recursos, esvaziando o instituto e tornando-o inócuo, eis que não se pode exigir dele, patrono da causa, que arque com os custos para impugnar decisões em processos cuja parte não foi sequer encontrada. 3. Embargos de divergência acolhidos."

No mesmo sentido: AgInt no AREsp 1333856/SP, Rel. Ministro Ricardo Villas Boas Cueva, 3ª Turma, julgado em 11-2-2019, *DJe* 13-2-2019. "AGRAVO INTERNO NO AGRAVO EM RECURSO ESPECIAL. GUIA DE RECOLHIMENTO (GRU). AUSÊNCIA. DESERÇÃO. DEFENSORIA PÚBLICA. ASSISTÊNCIA JUDICIÁRIA GRATUITA. INEXISTÊNCIA DE PRESUNÇÃO LEGAL. 1. Recurso especial interposto contra acórdão publicado na vigência do Código de Processo Civil de 2015 (Enunciados Administrativos ns. 2 e 3/STJ). 2. A jurisprudência do Superior Tribunal de Justiça é firme no sentido de ser essencial à comprovação do preparo a juntada da guia de recolhimento com o respectivo comprovante de pagamento, no ato da interposição do especial, sob pena de deserção. 3. Esta Corte entende que o custeio da causa pela Defensoria Pública não expressa a automática concessão dos benefícios da justiça gratuita, devendo ser observadas as condições necessárias para a obtenção de seus efeitos previstas em lei. 4. Agravo interno não provido."

Isso, sem dúvida alguma, ratifica o compromisso estatal de qualificar a participação da população mais pobre em juízo, tendo em vista a necessidade de se verificar a tutela jurisdicional adequada, sendo preciso assegurar um direito de defesa capaz e comprometido com o desequilíbrio existente entre as partes desprovidas de recursos.

Os defensores são funcionários cuja capacidade está legitimada em seu desempenho de admissão mediante concurso público extremamente concorrido e de grau de complexidade elevado para melhor atender a população.

Nesse sentido, cabe ressaltar que o ministro do Supremo Tribunal Federal (STF), Celso de Mello, entende que o papel da Defensoria Pública na defesa dos direitos dos necessitados é um pilar fundamental do Estado Democrático de Direito, porquanto os mais pobres sofrem injusta exclusão social[35].

Importa realizar uma diferenciação entre as definições de justiça gratuita, assistência judiciária e assistência jurídica, para que não haja confusão, porquanto são termos muito similares. O professor Fredie Didier Jr.[36] leciona que (i) a primeira hipótese trata do adiantamento de despesas, processuais ou não, vinculadas ao processo, a ser feita

---

[35] "A Defensoria Pública, enquanto instituição permanente, essencial à função jurisdicional do Estado, qualifica-se como instrumento de concretização dos direitos e das liberdades de que são titulares as pessoas carentes e necessitadas. É por essa razão que a Defensoria Pública não pode (e não deve) ser tratada de modo inconsequente pelo Poder Público, pois a proteção jurisdicional de milhões de pessoas – carentes e desassistidas –, que sofrem inaceitável processo de exclusão jurídica e social, depende da adequada organização e da efetiva institucionalização desse órgão do Estado. De nada valerão os direitos e de nenhum significado revestir-se-ão as liberdades, se os fundamentos em que eles se apoiam – além de desrespeitados pelo Poder Público ou transgredidos por particulares – também deixarem de contar com o suporte e o apoio de um aparato institucional, como aquele proporcionado pela Defensoria Pública, cuja função precípua, por efeito de sua própria vocação constitucional (CF, art. 134), consiste em dar efetividade e expressão concreta, inclusive mediante acesso do lesado à jurisdição do Estado, a esses mesmos direitos, quando titularizados por pessoas necessitadas, que são as reais destinatárias tanto da norma inscrita no art. 5º, inciso LXXIV, quanto do preceito consubstanciado no art. 134, ambos da Constituição da República. Direito a ter direitos: uma prerrogativa básica, que se qualifica como fator de viabilização dos demais direitos e liberdades. Direito essencial que assiste a qualquer pessoa, especialmente àquelas que nada têm e que de tudo necessitam. Prerrogativa fundamental que põe em evidência – cuidando-se de pessoas necessitadas (CF, art. 5º, LXXIV) – a significativa importância jurídico-institucional e político social da Defensoria Pública" (STF, ADI 2903/PB, Rel.Min. Celso de Mello, data de julgamento 1º-12-2005, Tribunal Pleno).

[36] Didier apud LIMA, Frederico Rodrigues Viana de. *Defensoria pública*. 2. ed. Bahia: JusPodivm, 2011, p. 73.

pela parte. Inclui-se aí o pagamento de honorários advocatícios; (ii) a segunda hipótese trata de patrocínio gratuito a uma ação feito seja por advogado público, a exemplo do defensor público, seja por um particular, a exemplo núcleo de prática jurídica de faculdades de direito, que não cobram honorários; e (iii) a terceira hipótese trata, além do previsto em (i) e (ii), de prestação de serviços jurídicos extrajudiciais, como o fornecimento de cartilhas informativas sobre direitos de minorias, por exemplo.

Os defensores Domingos Barroso e Arion Escorsin entendem que a Defensoria Pública deve reunir todos os esforços e tendências de ampliação do acesso à justiça, rompendo também com o modelo judicializante e baseado no litígio que sempre norteou o meio político, social e jurídico de solução de conflitos para estabelecer novas balizas de atuação, pautadas na desjudicialização e na prevenção do litígio, com a conscientização cidadã e educação em direitos[37].

A Defensoria, portanto, ao prover a assistência jurídica, mais abrangente e que tange a todas as esferas do Estado, consolida-se como importante instrumento de consolidação do acesso à justiça, mormente para a população hipossuficiente.

1.5 INTERESSE DE AGIR

Seguindo em nossa busca pelo sentido e alcance do princípio do acesso à justiça, é preciso refletir sobre três pontos em que ele pode ser limitado, de algum modo, quando posto frente ao interesse de agir.

O interesse de agir é uma das condições da ação, as quais servem para se obter um provimento de mérito do órgão jurisdicional, ligadas aos princípios da economicidade e da eficiência. Ele é repartido em três requisitos: utilidade, necessidade e adequação.

A utilidade significa que o processo deve trazer proveito para o autor, isto é, deve representar um incremento em sua esfera jurídica. Assim, por exemplo, diz-se que não tem interesse em recorrer a parte que obteve provimento totalmente favorável. Em tal hipótese, eventual recurso não será conhecido, ou seja, não terá o mérito apreciado[38].

A necessidade, por sua vez, consiste na demonstração de que a atu-

---

[37] DA COSTA, Domingo Barroso; DE GODOY, Arion Escorsin. *Educação em direitos e defensoria pública*. Curitiba: Juruá, 2014, p. 84.

[38] STF. RE 631240/MG. Relator Min. Roberto Barroso. Julgamento: 3-9-2014. Órgão Julgador: Tribunal Pleno.

ação do Estado-Juiz é imprescindível para a satisfação da pretensão do autor. Nessa linha, uma pessoa que necessite de um medicamento não tem interesse em propor ação caso ele seja distribuído gratuitamente[39].

A adequação, por fim, traduz a correspondência entre o meio processual escolhido pelo demandante e a tutela jurisdicional pretendida. Caso não observada a idoneidade do meio para atingir o fim, não pode haver pronunciamento judicial de mérito, uma vez que o requerente carece de interesse na utilização daquela via processual para os objetivos almejados. Por exemplo: caso o autor pretenda demonstrar sua incapacidade para o trabalho por prova pericial, não poderá lançar mão de mandado de segurança, ação que inadmite dilação probatória[40].

Assim, devemos seguir e verificaremos os casos nos quais o princípio do acesso à justiça é colocado em perspectiva das condições de ação, em específico, do interesse de agir. Em ordem cronológica, observaremos as comissões de conciliação prévia na Justiça do Trabalho, as demandas contra o Instituto Nacional de Seguridade Social (INSS) e, por fim, as ações de direito do consumidor.

1.5.1   Comissões de Conciliação Prévia na Justiça do Trabalho

A Lei n. 9.958/2000 instituiu as Comissões de Conciliação Prévia na Justiça do Trabalho como uma etapa necessária para se ingressar com uma reclamação trabalhista[41]. A nossa Suprema Corte, em um primeiro momento, suspendeu sua eficácia, diante do risco que corria, em seu entender, de haver uma violação direta ao princípio do acesso à justiça[42].

Em 2018, no entanto, optou por dar interpretação conforme ao art. 625-D da Consolidação das Leis Trabalhistas (CLT)[43] e se manifes-

---

[39]   Ibidem.

[40]   Ibidem.

[41]   Lei n. 9.958/2000. Altera e acrescenta artigos à Consolidação das Leis do Trabalho – CLT, aprovada pelo Decreto-lei n. 5.452, de 1º de maio de 1943, dispondo sobre as Comissões de Conciliação Prévia e permitindo a execução de título executivo extrajudicial na Justiça do Trabalho.

[42]   JUDICIÁRIO – ACESSO – FASE ADMINISTRATIVA – CRIAÇÃO POR LEI ORDINÁRIA – IMPROPRIEDADE. Ao contrário da Constituição Federal de 1967, a atual esgota as situações concretas que condicionam o ingresso em juízo à fase administrativa, não estando alcançados os conflitos subjetivos de interesse. Suspensão cautelar de preceito legal em sentido diverso (ADI 2160 MC).

[43]   Consolidação das Leis do Trabalho. Art. 625-D. Qualquer demanda de natureza trabalhista

tou no sentido de que as Comissões não fossem consideradas uma fase pré-judicial obrigatória, para que, dessa forma, não exista afronta ao princípio do acesso à justiça[44].

A sedimentação desse entendimento, como parece intuitivo, foi primordial para que os trabalhadores e empresas reclamantes não tivessem entraves para buscar a salvaguarda de seus direitos.

O ingresso com uma reclamação trabalhista, portanto, poderia ser aventado tão logo fosse observada afronta à legislação trabalhista por qualquer das partes atoras na relação de trabalho, sem necessidade de procedimento administrativo prévio.

---

será submetida à Comissão de Conciliação Prévia se, na localidade da prestação de serviços, houver sido instituída a Comissão no âmbito da empresa ou do sindicato da categoria.

[44] AÇÕES DIRETAS DE INCONSTITUCIONALIDADE. ARTS. 625-D, §§ 1º A 4º, E 852-B, INC. II, DA CONSOLIDAÇÃO DAS LEIS DO TRABALHO – CLT, ACRESCIDOS PELAS LEIS NS. 9.958, de 12 DE JANEIRO DE 2000, E 9.957, DE 12 DE JANEIRO DE 2000. COMISSÃO DE CONCILIAÇÃO PRÉVIA – CCP. SUPOSTA OBRIGATORIEDADE DE ANTECEDENTE SUBMISSÃO DO PLEITO TRABALHISTA À COMISSÃO PARA POSTERIOR AJUIZAMENTO DE RECLAMAÇÃO TRABALHISTA. INTERPRETAÇÃO QUE PERMITE A SUBMISSÃO FACULTATIVAMENTE. GARANTIA DO ACESSO À JUSTIÇA. ART. 5º, INC. XXXV, DA CONSTITUIÇÃO DA REPÚBLICA. INVIABILIDADE DE UTILIZAÇÃO DE CITAÇÃO POR EDITAL EM RITO SUMARÍSSIMO. CONSTITUCIONALIDADE. RESPEITO AOS PRINCÍPIOS DA RAZOABILIDADE. AÇÃO JULGADA PARCIALMENTE PROCEDENTE PARA DAR INTERPRETAÇÃO CONFORME A CONSTITUIÇÃO AO ART. 652-D, §§ 1º A 4º, DA CONSOLIDAÇÃO DAS LEIS DO TRABALHO – CLT. 1. O Supremo Tribunal Federal tem reconhecido, em obediência ao inc. XXXV do art. 5º da Constituição da República, a desnecessidade de prévio cumprimento de requisitos desproporcionais, procrastinatórios ou inviabilizadores da submissão de pleito ao Poder Judiciário. 2. Contraria a Constituição interpretação do previsto no art. 625-D e parágrafos da Consolidação das Leis do Trabalho que reconhecesse a submissão da pretensão à Comissão de Conciliação Prévia como requisito para ajuizamento de ulterior reclamação trabalhista. Interpretação conforme a Constituição da norma. 3. Art. 625-D e parágrafos da Consolidação das Leis Trabalhistas: a legitimidade desse meio alternativo de resolução de conflitos baseia-se na consensualidade, sendo importante instrumento para o acesso à ordem jurídica justa, devendo ser apoiada, estimulada e atualizada, não consubstanciando, todavia, requisito essencial para o ajuizamento de reclamações trabalhistas. 4. A isonomia constitucional não impõe tratamento linear e rígido a todos os que demandam a atuação do Poder Judiciário, ainda que o façam por procedimento sumaríssimo na Justiça do Trabalho, pelo que se reconhece válida a exclusão da citação por edital daquele rito processual, em obediência aos princípios da primazia da realidade e da razoabilidade. Validade do art. 852-B, inc. II da Consolidação das Leis do Trabalho – CLT. 5. Ação direta de inconstitucionalidade julgada parcialmente procedente para dar interpretação conforme a Constituição ao art. 625-D, §§ 1º a 4º, da Consolidação das Leis do Trabalho, no sentido de assentar que a Comissão de Conciliação Prévia constitui meio não obrigatório de solução de conflitos, permanecendo o acesso à Justiça resguardado para todos os que venham a ajuizar demanda diretamente ao órgão judiciário competente (ADI 2160/DF. Relatora Min. Cármen Lúcia. Julgamento: 1º-8-2018. Órgão Julgador: Tribunal Pleno).

1.5.2   Demandas contra o INSS

Em posicionamento sensivelmente diverso, muito embora anterior ao julgamento definitivo acerca das Comissões de Conciliação Prévia na Justiça do Trabalho, o STF enfrentou o tema do acesso à justiça em casos nos quais a parte demanda contra o INSS. A hipótese em questão tratava-se de descobrir se a exigência de um requerimento administrativo prévio à propositura da ação feriria o princípio ora em estudo.

Nossa Corte Constitucional, à época, entendeu que a exigência não representa violação alguma ao acesso à justiça, porque a dinâmica para a concessão de benefícios, em seu entender, propicia isso. A concessão dos benefícios previdenciários em geral ocorre a partir de provocação do administrado, isto é, depende essencialmente de uma postura ativa do interessado em obter o benefício.

Nesse sentido, se a concessão de um direito depende de requerimento, não se poderia falar em lesão ou ameaça a tal direito antes mesmo da formulação do pedido administrativo. O prévio requerimento de concessão, assim, é pressuposto para que se possa acionar legitimamente o Poder Judiciário. Eventual lesão a direito decorrerá, por exemplo, da efetiva análise e indeferimento total ou parcial do pedido, ou, ainda, da excessiva demora em sua apreciação[45].

---

[45]   RECURSO EXTRAORDINÁRIO. REPERCUSSÃO GERAL. PRÉVIO REQUERIMENTO ADMINISTRATIVO E INTERESSE EM AGIR. 1. A instituição de condições para o regular exercício do direito de ação é compatível com o art. 5º, XXXV, da Constituição. Para se caracterizar a presença de interesse em agir, é preciso haver necessidade de ir a juízo. 2. A concessão de benefícios previdenciários depende de requerimento do interessado, não se caracterizando ameaça ou lesão a direito antes de sua apreciação e indeferimento pelo INSS, ou se excedido o prazo legal para sua análise. É bem de ver, no entanto, que a exigência de prévio requerimento não se confunde com o exaurimento das vias administrativas. 3. A exigência de prévio requerimento administrativo não deve prevalecer quando o entendimento da Administração for notória e reiteradamente contrário à postulação do segurado. 4. Na hipótese de pretensão de revisão, restabelecimento ou manutenção de benefício anteriormente concedido, considerando que o INSS tem o dever legal de conceder a prestação mais vantajosa possível, o pedido poderá ser formulado diretamente em juízo – salvo se depender da análise de matéria de fato ainda não levada ao conhecimento da Administração –, uma vez que, nesses casos, a conduta do INSS já configura o não acolhimento ao menos tácito da pretensão. 5. Tendo em vista a prolongada oscilação jurisprudencial na matéria, inclusive no Supremo Tribunal Federal, deve-se estabelecer uma fórmula de transição para lidar com as ações em curso, nos termos a seguir expostos. 6. Quanto às ações ajuizadas até a conclusão do presente julgamento (3-9-2014), sem que tenha havido prévio requerimento administrativo nas hipóteses em que exigível, será observado o seguinte: (i) caso a ação tenha sido ajuizada no âmbito de Juizado Itinerante, a ausência de anterior pedido administrativo não deverá implicar a extinção do feito; (ii) caso o INSS já tenha apresentado contestação de mérito, está caracterizado o interesse em

1.5.3 Demandas Consumeristas

A Secretaria Nacional de Defesa do Consumidor criou uma plataforma interessantíssima que pode seguir na esteira da jurisprudência do STF acerca do requerimento administrativo como demonstração de existência do interesse de agir, observando-se também a questão da obrigatoriedade, que não deve existir.

O "Consumidor.gov.br" é um serviço público que permite a interlocução direta entre consumidores e empresas para solução de conflitos de consumo pela internet. Monitorada pela Secretaria Nacional do Consumidor – Senacon – do Ministério da Justiça, Procons, Defensorias, Ministérios Públicos e por toda a sociedade, esta ferramenta possibilita a resolução de conflitos de consumo de forma rápida e desburocratizada.

O índice de resolução das questões atualmente é de 80% e as empresas participantes levam, no máximo, sete dias para responder no sistema, com mais de 2,5 milhões de reclamações finalizadas.

Houve, inclusive, um acordo de cooperação entre a plataforma e a do Processo Judicial Eletrônico a fim de que o consumidor seja aconselhado a procurar essa plataforma antes de ingressar com a ação.

A intenção é criar mais uma via expressa de acesso à justiça, reduzindo os acervos dentro das instâncias judiciárias, especificamente com

---

agir pela resistência à pretensão; (iii) as demais ações que não se enquadrem nos itens (i) e (ii) ficarão sobrestadas, observando-se a sistemática a seguir. 7. Nas ações sobrestadas, o autor será intimado a dar entrada no pedido administrativo em 30 dias, sob pena de extinção do processo. Comprovada a postulação administrativa, o INSS será intimado a se manifestar acerca do pedido em até 90 dias, prazo dentro do qual a Autarquia deverá colher todas as provas eventualmente necessárias e proferir decisão. Se o pedido for acolhido administrativamente ou não puder ter o seu mérito analisado devido a razões imputáveis ao próprio requerente, extingue-se a ação. Do contrário, estará caracterizado o interesse em agir e o feito deverá prosseguir. 8. Em todos os casos acima – itens (i), (ii) e (iii) –, tanto a análise administrativa quanto a judicial deverão levar em conta a data do início da ação como data de entrada do requerimento, para todos os efeitos legais. 9. Recurso extraordinário a que se dá parcial provimento, reformando-se o acórdão recorrido para determinar a baixa dos autos ao juiz de primeiro grau, o qual deverá intimar a autora – que alega ser trabalhadora rural informal – a dar entrada no pedido administrativo em 30 dias, sob pena de extinção. Comprovada a postulação administrativa, o INSS será intimado para que, em 90 dias, colha as provas necessárias e profira decisão administrativa, considerando como data de entrada do requerimento a data do início da ação, para todos os efeitos legais. O resultado será comunicado ao juiz, que apreciará a subsistência ou não do interesse em agir (RE 631240/MG. Relator Min. Roberto Barroso. Julgamento: 3-9-2014. Órgão Julgador: Tribunal Pleno).

o montante de direito do consumidor que equivale a 10% de todas as demandas[46].

Com a expansão desse programa, a possibilidade de aumentar o acesso à justiça é enorme, sendo certo que atualmente o uso da internet por toda sociedade brasileira é maciço, especialmente das camadas mais pobres.

E assim conseguimos fechar os desdobramentos do acesso à justiça. Em um primeiro momento, enxergando como um direito quase que absoluto, na medida em que ele é um direito a ter direitos, já que é por meio do Judiciário que podemos resguardar e concretizar a proteção ao nosso patrimônio jurídico.

Daí surge sua definição clássica, que se encontra com o direito de ação, como o direito de chegar ao Judiciário e provocá-lo. Entretanto, hodiernamente, é preciso ir além e exigir mais. Isso faz com que ocorra uma transformação de conceito, incidindo em todas as etapas da prestação da tutela jurisdicional. Afinal de contas, receber a petição inicial e não dar resposta alguma é o mesmo que negar a tutela e, por conseguinte, o acesso.

Nessa esteira que entendemos como o acesso à justiça não é flexibilizado pelo interesse de agir, mas sim concretizado por ele, como uma forma de legitimação. O jurisdicionado recorre ao Poder Judiciário na falta dos demais poderes, quando ausentes outras formas de solucionar o problema.

Então, o acesso à justiça não pode ser tão somente o direito de pedir, mas sim o direito de pedir e obter uma resposta adequada do Poder Judiciário.

É nessa condição que são estudadas formas mais eficientes de se realizar a solução de conflito, visto que o acesso à justiça não se resume à questão única e exclusiva de haver um ato do Estado-Juiz, de modo que pode haver submissão ao instituto da arbitragem, por exemplo. Ou mesmo de uma mediação extrajudicial.

A ideia central é de se resolver o conflito e, por esse motivo, a concepção do acesso à justiça deve ser a mais ampla possível.

Por conseguinte, entender o interesse de agir como parte inerente

---

[46] Disponível em: https://oglobo.globo.com/economia/defesa-do-consumidor/quem-recorrer-justica-sera-orientado-buscar-conciliacao-pelo-consumidorgovbr-23678799. Acesso em: 10-1-2020.

do princípio do acesso à justiça é de suma importância para a racionalização do sistema de justiça pátrio, principalmente com o advento das novas tecnologias e formas mais flexíveis e encurtadoras de distância para a solução de conflitos.

Assim, devemos passar para o próximo tópico a fim de procurar entender e analisar o que são os incentivos, quais são eles e como se manifestam relativamente ao acesso à justiça e, em que medida eles podem influenciar positiva ou negativamente nesse princípio fundamental.

Capítulo 2
CLASSIFICAÇÃO DOS INCENTIVOS

Entender o que e quais são os incentivos tratados neste trabalho, bem como sua influência sobre a forma como o acesso à justiça pode ser afetado é de suma importância para a compreensão completa do tema. Por conseguinte, é preciso lembrar que incentivo é um estímulo. Um fator externo que incide sobre determinada coisa, majorando seus efeitos. Embora o incentivo seja uma palavra geralmente utilizada de maneira positiva, é importante atentar para o fato de que um estímulo pode ser também negativo.

No caso dos incentivos ao acesso à justiça, seguindo essa linha, podemos observar que forma objeto de estudo as condições exógenas que influenciam tanto na forma de se chegar ao Judiciário quanto no modo como a tutela jurisdicional é prestada.

Nesse sentido, resta saber quais são esses fatores que influenciam sobremaneira a forma como se enxerga o acesso à justiça. Dentre os que podemos observar, destacamos os incentivos legais, sociais e judiciais.

2.1 INCENTIVOS LEGAIS

Os incentivos legais são as normas editadas pelo legislador para estabelecer um determinado comportamento humano. Desse modo, é importante observar a Lei das leis, no primeiro momento, o Diploma Normativo que cria todo o ordenamento jurídico pátrio: a Constituição.

Quais são os incentivos que a Constituição Federal concede para o acesso à justiça?

Conforme visto anteriormente, a nossa Carta Magna escancara as portas do Estado para o seu povo, reconhecendo direitos, mediante obrigações estatais, bem como oferecendo sua função jurisdicional, como parte do projeto de proteção do cidadão.

Esse fenômeno faz com que o Estado fique sobrecarregado, sem conseguir êxito na satisfação das necessidades de sua população, gerando um ciclo vicioso, no qual não atinge seus objetivos e, num efeito cascata, gera mais deveres que não cumpre, elevando os custos de todo processo.

Um exemplo simples pode elucidar os incentivos constitucionais no comportamento das pessoas, em sua relação com o Estado: a super-judicialização de medicamentos.

As normas constitucionais, a partir do reconhecimento de que, como as normas jurídicas em geral, são dotadas do atributo da imperatividade, criaram uma revolução no país.

Nesse sentido, descumpre-se a imperatividade de uma norma tanto por ação quanto por omissão.

Tão logo ocorrida a violação, os sistemas constitucional e infraconstitucional devem prover meios para a tutela do direito ou bem jurídico afetados e restauração da ordem jurídica. Esses meios são a ação e a jurisdição: ocorrendo uma lesão, o titular do direito pode ir a juízo em busca de reparação[1].

Na prática, em todas as hipóteses em que a Constituição tenha criado direitos subjetivos – políticos, individuais, sociais ou difusos – são eles, como regra, direta e imediatamente exigíveis, do Poder Público ou do particular, por via das ações constitucionais e infraconstitucionais contempladas no ordenamento jurídico[2].

O Poder Judiciário, por conseguinte, passa a ter papel decisivo na concretização da Constituição.

Por sua vez, a Constituição Federal estabelece, no art. 196, que a saúde é "direito de todos e dever do Estado", além de criar o "acesso universal e igualitário às ações e serviços para sua promoção, proteção e recuperação". Nossa Carta Magna atribuiu competência comum à União, aos Estados e aos Municípios. Por esse motivo, todos os entes federativos podem formular e executar políticas de saúde. Como todas as esferas de governo são competentes, impõe-se que haja cooperação entre elas, tendo em vista o "equilíbrio do desenvolvimento e do bem--estar em âmbito nacional"[3].

No mundo dos fatos, o fenômeno que ocorreu foi a imposição, pela via judicial, de que qualquer dos entes federados arque com os custos de

---

[1] BARROSO, Luís Roberto. Da falta de efetividade à judicialização excessiva: direito à saúde, fornecimento gratuito de medicamentos e parâmetros para a atuação judicial. Disponível em: https://www.conjur.com.br/dl/estudobarroso.pdf.

[2] Ibidem.

[3] Art. 23. Parágrafo único. Leis complementares fixarão normas para a cooperação entre a União e os Estados, o Distrito Federal e os Municípios, tendo em vista o equilíbrio do desenvolvimento e do bem-estar em âmbito nacional.

medicamentos, independentemente de haver um planejamento legislativo ou administrativo prévio[4].

É preciso frisar que não se está, pelo menos neste momento, a se avaliar se o incentivo é benéfico ou não, mas sim seu efeito imediato de aumento significativo dos casos sobre o tema ora tratado.

É só analisar que entre 2008 e 2017, o número de demandas judiciais relativas à saúde registrou um aumento de 130%, conforme revela a pesquisa "Judicialização da Saúde no Brasil: Perfil das demandas, causas e propostas de solução". O estudo, elaborado pelo Instituto de Ensino e Pesquisa (Insper) para o Conselho Nacional de Justiça (CNJ), mostra que, no mesmo período, o número total de processos judiciais cresceu 50%.

A pesquisa identificou que o setor de saúde foi responsável por 498.715 processos de primeira instância distribuídos em 17 tribunais de justiça estaduais, e 277.411 processos de segunda instância, distribuídos entre 15 tribunais de justiça estaduais.

Os números refletem no orçamento do Ministério da Saúde, que registrou um crescimento, em sete anos, de aproximadamente 13 vezes nos gastos com demandas judiciais, alcançando R$ 1,6 bilhão em 2016.

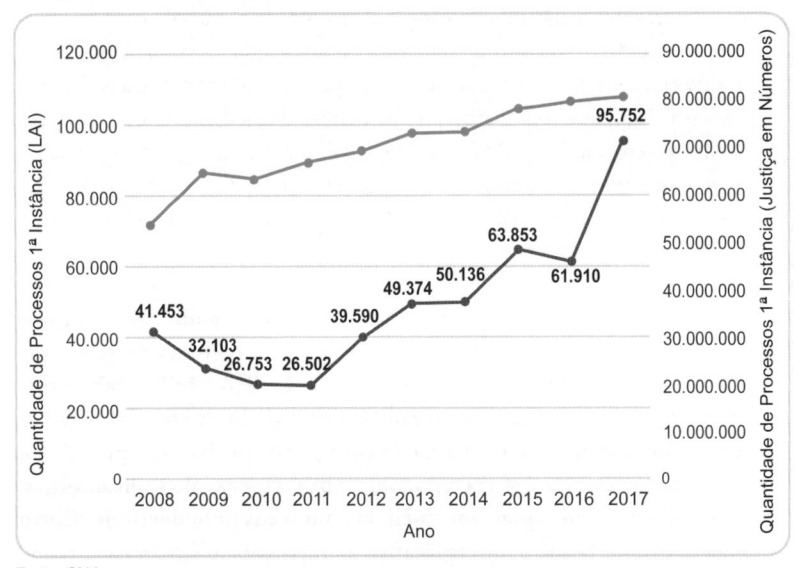

Fonte: CNJ.

---

4   BARROSO, Luís Roberto. Da falta de efetividade à judicialização excessiva: direito à saúde, fornecimento gratuito de medicamentos e parâmetros para a atuação judicial, cit.

Seguindo a mesma lógica é que iremos estudar os incentivos trazidos pelo Código de Processo Civil no próximo capítulo deste trabalho, a fim de averiguar quais são os incentivos concedidos pelo diploma normativo processual para o aprimoramento do instituto do acesso à justiça.

Merece destaque a recente alteração legislativa trazida pela Lei n. 14.879/2024, a qual estabelece que "a eleição de foro deve guardar pertinência com o domicílio das partes ou com o local da obrigação e que o ajuizamento de ação em juízo aleatório constitui prática abusiva, passível de declinação de competência de ofício".

A justificativa da modificação precisa ser objeto de reflexão.

Embora o Código de Processo Civil autorize a eleição de foro, **tal escolha não pode ser aleatória e abusiva**, sob pena de violação da boa-fé objetiva, cláusula geral que orienta toda a sistemática jurídica. Ademais, além do aspecto intersubjetivo, convém rememorar que o exercício da autonomia privada encontra limites no interesse público, que planeja e estrutura o Poder Judiciário de acordo com o contingente populacional e com as peculiaridades locais (art. 93, XIII, da CRFB).

Portanto, a cláusula de eleição de foro deve ser usada com lealdade processual. Ocorre, contudo, que essa não tem sido a realidade prática. A título de exemplo, o Tribunal de Justiça do Distrito Federal e dos Territórios – TJDFT, que conquistou prêmio inédito de melhor tribunal do Poder Judiciário brasileiro (Prêmio CNJ de Qualidade, na categoria Excelência), vem recebendo uma enxurrada de ações decorrentes de contratos que elegeram o Distrito Federal como foro de eleição para julgamento da causa, mesmo sem qualquer relação do negócio ou das partes com a localidade, pelo fato de que, no TJDFT, os processos tramitam mais rápido do que na maior parte do país. **Ora, o foro de eleição não pode ser utilizado deliberadamente, ao bel-prazer das partes, sob pena de se transmutar em abusividade. Em que pese o Código Civil estabelecer, como regra, a autonomia privada e a liberdade de contratar, a escolha aleatória e injustificada de foro pode resultar em prejuízo à sociedade daquela área territorial, sobrecarregando tribunais que não guardam qualquer pertinência com o caso em deslinde.** Outro objeto de aperfeiçoamento legislativo é a inserção do § 5º no art. 63 da referida Lei, estabelecendo que constitui também prática abusiva a ação proposta em juízo aleatório, sem qualquer liame com o domicílio das partes ou com o negócio jurídico.

Assim, o direito fundamental de acesso à Justiça, albergado pela Constituição Federal, deverá sempre estar alicerçado na territorialidade e vinculado a argumento jurídico que justifique a intervenção do juiz natural. Nesse contexto, exsurge o presente Projeto de Lei com o propósito de provocar este Poder Legislativo a acrescer ao Código de Processo Civil limites à cláusula de eleição de foro, com vistas a coibir a prática abusiva desse direito, buscando sempre resguardar a pertinência com o domicílio das partes ou com o local da obrigação, sob pena de se tornar um mero instrumento para escolha dos tribunais que apresentam melhor desempenho no País e, consequentemente, em detrimento da jurisdição em que atuam (grifos nossos).

A motivação da alteração legislativa é completamente desastrosa. Em primeiro lugar, a lei institui a presunção de má-fé na cláusula de eleição de foro. Não é porque a parte não tem domicílio em um determinado tribunal que ela necessariamente escolhe o local para obter qualquer tipo de vantagem ilegítima ou ilegal. É perfeitamente possível ser o local de trabalho, quando se trata de grandes centros urbanos. Outra hipótese é que o advogado de confiança da pessoa esteja em outro Estado. As hipóteses possíveis na realidade são infinitas antes de se pensar que uma parte age de modo que deve ser coibido.

Em segundo lugar, o exemplo trazido pelo legislador é irrazoável por alguns motivos. A propositura da ação é feita de maneira onerosa. Significa dizer que o serviço é pago para movimentar a máquina judiciária. Mesmo em se tratando dos casos de gratuidade de justiça, o orçamento do Poder Judiciário é vultoso e, dessa maneira, tem capacidade de custear as demandas oriundas da sociedade.

Ora, se todo brasileiro paga impostos pesados para manter a Justiça funcionando, não se afigura razoável restringir a busca de um melhor serviço prestado. Nisso reside exatamente uma crítica contida na justificativa de que "o foro de eleição não pode ser utilizado deliberadamente, ao bel-prazer das partes". Pelo contrário: pode ser, sim. Se o Estado detém o monopólio da força para dirimir conflitos, havendo custeio, não havendo fraude e não prejudicando terceiros, não há qualquer motivo para reprimir a escolha das partes.

Além disso, não há qualquer evidência sobre o número de processos excedentes que surgiram nos tribunais em virtude de sua eficiência. Tampouco há um estudo sobre o impacto negativo que esse tipo de "migração processual" causa na comarca escolhida. A lei se restringe ao "pode resultar".

Por fim, determina que o acesso à justiça precisaria de demonstração de um interesse jurídico para intervir no juiz natural. Ora, na eleição de foro não há violação do princípio do juiz natural, considerando que sempre haverá o sorteio do juízo para processar e julgar o caso. Do começo ao fim, a justificativa exposta não se mantém minimamente de pé e direciona a nova lei para a inconstitucionalidade.

Um dos efeitos dessa modificação é o aumento da demora na resolução de casos complexos, que precisam de maior especialidade do magistrado. Israel Couto e Rodrigo Lucas Alves alertam que esse tipo de demanda costuma ser solucionada com menor dispêndio de energia em determinados foros mais especializados. Isso é facilmente verificável em comarcas de 1ª entrância, onde existe apenas uma vara única para julgar todos os processos[5].

Exemplos de leis ruins não faltam na realidade brasileira, mas é preciso apresentar os demais incentivos sistêmicos, quais sejam, os sociais e os judiciais.

2.2 INCENTIVOS SOCIAIS

Os incentivos sociais são a influência das pessoas na atuação das instituições, podendo gerar criação de leis sobre determinadas matérias sob o enfoque de específicas inclinações ideológicas, bem como a construção em conjunto de decisões judiciais.

Assim, haveria uma perspectiva democrática direta na elaboração de normas em caráter genérico e indireta, no plano jurisdicional, contida na fundamentação e publicização de seus atos decisórios.

Nesse sentido, os anseios da sociedade seriam ouvidos pelo Executivo e Legislativo, de um lado, e, do outro, pelo Judiciário.

O Poder Executivo encontra-se descrito nos arts. 76 a 91 da Constituição Federal em que, conforme a redação do art. 76, o Poder Executivo, no âmbito federal, é exercido pelo Presidente da República, auxiliado pelos Ministros de Estado[6] – formato de reprodução obrigatória a nível estadual e municipal para Governadores e Prefeitos.

---

[5] Segundo os autores, "um estudo realizado pela Ana Paula Ribeiro Nani, no seu trabalho apresentado ao programa de mestrado de direito da FGV São Paulo, o tempo médio de um processo em trâmite perante as varas cíveis é de 415 dias, enquanto que nas varas empresariais é de 217,8 dias". Disponível em: https://www.migalhas.com.br/depeso/409194/possiveis-impactos-da-nova-lei-14-879-24-nos-contratos-empresariais. Acesso em: 26-6-2024.

[6] Art. 76. O Poder Executivo é exercido pelo Presidente da República, auxiliado pelos Ministros de Estado.

O art. 84 da Constituição Federal elenca as atribuições exclusivas do Presidente da República, dentre as quais se identifica sua função precípua de dirigir a Administração Pública, na forma da lei, bem como diversas atividades legislativas, por exemplo, os poderes de sanção e veto, apresentação de projetos de lei e edição de decretos[7].

Com uma simples leitura do dispositivo citado, conclui-se pela atuação quase que exclusiva deste Poder por força da política, haja vista a via representativa por eleição direta do cargo.

O cidadão, quando escolhe alguém para o preenchimento do cargo do chefe do Executivo, pretende que o candidato siga as pautas propostas quando da sua campanha eleitoral. Isso revela um compromisso pré-ajustado de ênfase em certos aspectos da vida da sociedade. Por conseguinte, é nítido observar-se o fio condutor da atuação da Administração Pública pela política representativa, potencializando os interesses da maioria que a elegeu, criando e organizando estruturas que possam concretizá-los no mundo dos fatos.

No mesmo lado, mas em outro ponto, temos que o Poder Legislativo é, por excelência, o espaço onde a política desenvolve-se em toda sua plenitude. Uma das principais características deste Poder é a deliberação, que é a pedra fundamental de seu funcionamento. Cada membro (vereador, deputado estadual, deputado federal ou senador) também tem uma pauta de campanha que foi escolhida pelos eleitores, seja sob a perspectiva personalíssima da figura do candidato, seja pela legenda a que ele aderiu.

A relação entre o Legislativo e o Executivo foi desenhada na nossa Constituição para estimular um exercício conjunto do governo, uma cooperação entre Congresso e presidente tanto na formação do governo quanto em sua manutenção[8]. Cumpre notar a análise de Pedro Duarte Pinto sobre essa relação quando expõe que:

---

[7]   Art. 84. Compete privativamente ao Presidente da República: [...] II – exercer, com o auxílio dos Ministros de Estado, a direção superior da administração federal; III – iniciar o processo legislativo, na forma e nos casos previstos nesta Constituição; IV – sancionar, promulgar e fazer publicar as leis, bem como expedir decretos e regulamentos para sua fiel execução; V – vetar projetos de lei, total ou parcialmente; VI – dispor, mediante decreto, sobre: a) organização e funcionamento da administração federal, quando não implicar aumento de despesa nem criação ou extinção de órgãos públicos; b) extinção de funções ou cargos públicos, quando vagos; (...) (BRASIL. Constituição (1988). *Constituição da República Federativa do Brasil*. Brasília, DF: Senado, 1988).

[8]   PINTO, Pedro Duarte. Presidentes, Presidencialismo e o Poder Executivo no Brasil: O fenômeno presidencial no Brasil, modelos comparados e perspectivas de evolução. 2015. 264 f. Dissertação (Mestrado em Direito) – Universidade do Estado do Rio de Janeiro, Rio de Janeiro, 2015.

O diálogo constitucional entre o presidente e o Congresso, nesse contexto, remete a um processo de um debate interativo, contínuo, interconectado e de construção dialógica na tomada de decisões entre esses atores políticos, abarcando a construção do sentido da Constituição, a definição de políticas públicas e de programas de governo, como também o alcance das próprias prerrogativas presidenciais e a demarcação da natureza das próprias instituições envolvidas[9].

Nesse sentido, inexiste a última palavra sobre determinada matéria, já que o conjunto de limitações políticas e institucionais para o Executivo e Legislativo criam um espaço institucional em que os ramos políticos atuam na construção contínua de uma melhor decisão[10].

Conceber a relação ora tratada, sob a perspectiva de um diálogo, possibilita uma interpretação dinâmica dessas interações na construção permanente pelo outro em que nenhuma dessas visões postas isoladamente é suficiente para o diagnóstico de como o sistema funciona[11].

Nesse sentido, ambos os Poderes devem ter em mente, no modo de sua atuação, o desejo daqueles que os elegeram, sob pena de não retornarem aos postos nas eleições subsequentes. Assim, há plena influência social sobre essas instituições, que se submetem ao clamor popular de modo direto e inequívoco, a partir do momento das eleições.

---

[9]   PINTO, Pedro Duarte. Ob. cit.

[10]   Nesse sentido: FISHER, Louis. *Constitutional dialogues – Interpretation as a political process*. Oxford: Princeton University Press, 1988; FISHER, Louis. *The politics of executive privilege*. Durham: Carolina Academic Press, 2004; BATEUP, Christine. The dialogic promise: assessing the normative potencial of Theories of Constitutional Dialogue. *Brooklin Law Review*. v. 7, 2006; MENDES, Conrado Hübner. Is it all about the last word? *Legisprudence (Oxford. Print)*, v. 3, p. 69-110, Oxford: Oxford University Press, 2009; MENDES, Conrado Hübner. Not the last word, but dialogue. *Legisprudence (Oxford. Print)*, v. 3, p. 191-246, Oxford: Oxford University Press, 2009; MENDES, Conrado Hübner. Neither dialogue nor last word. *Legisprudence (Oxford. Print)*, v. 5, p. 1-40, Oxford: Oxford University Press, 2011; e MENDES, Conrado Hübner. *Direitos fundamentais, separação de poderes e deliberação*. São Paulo: Saraiva, 2011.

[11]   "The Presidency is more than the person who occupies the office of president; it is also the set of institutions and processes that shape the behavior of the people who work within them. Viewing the office from this perspective helps shift our attention away from the characteristics of individual presidents and towards structures that remain more or less the same from one administration to the next. It also offers a way to link presidential influence to specific legal powers, since a central component of the president's formal authority is the ability to control institutions and processes" (MAYER, Kenneth R. *With the stroke of a pen: Executive orders and presidential power*. Princeton: Princeton University Press, 2002, p. 109).

Do outro lado, temos o Poder Judiciário como aquele que exerce a chamada jurisdição. Dinamarco afirma que a jurisdição é um poder, uma função e uma atividade ao mesmo tempo. Poder por decidir imperativamente e impor estas decisões; a função é de promover a pacificação dos conflitos por meio do processo; e atividade pelo complexo de atos promovidos pelo juiz no processo[12]. Interessante o caráter substitutivo e atuação conforme o direito, apontado por Chiovenda para a delimitação do referido conceito[13].

Já Carnelutti ressalvava a necessidade peremptória de a jurisdição sempre atuar com base numa lide[14]. Assim, o Estado-juiz deve pacificar as relações a ele levadas, pois tomar a iniciativa de resolver questões, além de autoritário, faria com que se perdesse a parcialidade do magistrado. Portanto, sua atividade se dá sempre em função de uma insatisfação a ele levada para ser resolvida (inércia).

Para Leonardo Greco, trata-se de função preponderantemente estatal exercida por um órgão independente e imparcial que atua a vontade concreta da lei para a justa composição de litígios e proteção dos interesses dos particulares[15].

Por conseguinte, o Judiciário é quem determina a aplicação do Direito ao caso concreto. Diferentemente dos demais, os membros do Judiciário não são escolhidos mediante eleição, mas sim mediante concurso público de conhecimentos técnicos.

Dessa maneira, desenha-se um órgão que não deve se deixar levar pela vontade passageira da sociedade, mas que zela pela ordem jurídica e que busca harmonizar as relações dos indivíduos entre si, dos indivíduos com o Estado ou mesmo entre as várias esferas do Estado. A imparcialidade necessária para esse tipo de atuação afasta de sobremodo um compromisso com a representatividade social que os demais poderes precisam observar. Pelo menos em tese.

Em vários momentos, ministros do STF já declararam ter a neces-

---

[12] CINTRA, Araujo; GRINOVER, Ada Pellegrini; DINAMARCO, Cândido Rangel. *Teoria geral do processo*. São Paulo, RT, 2005.

[13] CHIOVENDA, Giuseppe. *Instituições de direito processual civil*. Campinas: Bookseller, 2000, v. I, p. 66.

[14] CARNELUTTI, Francesco. *Sistema de direito processual civil*. 2. ed. São Paulo: Lemos e Cruz, 2004, v. I, p. 371.

[15] GRECO, Leonardo. *Instituições de direito processual civil*. 3. ed. Rio de Janeiro: Forense, 2011, v. I, p. 55-64.

sidade de se ouvir a voz das ruas ou o sentimento constitucional para decidir[16].

Felipe de Melo Fonte, em estudo sobre o tema da influência da opinião pública nas decisões do Supremo Tribunal Federal, expõe que a criação da TV Justiça gerou um impacto gigantesco nos trabalhos de nossa Suprema Corte[17-18].

Com o surgimento desse canal direto do STF com o cidadão comum, houve uma preocupação por parte dos ministros sobre a demonstração de cumprimento do seu dever público de prestação da tutela jurisdicional.

Nesse sentido, o citado professor aponta que são três as tendências verificadas após a TV Justiça: (i) acréscimo significativo no tamanho dos votos proferidos; (ii) redução da produção do colegiado; e (iii) aumento significativo da produção individual dos ministros[19].

Cremos que a questão aqui a se considerar, pelo foco do presente tópico, é, especificamente, o primeiro ponto.

Quando analisou o número de páginas dos votos proferidos pelos ministros do STF, Felipe de Melo Fonte verificou que houve um aumento considerável, na ordem de 58,70%, após o advento da TV Justiça. Entre 1990 e 2002, os votos tinham, em média, 18,16 páginas e, entre 2003 e 2011, passam a ter 28,82 páginas. Em princípio, o passar do tempo deveria levar à sedimentação da jurisprudência e, por consequência, à redução do número de páginas de votos e acórdãos. Com isso, os precedentes jurisprudenciais funcionariam como fundamentos-cha-

---

[16] "Justiça tem de ouvir a voz das ruas, diz Barbosa ao assumir o STF." Disponível em: https://www.gazetadopovo.com.br/vida-publica/justica-tem-de-ouvir-a-voz-das-ruas-diz-barbosa-ao-assumir-o-stf-2ra0ztdbkq8srj8uh51p7h5xq/.

[17] FONTE, Felipe de Melo. Disponível em: https://www.conjur.com.br/2013-mai-20/felipe-fonte-votos-stf-sao-dirigidos-cada-vez-grande-publico. Para se aprofundar mais sobre o tema, ler: *Jurisdição constitucional e participação popular:* O Supremo Tribunal Federal na era da TV Justiça. Rio de Janeiro: Lumen Juris, 2016.

[18] "Numa democracia, todo poder é representativo, ou seja, é exercido em nome do povo e em interesse da sociedade. Consequentemente, a sociedade, via Constituição, deu poder à Suprema Corte, mas não é um poder para ela exercer por vontade própria. É preciso interpretar a constituição em sintonia com o sentimento social." Disponível em: https://noticias.uol.com.br/politica/ultimas-noticias/2018/04/02/barroso-diz-que-juiz-deve-ouvir-sentimento-social-e-que-stf-esta-na-fogueira-das-paixoes-politicas.htm?cmpid=copiaecola.

[19] Ibidem.

ve permitindo a redução do ônus argumentativo ao julgar determinada questão[20].

Por isso, a expectativa inicial era de redução na carga de fundamentação em cada caso analisado pela corte. Mas a verificação empírica revelou algo exatamente oposto à expectativa inicial. Essa constatação reforça a ideia de que a TV Justiça modificou a dinâmica dos julgamentos no Plenário e o próprio entendimento dos ministros a respeito das funções da Corte. Após o advento da TV Justiça, o que se observa é uma inequívoca tendência à adoção de votos mais extensos.

Número médio de páginas por acórdão por ano

Fonte: https://www.conjur.com.br/2013-mai-20/felipe-fonte-votos-stf-sao-dirigidos-cada-vez-grande-publico.

O voto individual perde a característica exclusiva de instrumento de convencimento voltado aos demais membros da Suprema Corte e passa a ter um objetivo mais amplo, qual seja, o de convencer o grande público de que as razões apresentadas pelo ministro são as mais apropriadas ao caso em julgamento.

Além disso, há outro destaque que é a motivação pela qual um ministro pode ser influenciado pela opinião pública[21]. A título exemplificativo, podemos lembrar como que, em apenas uma semana, o gabinete

---

[20]   Ibidem.

[21]   "Eles são objeto de pressão que vem de atores institucionais e de membros da sociedade civil, inclusive grupos de *lobby*. Mas um ministro não reage aos mesmos tipos de incentivos e têm outros limites institucionais. A teoria nos diz que um político se move por razões eleitorais, sempre em busca de voto, e tem mais liberdade na realização de políticas públicas; o ministro tem um cargo vitalício e está mais preocupado com ganhos reputacionais na comunidade." Disponível em: https://www.gazetadopovo.com.br/ideias/como-a-tv-justica-tornou-o-stf-mais-politico-e-vaidoso/.

do ministro Luís Roberto Barroso recebeu mais de 2 mil telefonemas e 4,5 mil e-mails às vésperas do julgamento a respeito da possibilidade de prisão a partir de condenação em segunda instância, que mobilizou de sobremodo a sociedade civil[22].

A pressão popular, no entanto, é um caso mais evidente de se observar a influência sobre a formulação de comportamento do Poder Judiciário. Como veremos mais adiante, no Capítulo 4, a própria visão e entendimento da sociedade acerca da Justiça vão gerar consequências de ordem institucional no acesso à justiça.

Se imaginarmos que a sociedade tenha mais em alta ou em baixa conta a forma como a tutela jurisdicional é prestada, poderemos enxergar como o serviço será procurado, numa intensidade maior ou menor, a depender da variável anterior.

Destarte, fica demonstrado como é possível, de fato, orientar o comportamento do Poder Executivo e do Poder Legislativo, fundamentando-se no caráter eleitoral e representativo, assim como surge até a evidência de orientação de julgamentos, com base no caráter do capital político do Poder Judiciário, a partir de uma análise dos ora denominados incentivos sistêmicos sociais, em todos esses casos.

2.3 INCENTIVOS JUDICIAIS

Os incentivos judiciais funcionam como a forma de modulação do comportamento das pessoas em geral, mesmo que elas não tenham participado do processo diretamente.

Assim, a ideia inicial é de que haveria, a partir da sedimentação da jurisprudência em uma determinada matéria, um mandamento para toda a sociedade, segundo o qual agiria como uma espécie de norma tacitamente observada por todos.

Da mesma forma, quando é verificado que não há uma organização jurisprudencial acerca de um tema específico, isso também constrói o comportamento das pessoas, que não vão se sentir seguras em adotar posturas aconselhadas ou mesmo impostas pelo Poder Judiciário.

Para compreender melhor essa questão, uma reflexão acerca do comportamento do brasileiro é reiteradamente colocada como senso comum de que existiria uma cultura de litigância em nosso país.

---

[22] Disponível em: https://politica.estadao.com.br/noticias/geral,pressao-para-manter-2-instancia-nao-influenciara-julgamento-avaliam-ministros-no-stf,70003059602.

Com isso, se tudo indica que os esforços de magistrados e servidores jamais serão capazes de fazer frente ao volume de trabalho, o caminho natural para contornar a crise é apostar em formas alternativas de solução de controvérsias.

Os números, contudo, também são extremamente desfavoráveis quanto ao índice de conciliação no Brasil. Em 2018, o Judiciário atingiu uma taxa de apenas 11,5% de sentenças homologatórias de acordo, valor que reduziu no último ano após o crescimento registrado nos dois anos anteriores. Isso porque a Justiça Trabalhista solucionou 24% de seus casos por meio de métodos pacíficos de solução de conflito, puxando o restante do Judiciário, nesse item. Quando observamos os índices da Justiça Estadual, a situação é completamente desanimadora, chegando a 10,4% de soluções pacíficas de controvérsia[23].

Nos Estados Unidos, o cenário é diametralmente oposto. Perante sua Justiça Federal, segundo dados de 2002, apenas 1,8% das causas cíveis foram efetivamente julgadas em seu mérito – percentual que era de 11,5% em 1962[24].

Embora não se possa afirmar que os 98,2% de causas restantes resultaram em acordo, é inegável que os meios alternativos de solução de controvérsias possuem um papel significativo na gestão do número de processos nos acervos dos tribunais americanos.

Encontra-se, nesse panorama, uma curva descendente intensa de processos que chegam ao final com um pronunciamento de mérito pela justiça. De acordo com o *Bureau of Justice Statistics*, o número total de processos cíveis litigiosos caiu mais de 50% entre 1992 e 2005 nas 75 cidades mais populosas dos EUA.

Os Estados Unidos servem como um bom parâmetro de como podemos perseguir um caminho em que deve haver incentivos reais às realizações de acordos.

Apesar de haver uma grande campanha institucional, é preciso ter o olhar mais acurado para a mensagem que os tribunais têm passado nesse mesmo sentido.

Um bom exemplo da realidade jurisprudencial brasileira é capaz de

---

[23] Conselho Nacional de Justiça. Justiça em Números, 2019. Disponível em: https://www. cnj.jus.br/wp-content/uploads/conteudo/arquivo/2019/08/justica_em_numeros20190919. pdf.

[24] REFO, Patricia Lee. The Vanishing Trial. *The Journal of the Section of Litigation*, v. 30, n. 2, 2004.

demonstrar como a mudança das regras jurídicas tem papel central no incentivo ou desestímulo à solução consensual de litígios.

Para explicar isso, Bruno Bodart, em análise acurada do tema, sob a perspectiva da Análise Econômica do Direito, sugeriu supor que dois réus sejam demandados para o pagamento, em caráter solidário, de uma dívida de R$ 100. Nas estimativas de ambos, a chance de que sejam condenados é de 50% – e as situações dos réus são perfeitamente correlacionadas, de modo que a demanda será julgada procedente para os dois ou improcedente para os dois. Desconsiderando as despesas processuais e honorários, a expectativa líquida de prejuízo, para cada um, é de R$ 25 (50% de chances de condenação pela metade do valor da dívida). Considere-se, agora, que o réu "A" decide aceitar uma proposta de acordo oferecida pela parte autora no valor de R$ 30[25].

Nesse panorama, existiam duas correntes de interpretação: (i) o réu "B" estaria submetido ao valor restante total (R$ 70); ou o réu "B" estaria submetido apenas à sua cota-parte da relação interna com o réu "A" (R$ 50).

Na primeira hipótese, a celebração de um acordo da parte autora com o réu "A" gerará um incentivo para que o réu "B" também faça o acordo. Do contrário, ele pode arcar com o todo de R$ 70, em caso de derrota. Além disso, no quadro em tela, em que há metade de chances de ganhar ou perder, o réu "B" está jogando com R$ 35, o que é um valor acima daquele proposto pela parte autora. No quadro abaixo podemos verificar essas condições relatadas.

	ACEITA	NÃO ACEITA
Aceita	30 / 30	30 / 35
Não aceita	35 / 30	25 / 25

Para solucionar esse jogo e prever o provável comportamento dos réus, é necessário aplicar o conceito do equilíbrio de Nash. Esse fenômeno, o Equilíbrio de Nash, busca determinar matemática e logicamente as melhores ações que o participante de um jogo pode tomar para garantir resultados positivos.

---

[25] BODART, Bruno Vinícius da Rós. Seria a litigância uma questão de cultura? Estimulando acordos à luz da teoria dos jogos. Disponível em: https://www.jota.info/opiniao-e-analise/colunas/coluna-da-abde/seria-a-litigancia-uma-questao-de-cultura-12032017.

Por sua vez, a Teoria dos Jogos é uma metodologia analítica para o estudo de situações em que haja interações e conflitos de interesses entre duas ou mais pessoas.

Assim, o Equilíbrio de Nash é um conceito de teoria dos jogos, no qual o resultado ideal de um jogo é aquele em que nenhum dos jogadores sejam motivados a desviar de sua estratégia inicialmente escolhida. Basicamente, essa estratégia é definida depois de o jogador analisar e considerar a estratégia de seus adversários. E para que essa escolha inicial não mude, é importante que ninguém receba benefícios ou incentivos extras ao longo do jogo.

No jogo acima delineado, é possível encontrar três diferentes Equilíbrios de Nash. Há equilíbrio quando os dois réus não fazem acordo e quando ambos fazem acordo. Mais ainda, existe equilíbrio de Nash na distribuição probabilística, por ambos os jogadores, de 50% para cada estratégia (estratégia mista). Isso significa que, em tese, as duas estratégias seriam racionais para os réus: firmar ou não um acordo[26].

Ocorre que a jurisprudência pacífica do Superior Tribunal de Justiça, sobre especificamente esse tema, modifica os valores constantes do modelo apresentado – e, com isso, as prováveis estratégias das partes. Para a Corte Superior, o réu apontado como devedor solidário que não adere ao acordo passa a responder apenas por uma fração ideal da dívida, correspondente a um rateio proporcional entre todos os sujeitos passivos da obrigação[27].

No exemplo figurado anteriormente, o réu que rejeitou o acordo poderia ser condenado, no máximo, a R$ 50. Sua expectativa de prejuízo líquido, portanto, passa a ser de R$ 25 (50% de chances de condenação pelo valor máximo da sentença)[28].

	ACEITA	NÃO ACEITA
Aceita	30 / 30	30 / 25
Não aceita	25 / 30	25 / 25

---

[26] Ibidem.

[27] AgRg no REsp 1002491/RN, Rel. Min. João Otávio de Noronha, Quarta Turma, julgado em 28-6-2011, DJe 1º-7-2011. REsp 1170239/RJ, Rel. Min. Marco Buzzi, Quarta Turma, julgado em 21-5-2013, DJe 28-8-2013. REsp 1.079.293/PR, Rel. Min. Carlos Fernando Mathias (Juiz convocado do TRF da 1ª Região), 4ª Turma, julgado em 7-10-2008. AgRg no REsp 1091654/PR, Rel. Min. Nancy Andrighi, Terceira Turma, julgado em 17-3-2009, DJe 25-3-2009.

[28] BODART, Bruno Vinícius da Rós. Ibidem.

O único Equilíbrio de Nash existente nessa situação é a combinação de estratégias na qual nenhum dos réus faz acordo. Para ambos, a estratégia dominante é rejeitar o acordo oferecido, de modo que pessoas racionais provavelmente adotariam esse comportamento. Uma simples mudança nos incentivos gerados pelas regras jurídicas aplicáveis pode impulsionar as partes a um comportamento socialmente indesejado[29].

Desse modo, fica muito claro como o Judiciário pode influenciar o comportamento das pessoas, obstaculizando o acesso à justiça, inclusive.

Agora, vencida esta etapa de classificação, é preciso aprofundar o debate, estudando e relacionando diretamente os incentivos sistêmicos ora tratados à luz do acesso à justiça, em seus três níveis, quais sejam, legais, sociais e judiciais, nos próximos capítulos.

---

[29] Ibidem.

Capítulo 3
O ACESSO À JUSTIÇA NO ATUAL CPC

A duração razoável dos processos é um anseio antigo, consagrado nas Declarações Fundamentais dos Direitos do Homem de todo o mundo e contemplada nas Constituições modernas oriundas do movimento denominado neoconstitucionalismo.

Assim, o Senado Federal instituiu uma Comissão de Juristas encarregada de elaborar Anteprojeto do Novo Código de Processo Civil, pelo Ato n. 379, de 2009, do Presidente do Senado Federal, aprovado pelo Congresso Nacional, por meio da Lei n. 13.105, de 16 de março de 2015.

Os tempos hodiernos procuram por uma justiça acessível ao povo, que conceda ao cidadão uma resposta justa e tempestiva[1], apta a nutrir o respeito que o órgão que a presta – [2] o Poder Judiciário – e a credibilidade necessária diante da clausula pétrea constitucional da "inafastabilidade da jurisdição"[3].

Dessa forma, foram averiguadas as causas que impediam o judiciário brasileiro de conceder uma resposta judicial "pronta e célere", concluindo nessa primeira etapa que o processo apresentava solenidades obrigatórias, que, por si só, contribuíam para a demora da resposta judicial.

---

[1]   Nesse aspecto, mister consultar: CAPPELLETTI, Mauro. Aspectos sociales y políticos del procedimiento civil. In: *Proceso, ideologias, sociedad*. Buenos Aires: EJEA, 1974, p. 33-90.

[2]   Não passou despercebido pela Comissão que o Poder Judiciário vivencia vertiginosa ascensão. Tem sido a última palavra sobre as questões de Estado, não só aqui, como alhures. Sobre o tema, vale transcrição de trecho de citações de Tocqueville: "Não existe praticamente questão política nos Estados Unidos que não seja resolvida cedo ou tarde como se fosse uma questão judiciária. Daí a obrigação dos partidos, em sua polêmica diária, de tomar emprestadas à justiça suas ideias e sua linguagem". TOCQUEVILLE, Alexis. *De la démocratie en Amérique*. Coll. Garnier-Flammarion, Ed. Flammarion, 1993, p. 47.

[3]   Art. 5º da CF: "XXXV – A lei não excluirá da apreciação do Poder Judiciário lesão ou ameaça a direito". A dicção constitucional abarca a tutela repressiva (lesão) e a tutela preventiva ou inibitória (ameaça a direito), quer de natureza cautelar, quer de natureza satisfativa. Consulte-se sobre o tema a bibliografia correspondente: FUX, Luiz. *Curso de direito processual civil*. Rio de Janeiro: Forense; 2008.

Esse conjunto de problemas judiciais tornou evidente a velha expressão de Eduardo Couture, jurista uruguaio de escola que afirmara com propriedade nos seus *Fundamentos de derecho procesal civil* que a justiça retardada nada mais era do que "justiça denegada"[4].

Concluiu-se, por conseguinte, que passados 37 anos do Código de 1973, era preciso elaborar um novo sistema com o fito de alcançar a cláusula constitucional da "duração razoável dos processos", criando institutos e abolindo outros que se revelaram ineficientes ao longo do tempo, com o escopo final de atingir a meta daquilo que a genialidade do processualista denominou uma árdua tarefa para os juízes: "Fazer bem e depressa"[5].

É importante destacar o caráter democrático-participativo dessa codificação. É que o anteprojeto foi submetido à integralidade da comunidade científica e laica, abrindo rumo à edificação de um código da nação brasileira[6].

Foi criada uma página virtual no sítio eletrônico do Senado, além da realização de quase uma centena de audiências públicas em pontos estratégicos do território nacional, tudo com o objetivo de recebimento de sugestões. Os números indicam a legitimidade democrática do novo texto processual, a saber: (i) a página virtual do Senado recebeu milhares de sugestões; (ii) as audiências públicas ofereceram 240 sugestões;

---

[4]   A Corte Europeia de Direitos Humanos costuma verificar eventual desrespeito à cláusula de duração razoável dos processos pela lente de observação de três critérios principais, a saber: a complexidade da causa; o comportamento das partes e dos seus procuradores; e a atuação do órgão jurisdicional.

[5]   A expressão é de REIS, José Alberto dos. A figura do processo cautelar. Separata do *Boletim do Ministério da Justiça*, n. 3, Lisboa, 1947.

[6]   Assim, a própria metodologia utilizada teve a preocupação de dialogar com o Estado Democrático de Direito vivenciado na atual conjuntura nacional. Neste particular, observando a lição de Goffredo da Silva Telles, para quem o Estado Democrático de Direito se caracteriza por três notas essenciais, a saber: "Por ser obediente ao Direito, por ser guardião dos Direitos e por ser aberto para as conquistas da cultura jurídica. É obediente ao Direito, porque suas funções são as que a Constituição lhe atribui e porque, ao exercê-las, o Governo não ultrapassa os limites de sua competência; é guardião dos Direitos, porque o Estado de Direito é o Estado-Meio, organizado para servir o ser humano, ou seja, assegurar o exercício das liberdades e dos direitos subjetivos das pessoas; é aberto para as conquistas da cultura jurídica, porque o Estado de Direito é uma democracia, caracterizado pelo regime de representação popular nos órgãos legislativos e, portanto, é um Estado sensível às necessidades de incorporar à legislação as normas tendentes a realizar o ideal de uma Justiça cada vez mais perfeita". TELLES JUNIOR, Goffredo da Silva. Carta aos brasileiros. *Revista da Faculdade de Direito da USP*, v. 2, p. 411, 1977.

(iii) 200 sugestões foram recolhidas de memoriais da comunidade jurídica como um todo, aí compreendidos os vários segmentos judiciais da advocacia pública e privada e da comunidade científica por meio de seus institutos, como por exemplo o Instituto Brasileiro de Direito Processual; (iv) todos os projetos de lei em tramitação das casas legislativas foram englobados no projeto. Enfim, a sociedade brasileira falou e foi ouvida, na medida em que 80% das sugestões foram acolhidas.

O atual CPC enfrentou as barreiras da morosidade por meio de criativas soluções.

O primeiro enfrentamento revelou, de plano, três fatores que representavam as causas mais significativas da longa duração dos processos.

A primeira, diz respeito ao excesso de formalidades do processo oriunda da era do iluminismo[7], na qual reinava profunda desconfiança

---

[7] "Tratando-se de tutela cautelar que resguarda a utilidade prática do processo principal, como, *v.g.*, a constrição de bens do arresto garantidor de futura execução, justifica-se exigir a propositura da ação principal em prazo peremptório. Afinal, o juízo terá concedido a medida urgente com base em mera aparência em razão da urgência e da promessa de que adviria o processo principal propiciando uma análise mais aprofundada do direito da parte.

Diferentemente, a tutela antecipada é satisfação antecipada na mesma relação processual em que se vai definir o direito ao final. Isso significa dizer que o juiz pode adiantar os efeitos práticos que advirão do pronunciamento final de procedência. Desta sorte, não há processo outro a instaurar e tudo se passa na mesma rela processual. Imperioso que se assente com clareza que a antecipação de tutela se opera no plano da realizabilidade prática e não no plano normativo. É adiantamento dos efeitos práticos do provimento, como por exemplo a entrega de uma coisa ou o pagamento de alimentos provisionais, sem que haja uma 'sentença provisória', tanto mais que a própria lei explicita que deferida a antecipação o processo prossegue em direção ao seu destino que é a prolação da sentença.

Não obstante as diferenças traçadas, a tutela cautelar e a tutela satisfativa antecipada como subespécies do gênero tutela de urgência apresentam uma significativa característica comum, qual seja a da 'mandamentalidade' da decisão que encerram.

Ressalta claro que a tutela de urgência não se submete à ritualidade da execução tradicional. A sua efetivação se opera *simpliciter et de plano*, como sói exigir uma resposta judicial pronta. Não há execução 'com intervalo' senão sincrética, no mesmo processo, e imediatamente acompanhada de medidas de apoio que a tornem realidade. Esta mandamentalidade, mercê de restaurar a figura soberana do magistrado, abandonando aquela outra burocrático-judicial, criminaliza o descumprimento da ordem, diferentemente do que se observa na sentença condenatória, que encerra uma mera 'declaração' concitando o vencido para que cumpra a decisão. Há executividade intrínseca no comando decisório de urgência, como preconizava Liebman, de tal sorte que mais apropriado é denominar-se a sua realização prática de 'efetivação ou atuação', como o fazem os nossos matizes europeus.

Nesse ângulo, aproximam-se os sistemas do *civil law* e do *common law* ao eclipsarem na figura do magistrado o antigo pretor romano dos interditos e do *imperium iudiciis*.

sobre o comprometimento do Judiciário com o ancião regime, razão que conduziu os teóricos da época a formular técnicas de engessamento dos poderes judiciais[8].

Entretanto, essa cultura do formalismo chegou a um ponto em que impôs ao processo um excesso de etapas até o advento da solução judicial, que a morosidade decorrente acabou por emprestar às formas usuais de prestação de justiça uma ineficiência alarmante, gerando a consequente insatisfação popular e o descrédito do Poder Judiciário.

A segunda causa enfrentada revelou a litigiosidade desenfreada advinda, paradoxalmente, da conscientização da cidadania inserida na Constituição de 1988[9]. O povo, a partir da percepção de seus direitos tutelados pela carta magna[10], introjetou em sua cultura cotidiana a bus-

---

Outrossim, muito embora não se possa afirmar a existência de uma unanimidade a respeito, a repercussão enérgica na esfera jurídica do seu destinatário faz com que o juízo da medida de urgência obedeça ao princípio da menor onerosidade possível e ao da proporcionalidade do provimento, conferindo solução adequada e sob medida, evitando criar um prejuízo maior do que se pretende evitar e, para tal, analisando a liceidade do sacrifício de um interesse à custa de outro, na visão metodológica de Karl Larenz" (Ver FUX, Luiz. *Curso de direito processual civil*. Rio de Janeiro: Forense, 2001, p. 1.288-1.289).

[8]   Interessante passagem sobre a nova expectativa social sobre os juízes: "Entre outras demonstrações deste 'entulho' individualista, lugar de destaque pertence às posições que defendiam dever ser reduzida a participação e os poderes do juiz, ficando o processo (e principalmente seus resultados) totalmente entregue à sorte decorrente da iniciativa (ou falta de iniciativa) das partes. Esta concepção, hoje ultrapassada, de repúdio ao juiz ativo e participativo, era corolário da filosofia preponderantemente liberal e individualista que dominava o pensamento do século passado e baseava sua visão de mundo nos conceitos de liberdade, igualdade formal e propriedade, os quais eram estudados sob o enfoque do indivíduo, ou seja, sem que houvesse uma maior preocupação com a repercussão que o exercício de tais direitos pudesse ter em relação à coletividade. Neste contexto, era deixada para o Estado uma função secundária que vinha sintetizada pelo ideal do Estado Mínimo". PUOLI, José Carlos Baptista. *Os poderes do juiz e as reformas do processo civil*. São Paulo: Juarez de Oliveira, 2002, p. 22.

[9]   Porém, à medida que aumentou enormemente a demanda pela tutela jurisdicional, diminui a capacidade estatal de "expandir os serviços de administração da justiça de modo a criar uma oferta de justiça compatível com a procura então verificada". E isto porque, consoante nos ensina Boaventura de Souza Santos, esta explosão de litigiosidade se deu justamente na década de 1970, momento de crise do Estado-providência, de redução progressiva dos recursos financeiros estatais e da sua crescente incapacidade de arcar com os compromissos assistenciais e previdenciários assumidos para com as classes populares na década anterior. SANTOS, Boaventura de Souza. Introdução à sociologia da Administração da Justiça. In: *Direito e justiça*: a função social do Judiciário. São Paulo: Ática, 1989, p. 44.

[10]   Nesse sentido, ver: AMSTUTZ, Marc; ABEGG, Andreas; KARAVAS, Vaios. Civil Society Constitutionalism: The Power of Contract Law. In: *Indiana Journal of Global Legal Studies*. v. 14, Issue 2, p. 235-258 (Article), DOI: 10.1353/gls.0.0009, Summer 2007.

ca pela tutela judicial dos seus direitos lesados ou ameaçados de lesão. O acesso à Justiça tornou-se o direito dos direitos, pressuposto inafastável de efetivação de todos os demais[11].

A terceira causa revelou o excesso de recorribilidade decorrente da previsão legal de inúmeros meios de impugnação das decisões judiciais, denominada "prodigalidade recursal", como meio de retardar a vitória do adversário[12].

---

[11] Nesse sentido, CAPPELLETTI e GARTH asseveram: "Nos estados liberais 'burgueses' dos séculos XVIII e XIX, os procedimentos adotados para solução de litígios civis refletiam a filosofia essencialmente individualista dos direitos, então vigorante. Direito ao acesso à proteção judicial significava essencialmente o direito formal do indivíduo agravado de propor ou contestar uma ação. A teoria era de que, embora o acesso à justiça pudesse ser um 'direito natural', os direitos naturais não necessitavam de uma ação do Estado para sua proteção. Esses direitos eram considerados anteriores ao Estado; sua preservação exigia apenas que o Estado não permitisse que eles fossem infringidos por outros. O Estado, portanto, permanecia passivo com relação a problemas tais como aptidão de uma pessoa para reconhecer seus direitos e defendê-los, adequadamente, na prática. Afastar a 'pobreza no sentido legal' – a incapacidade que muitas pessoas têm de utilizar plenamente a justiça e suas instituições – não era preocupação do Estado. A justiça, como outros bens, no sistema do *laissez-faire*, só podia ser obtida por aqueles que pudessem enfrentar seus custos... O acesso formal, mas não efetivo à justiça, correspondia à igualdade, apenas formal, mas não efetiva (...) À medida que as sociedades do *laissez-faire* cresceram em tamanho e complexidade, o conceito de direitos humanos começou a sofrer uma transformação radical. A partir do momento em que as ações e os relacionamentos assumiram, cada vez mais, caráter mais coletivo que individual, as sociedades modernas necessariamente deixaram para trás a visão individualista dos direitos, refletida nas 'declarações de direitos', típicas dos séculos XVIII e XIX. O movimento fez-se no sentido de reconhecer os direitos e deveres sociais dos governos, comunidades, associações e indivíduos (...) Entre esses direitos garantidos nas modernas constituições estão os direitos ao trabalho, à saúde, à segurança material e à educação. Tornou-se lugar-comum observar que a atuação positiva do Estado é necessária para assegurar o gozo de todos esses direitos básicos. Não é surpreendente, portanto, que o direito ao acesso efetivo à justiça tenha ganhado particular atenção na medida em que as reformas do *welfare state* têm procurado armar os indivíduos de novos direitos substantivos em sua qualidade de consumidores, locatários, empregados e, mesmo, cidadãos. De fato, o direito ao acesso efetivo tem sido progressivamente reconhecido como sendo de importância capital entre os novos direitos individuais e sociais, uma vez que a titularidade de direitos é destituída de sentido, na ausência de mecanismos para sua efetiva reivindicação. O acesso à justiça pode, portanto, ser encarado como o requisito fundamental – o mais básico dos direitos humanos – de um sistema jurídico moderno e igualitário que pretende garantir e não apenas proclamar os direitos de todos" (CAPPELLETTI, Mauro; GARTH, Bryant. *Acesso à justiça*. Porto Alegre: Sérgio Antônio Fabris Editora, 2008, p. 9).

[12] Daí ter Ulpiano, há dois mil anos, preconizado no Digesto "*Appellandi usus quam sit frequens, quamque necessarius, nemo est qui nesciat...* (Ninguém ignora como o uso da apelação é frequente e como é necessário) ... *licet nonnunquam benelata sententiae in pejureformet Boehmer*" (pois corrige a iniquidade ou imperícia dos julgadores, embora às vezes reforme para pior as sentenças proferidas, porque o fato de julgar por último não implica julgar melhor) ... "*licet*

Nesse sentido, os dados estatísticos comprovaram o número excessivo de recursos utilizados, sem paradigma no direito comparado. Assim, temos o exemplo da Corte Suprema Americana que, além do poder de eleição das impugnações que vai julgar, decide "anualmente de menos de uma centena (100) de recursos, ao passo que os Tribunais Superiores do Brasil têm no seu acervo 250.000 (duzentos e cinquenta mil) recursos para julgamento"[13-14].

A cultura ultrapassada do formalismo foi enfrentada mediante a adoção de uma série de soluções, como, por exemplo, a preponderância da questão de forma sobre a questão de fundo, a possibilidade de adoção de um procedimento das partes, a criação de uma audiência de conciliação logo após a distribuição da petição inicial e a eliminação da duplicação dos processos principal e cautelar com a tutela provisória de urgência ou da evidência inaugurando uma única relação processual[15-16].

---

nonnunquam benelata sententiae in pejureformet Boehmer". Texto original: ULPIANO, *Digesta Iustiniani: Liber 49*; Coleção Mommsen & Krüger. Tradução livre para português.

[13] Uma compreensão do tema encontra-se em: BAUM, Lawrence. *A Suprema Corte Americana*. Rio de Janeiro: Forense Universitária, 1987.

[14] Como bem destacado na exposição de motivos pela relatora, Professora Teresa Alvim Wambier: "Bastante simplificado foi o sistema recursal. Esta simplificação, todavia, em momento algum significou restrição ao direito de defesa. Em vez disso deu, de acordo com o objetivo tratado no item seguinte, maior rendimento a cada processo individualmente considerado" (WAMBIER, Teresa Arruda. Exposição de Motivos. In: *Código de Processo Civil*: anteprojeto/Comissão de Juristas Responsável pela Elaboração de Anteprojeto de Código de Processo Civil. Brasília: Senado Federal, Presidência, 2010).

[15] A passagem doutrinária ilustra bem o que tentamos superar: "Quando o investimento no processo aparece aos olhos da pessoa como desproporcional ao proveito a postular e em face do risco assumido, ele constitui freio inibitório ao exercício da ação e possivelmente será mais um fator de permanência de insatisfações. A esses óbices, somem-se aqueles relacionados com o modo de ser dos processos (lentos na apresentação de resultados e fonte de incômodos para as próprias partes, testemunhas etc.) e ter-se-á como avaliar todo o custo social a que eles estão sujeitos. [...] Causa jurídica de estreitamento da via de acesso à Justiça e à disciplina da *legitimatio ad causam* ativa, no processo civil individualista que herdamos e praticamos. Em princípio, por expressa disposição legal, a cada um cabe defender em juízo somente os seus próprios direitos, reputando-se excepcionalíssimos e de direito estrito os casos de substituição processual. Tal disciplina consiste numa interpretação acanhada e insuficiente da garantia constitucional da ação e da inafastabilidade do controle jurisdicional, em contraste com as tendências solidaristas do Estado e do direito contemporâneos. Aquela linha de legitimação individual, válida na maioria dos casos, corresponde ao tratamento 'atômico' tradicionalmente dado aos conflitos, sem cogitar da dimensão supraindividual que estes podem muitas vezes apresentar; sucede-lhe agora o impulso doutrinário no sentido da molecularização do direito e do processo, ou seja, do tratamento dos conflitos a partir de uma ótica solidarista e median-

O excesso de demandas, apesar de pertencer ao campo interdisciplinar da sociologia jurídica, encontra amparo na cláusula do acesso à justiça[17], garantido pelo princípio constitucional de que nenhum direito ou ameaça a direito deve escapar à apreciação do Poder Judiciário.

Esse quantitativo de demandas estava intimamente vinculado ao denominado "contencioso de massa"[18], no qual milhares de ações em trâmite no território nacional versavam a mesma questão jurídica, revelando ações homogêneas, que não deviam ser reguladas processualmente como aquelas que compõem a litigiosidade de varejo.

Surgiu, então, o denominado incidente de resolução de demandas repetitivas instaurado em cada unidade da federação, perante o primeiro grau de jurisdição para o tribunal, possibilitando ao juiz, às partes, à Defensoria Pública ou ao Ministério Público provocarem uma manifestação dos tribunais locais sobre as ações com identidade de questões jurídicas.

O incidente, uma vez instaurado, tem a sua admissibilidade aferida pelo tribunal que pode impor a suspensão das ações idênticas juridicamente, no âmbito da sua competência, antes de apreciar o mérito da questão.

---

te soluções destinadas também a grupos de indivíduos e não somente a indivíduos enquanto tais". DINAMARCO, Cândido Rangel. *A instrumentalidade do processo*. 11. ed. São Paulo: Malheiros, 2003, p. 340-341.

[16] Há sistemas que preconizam a ausência de preclusão e a possibilidade de revisão, ao final de todo o material decidido. Acerca de uma resenha sobre as vantagens e desvantagens consulte-se, por todos, BARBOSA MOREIRA. *Comentários ao Código de Processo Civil*. 12. ed., p. 488, n. 266. Nesses comentários o autor aponta para a via média de discriminar decisões agraváveis de pronto, tal como adotado pelo anteprojeto.

[17] "Tornou-se lugar-comum observar que a atuação positiva do Estado é necessária para assegurar o gozo de todos esses direitos sociais mais básicos. Não é surpreendente, portanto, que o direito ao acesso efetivo à Justiça tenha ganho particular atenção na medida em que as reformas do *welfare state* têm procurado armar os indivíduos de novos direitos substantivos em sua qualidade de consumidores, locatários, empregados e, mesmo, cidadãos. De fato, o direito ao acesso efetivo tem sido progressivamente reconhecido como sendo de importância capital entre os novos direitos individuais e sociais, uma vez que a titularidade de direitos é destituída de sentido, na ausência de mecanismos para sua efetiva reivindicação. O acesso à justiça pode, portanto, ser encarado como o requisito fundamental – o mais básico dos direitos humanos – de um sistema jurídico moderno e igualitário que pretenda garantir e não apenas proclamar os direitos de todos." CAPPELLETTI, Mauro. Acesso à justiça. Separata da *Revista do Ministério Público do Estado do Rio Grande do Sul*. Porto Alegre, v. 1, n. 18, p. 11-12.

[18] ANDREWS, Neil. Multi-party proceedings in England: representative and group actions. *Duke Journal of Comparative and International Law*, v. 11, 2001.

Destarte, a possibilidade de interposição de recurso extraordinário ou recurso especial habilita esses tribunais superiores a suspenderem todas as ações em tramitação no território nacional. Uma vez decidida a questão jurídica homogênea, cada ação individual retoma a sua marcha em primeiro grau, obedecendo ao julgamento da questão comum.

O incidente[19] revela-se vantajoso ao permitir a solução de milhares de demandas com idêntica questão jurídica, por meio de solução única, a qual influenciará, inclusive, na admissibilidade de eventuais recursos para os tribunais locais ou superiores, porquanto fixada a tese, a sua adoção será obrigatória.

O registro eletrônico no Conselho Nacional de Justiça (CNJ) dos incidentes de resolução de demandas repetitivas suscitados nas unidades federadas do país permitirá aos tribunais adotarem providências preventivas tendentes a evitar futuras decisões contraditórias mediante a suspensão preventiva dos processos[20].

O excesso de recursos recebeu como solução a limitação da utilização do agravo de instrumento, permitido para hipóteses excepcionais, pelo menos em tese. Nesse passo, foram eliminados os embargos infringentes, substituídos pela técnica da continuação do julgamento até o alcance da maioria dos cinco membros julgadores[21].

A Jurisprudência assumiu o destaque característico dos sistemas da família da *common law*, vinculando juízes e tribunais, sendo necessá-

---

[19] Consoante anota Antonio Passo Cabral: "O procedimento se inicia com um pedido de instalação do incidente-padrão (*Musterfeststellungsantrag*), seja pelo autor seja pelo réu, perante o juízo do processo individual (*Prozessgericht*, o juízo de origem), com indicação do escopo da tratativa coletiva, descrito e exigido pela lei como requisito do pedido. Não pode haver instauração de ofício pelo juízo. A parte deve apontar os pontos litigiosos (*Streitpunkte*) que deseja ver resolvidos coletivamente, bem como os meios de prova que pretende produzir no incidente. Interessante notar que o requerente deve alegar e demonstrar que o pedido terá repercussão extraprocessual, interferindo na resolução de outros litígios similares". CABRAL, Antônio do Passo. O novo Procedimento-Modelo (Musterverfahren) alemão: uma alternativa às ações coletivas. *Revista de Processo*, São Paulo: Revista dos Tribunais, v. 32, n. 147, p. 123-146, maio 2007.

[20] Ver MENDES, Aluisio Gonçalves de Castro. *Ações coletivas no direito comparado e nacional.* São Paulo: Revista dos Tribunais, 2002, p. 60-61.

[21] Já o anteprojeto de Alfredo Buzaid, que antecedeu ao Código de 1973, prometia uma profunda racionalização do sistema recursal. Menos radical, o próprio Código extinguiu os agravos de petição e no auto do processo, os embargos de alçada e o recurso de revista, mantendo os embargos infringentes com base em voto vencido. Acabou por adotar amplamente o princípio do duplo grau de jurisdição, tornando recorríveis todas as decisões de 1ª grau.

rio haver, por seu turno, a perfeita adequação da causa ao precedente, a possibilidade de sua modificação, bem como a modulação temporal da modificação jurisprudencial para evitar a surpresa judicial, interdição que conspira em prol da segurança jurídica. Essa força emprestada à jurisprudência viabiliza, também, a previsibilidade das decisões, respeitando as justas expectativas dos jurisdicionados.

Essa tendência corrobora o que Giuseppe Chiovenda havia previsto, no primeiro quarto do século passado, que a evolução do processo civil restaria por unir as famílias do *civil law* e da *common law*, permitindo uma interação capaz de institutos de um sistema serem úteis ao outro. Aliás, ao longo das últimas décadas, os sistemas romano-germânico e anglo-saxônico vêm se interpenetrando. Assim é que o Brasil, país de tradição legalista, tende cada vez mais para a utilização dos precedentes judiciais característicos do sistema anglo-saxônico, como regra apta a realizar a isonomia jurisdicional; ao passo que a Inglaterra, desde 1999, país de tradição dos precedentes, adotou um complexo Código de Processo Civil (*Rules of Civil Procedure*).

3.1 PRINCIPIOLOGIA DO CÓDIGO[22]

O estágio atual da Ciência Jurídica Brasileira insere-se na era do pós-positivismo, antecedida do jusnaturalismo que pregava um direito natural e imutável, e do positivismo, cuja ótica enxergava o justo na própria lei[23].

---

[22] A Comissão observou os mais recentes movimentos de homogeneização do sistema processual, respeitando os "Princípios Transnacionais de Direito Processual". No original: *Principles of Transnational Civil Procedure*, que tiveram como *relatores* os insignes Professores Geoffrey C. Hazard Jr. e Michele Taruffo, com inúmeros consultores internacionais de renome. Os princípios foram elaborados em uma *Joint Venture* entre o *American Law Institute* (ALI) e o *International Institute for the Unification of Private Law* (UNIDROIT) e resultaram do amadurecimento da ideia inicial do ALI de formular um código (*Rules*) de Direito Processual Transnacional focado nas disputas comerciais entre diferentes nações. Após o ingresso do UNIDROIT no projeto, chegou-se ao consenso de formular, em vez de um código de regras, um rol de *princípios gerais*, a serem seguidos por todas as nações em disputas comerciais internacionais. Importante notar que os *princípios transnacionais* buscaram tomar forma que pudesse se adequar tanto ao sistema anglo-saxônico quanto ao sistema romano-germânico, com o escopo de servir como modelo a um movimento de *harmonização* e *aproximação* dos sistemas processuais.

[23] "A evolução do jusnaturalismo culminou com a inauguração do Estado Liberal e a consolidação em textos escritos e codificados dos ideais até então reivindicados. Positivados os direitos conquistados, naturalmente passaram então a simbolizar o estático e conservador. Foi esta a deixa para o positivismo filosófico, como verdadeiro ritual de veneração ao conhecimento científico, vir à tona sustentando a crença de que a mera atividade intelectual poderia en-

O surgimento dos princípios maiores, inseridos na Carta Federal de 1988, introduziu o sistema jurídico brasileiro no positivismo moderno que não mais se reduz a regras legais, senão, e, principalmente, compõe-se de princípios maiores que representam o centro de gravidade de todo o sistema jurídico.

Nesse segmento, destacam-se os princípios da dignidade humana[24], da razoabilidade, da impessoalidade, da eficiência, da duração razoável dos processos, do devido processo legal, do contraditório, da ampla defesa, da efetividade, da tutela específica e tempestiva e do acesso à ordem jurídica justa, dentre outros, à luz da concepção jusfilosófica que os acompanham[25].

O Código, seguindo a trilha da Constituição Federal, construiu normas destinadas aos juízes, sinalizando que toda e qualquer decisão judicial deve perpassar pelos princípios constitucionais. Em outras palavras, a Comissão preocupou-se em fazer do processo um instrumento

---

gendrar leis invariáveis e autossuficientes às relações humanas. O movimento bem serviu ao nazismo e ao fascismo, e acabou, por isso mesmo, sendo desmascarado. Pelas circunstâncias traumatizantes, o Direito, a partir da segunda metade do século XX, já não mais poderia vangloriar-se do positivismo jurídico. As causas da humanidade não mais suportavam as letras frias sem qualquer compromisso com a Justiça e a ética. Em contrapartida, o retrocesso ao jusnaturalismo e seu subjetivismo próprio seriam muito perigosos aos operadores ainda desestabilizados e impactados com os resultados do regime antecedente. Nesse cenário, o pós-positivismo vem à lume reunindo valores sociais, princípios e regras, elementos que brindarão nova hermenêutica, instrumentalizando o filosófico e materializando princípios a serem estampados na Constituição, explícita ou implicitamente. A principiologia adotada não esconde querer ser efetiva e apta à *produção de efeitos*. *O caminhar* do direito processual reflete essa evolução e, desde a instauração do pós-positivismo, se redesenha e repensa, paulatinamente, à luz da instrumentalidade. A começar, deixa o processo de ser um negócio das partes assistido por um árbitro passivo. Perde o sentido o mito da neutralidade judicial, passando o juiz a ser alguém ativo e participativo no processo, hábil a equilibrar a diferença de forças entre as partes. O novo perfil judicante mostra-se ávido a aproveitar todos os poderes conferidos pelas novas leis. Leis essas abertas a escutar o que o magistrado considere seja 'tempo razoável', 'boa-fé', 'moral', 'bons costumes'. O hodierno julgador, chamado a todo o tempo a decidir com equidade, não mais pode espelhar-se em Pôncio Pilatos que, diante do resultado de julgamento mais expressivo da humanidade, simplesmente lavou as mãos. Não está o juiz para dizer o direito, mas para lhe dar efetividade." TUPINAMBÁ, Carolina. *Nova competência da Justiça do Trabalho à luz da reforma constitucional*. Rio de Janeiro: Forense, 2006.

[24] A dignidade humana passou a ser o centro de gravidade do ordenamento jurídico, um superprincípio pelo qual perpassa todo o sistema de normas.

[25] O segundo pós-guerra marcou o renascimento dos princípios constitucionais do processo. O Estado de Direito que se reconstruiu após os nefastos regimes autoritários redefiniu as suas relações com os cidadãos, firmando o primado da dignidade humana e a eficácia concreta dos direitos fundamentais, assegurada pelo amplo acesso à sua tutela pela Justiça.

de participação democrática, em que o juiz, ouvindo e dialogando com partes e interessados, promova uma decisão efetivamente apaziguadora[26]. Nesse sentido é que se criou uma estrutura de fortalecimento dos métodos alternativos de resolução de conflito, potencializando-se a efetividade e adequação da atividade jurisdicional do centro do novo sistema processual[27].

3.1.1 Constituição e o Processo Civil

Assim é que ingressamos na análise do art. 1º do atual CPC, segundo o qual "o processo civil será ordenado, disciplinado e interpretado conforme os valores e as normas fundamentais estabelecidos na Constituição da República Federativa do Brasil, observando-se as disposições deste Código".

O dispositivo traz a função do próprio processo dentro do Estado Democrático de Direito, qual seja a concessão de legitimidade da obtenção do bem da vida pretendido ao Judiciário, porquanto o indivíduo não possa se valer das próprias forças para retirar um bem do patrimônio de outrem ou obrigá-lo a fazer ou deixar de fazer algo.

Ao seguir as determinações previstas no ordenamento, a conduta coercitiva estatal remete a uma legitimidade a partir da teoria do pacto social, na qual a sociedade remete parcela de sua liberdade para que o Estado promova a harmonia e o bem comum, após uma aceitação dessas regras.

Destarte, as normas estabelecidas no ordenamento formam o resultado da conjugação da vontade geral, legitimando a atuação do Estado na sua conduta invasiva no patrimônio jurídico de um indivíduo[28].

---

[26] É o que Cappelletti, sob influência anglo-americana, denominou *fair hearing*, hoje também chamado de *processo justo*, como processo em que às partes são asseguradas todas as prerrogativas inerentes ao contraditório participativo.

[27] Sobre o tema de mediação no atual CPC, ver: "o panorama legislativo pátrio relativo à disciplina da mediação, que demonstra uma evolução no pensamento do legislador com as partes e com uma estruturação específica da mediação, que ainda tem um longo caminho a percorrer, pois essas medidas são extremamente novas e a realidade fóruns, principalmente de regiões metropolitanas periféricas e de comarcas do interior, é muito complicada do ponto de vista de quem deve ter acesso à tutela jurisdicional adequada". Cf.: SILVA, Irapuã Santana do Nascimento da. O princípio da igualdade como pressuposto de validade da mediação para uma tutela jurisdicional efetiva. 2015. Dissertação (Mestrado em Direito) – Universidade do Estado do Rio de Janeiro, Rio de Janeiro, 2015, p. 91.

[28] SILVA, Irapuã Santana do Nascimento da. O princípio da igualdade como pressuposto de validade da mediação para uma tutela jurisdicional efetiva. 2015. Dissertação (Mestrado em

Essa é a base que constitucionaliza o processo civil, onde a legitimação se dá pela observância dos princípios constitucionais, os quais servem de balizas para se atingir uma tutela jurisdicional justa que, por sua vez, é o objetivo traçado pelo princípio do acesso à justiça.

3.1.2 Princípio da Inércia e do Impulso Oficial

O art. 2° do Código de Processo Civil contém os princípios da inércia e do impulso oficial, quando estabelece que "o processo começa por iniciativa da parte e se desenvolve por impulso oficial, salvo as exceções previstas em lei".

O Estado-juiz deve pacificar as relações a ele levadas, pois tomar a iniciativa de resolver questões, além de autoritário, faria com que se perdesse a imparcialidade do magistrado. Portanto, sua atividade se dá sempre em função de uma insatisfação a ele levada para ser resolvida. E assim surge o princípio da inércia, segundo o qual o Judiciário apenas pode se manifestar acerca de um litígio após ser provocado, e nos limites daquilo que foi relatado para ele, concedendo também um reforço de fundamento à imparcialidade.

Atrelado ao princípio da inércia, reside o princípio da imparcialidade, porquanto o juiz deve se preservar equidistante entre as partes. Em regra, ele não pode iniciar um processo, sob pena de pender para um dos lados, desequilibrando a relação jurídico-processual. Montero Aroca, citando Wach, ressalta que a verdadeira imparcialidade exige que o juiz não sirva à finalidade subjetiva de qualquer das partes, mas que o seu julgamento seja ditado exclusivamente pelo correto cumprimento da função de atuar o direito objetivo, sem que qualquer outra circunstância influa na sua decisão[29].

A segunda parte do dispositivo trata do impulso oficial, entendendo o juiz como o gestor do processo. Uma vez provocado pelas partes, o sistema de justiça estatal deve colocar em marcha o processo. A impulsão do processo por parte do juiz é necessária a uma adequada prestação jurisdicional devendo as partes, sempre que solicitadas, colaborar para esse fim de acordo com as instruções fixadas pelo magistrado[30].

Direito) – Universidade do Estado do Rio de Janeiro, Rio de Janeiro, 2015, p. 37-38.

[29] AROCA, Juan Montero. *Sobre la imparcialidad del Juez y la incompatibilidad de funciones procesales*. Valencia: Tirant lo Blanch, 1999, p. 187.

[30] COELHO, Marcus Vinícius Furtado. Artigos 2 $^{\circ}$ e 3 $^{\circ}$ do CPC – Inércia e inafastabilidade da jurisdição. Disponível em: https://www.migalhas.com.br/CPCMarcado/128,MI297500,21048-

O artigo também tem uma íntima relação com o princípio do acesso à justiça, na medida em que retrata o início da tutela jurisdicional e o seu desenvolvimento, fazendo com que a jurisdição seja perfeitamente aplicada ao caso concreto.

3.1.3   Jurisdição e Meios Alternativos de Resolução de Conflitos

O art. 3º do atual CPC trata da inafastabilidade da tutela jurisdicional e corrobora o esforço de se obter outros meios de acesso à justiça, como a arbitragem, mediação e conciliação[31].

Considerando que a reflexão sobre o *caput* já foi exaustivamente realizada, resta, dessa forma, debruçarmo-nos sobre as questões relativas à arbitragem e à mediação e conciliação.

A arbitragem é um mecanismo alternativo de solução de conflitos, que, numa definição singela, porém precisa, é:

> a prática alternativa, extrajudiciária, de pacificação antes da solução de conflitos de interesses envolvendo os direitos patrimoniais e disponíveis, fundada no consenso, princípio universal da autonomia e da vontade, através da atuação de terceiro, ou de terceiros, estranhos ao conflito, mais de confiança e escolha das partes em divergência[32].

Portanto, a desjudicialização das relações jurídicas é, sem dúvida alguma, um caminho a ser trilhado na perspectiva evolutiva da jurisdição. Encontrar uma forma efetiva e ótima de resolver conflitos é um dos principais objetivos do legislador, sendo facilmente identificável na parte geral das normas fundamentais do atual CPC, mais especificamente no seu art. 3º.

Humberto Dalla define a mediação "como o processo por meio do qual os litigantes buscam o auxílio de um terceiro imparcial que irá contribuir na busca pela solução do conflito"[33]. Prossegue em sua exposição

---

Artigos+2+e+3+do+CPC+Inercia+e+inafastabilidade+da+jurisdicao. Acesso em: 16-1-2020.

[31]   Art. 3º Não se excluirá da apreciação jurisdicional ameaça ou lesão a direito. § 1º É permitida a arbitragem, na forma da lei. § 2º O Estado promoverá, sempre que possível, a solução consensual dos conflitos. § 3º A conciliação, a mediação e outros métodos de solução consensual de conflitos deverão ser estimulados por juízes, advogados, defensores públicos e membros do Ministério Público, inclusive no curso do processo judicial.

[32]   LIMA. Cláudio Vianna de. A arbitragem no tempo, o tempo na arbitragem. In: GARCEZ, José Maria Rossani (Coord.) *A arbitragem na era da globalização*. 2. ed. Rio de Janeiro: Forense, 1999, p. 5.

[33]   PINHO, Humberto Dalla Bernardina de. Mediação – a redescoberta de um velho aliado na

ressaltando que "esse terceiro não tem a missão de decidir (e nem a ele foi dada autorização para tanto). Ele apenas auxilia as partes na obtenção da solução consensual"[34], destacando que "o papel do interventor é ajudar na comunicação através da neutralização de emoções, formação de opções e negociação de acordos. Como agente fora do contexto conflituoso, funciona como um catalisador de disputas, ao conduzir as partes às suas soluções, sem propriamente interferir na substância destas"[35-36].

Normalmente, recorre-se à mediação após as diversas tentativas fracassadas de negociação diretamente pelas partes da relação jurídica conflituosa, quando então procuram um terceiro que possa auxiliá-las a chegar a um consenso[37], que sabem ser possível, mas são incapazes de obter[38].

---

solução de conflitos. In: PRADO, Geraldo (Org.). *Acesso à justiça:* efetividade do processo. Rio de Janeiro: Lumen Juris, 2005.

[34] O Uniform Mediation Act dispõe em seu item (1): "Mediation means a process in which a mediator facilitates communication and negotiation between parties to assist them in reaching a voluntary agreement regarding their dispute". Aplicável nos EUA e disponível em: http://www.adr.org.

[35] PINHO, Humberto Dalla Bernardina de. Ob. cit.

[36] Para Maria de Nazareth Serpa, mediação "*é um processo informal, voluntário, onde um terceiro interventor, neutro, assiste aos disputantes na resolução de suas questões*" (SERPA, Maria de Nazareth. *Teoria e prática da mediação de conflitos*. Rio de Janeiro: Lumen Juris, 1999, p. 90); José Maria Rossani Garcez afirma que a mediação terá lugar quando, devido à natureza do impasse, quer seja por suas características ou pelo nível de envolvimento emocional das partes, fica bloqueada a negociação, que assim, na prática, permanece inibida ou impedida de realizar-se (GARCEZ, José Maria Rossani. *Negociação. ADRS. Mediação. Conciliação e arbitragem.* 2. ed. Rio de Janeiro: Lumen Juris, 2003, p. 35); Roberto Portugal Bacellar define mediação como uma "técnica lato senso que se destina a aproximar pessoas interessadas na resolução de um conflito a induzi-las a encontrar, por meio de uma conversa, soluções criativas, com ganhos mútuos e que preservem o relacionamento entre elas" (BACELLAR, Roberto Portugal. *Juizados especiais:* a nova mediação paraprocessual. São Paulo: Revista dos Tribunais, p. 174). Para Gladys Stella Álvarez a mediação constitui um "procedimiento de resolución de disputas flexible y no vinculante, en el cual un tercero neutral – el mediador – facilita las negociaciones entre las partes para ayudarlas a llegar a un acuerdo" (ÁLVAREZ, Gladys Stella. *La Mediación y el Acceso a Justicia*. Buenos Aires: Rubinzal – Culzoni Editores, 2003, p. 135).

[37] No mesmo sentido, Maria de Nazareth Serpa afirma que a mediação é um "processo onde e através do qual uma terceira pessoa age no sentido de encorajar e facilitar a resolução de uma disputa sem prescrever qual a solução. Um de seus aspectos-chave é que incorpora o uso de um terceiro que não tem nenhum interesse pessoal no mérito das questões. Sem essa intervenção neutra, as partes são incapazes de engajar uma discussão proveitosa. O terceiro interventor serve, em parte, de árbitro para assegurar que o processo prossiga efetivamente sem degenerar em barganhas posicionais ou advocacia associada" (op. cit., p. 147).

[38] Afirma João Roberto da Silva que "a base do processo de mediação é a visão positiva do

Mas é possível também, e é preciso que se advirta dessa possibilidade, que a via consensual esteja irremediavelmente obstruída, por conta de um relacionamento já desgastado pelo tempo, pelas intempéries de uma ou ambas as partes e ainda pela falta de habilidade em lidar com o conflito. Nesse caso, deve-se recorrer à adjudicação ou decisão forçada, hipótese em que um terceiro deverá, após se certificar que não há mais possibilidade de acordo, emitir um juízo de valor acerca da situação concreta na qual os interesses das partes estão contrapostos[39].

É importante destacar expressamente que a mediação pode ser judicial ou extrajudicial. A mediação encontra-se resguardada pelo princípio da autonomia da vontade. Assim, as partes que queiram realizar uma autocomposição, poderão fazê-lo a qualquer tempo, sem quaisquer amarras legítimas por parte do ordenamento jurídico. A regra em voga é a liberdade plena, e eventual limitação somente pode ser aceitável quando está em jogo uma cláusula que restrinja direito indisponível de uma das partes. O caso é bem simples e muito intuitivo: se é reconhecida a validade de acordo extrajudicial sem a interferência de pessoa estranha à relação jurídica, por que não poderia ocorrer o mesmo quando da utilização do instituto da mediação? Nesse sentido, ocorre a compatibilidade manifesta da teoria dos poderes implícitos no que concerne à atuação das partes.

Aprofundando um pouco mais, é interessante pontuar que uma das primeiras características da mediação é a sua voluntariedade[40].

---

conflito. A ciência desta ensina o conflito como algo necessário para o aperfeiçoamento humano, seja pessoal, comercial, tecnológico, ou outro qualquer, pois, quando considera a concepção de realidade não traça um ser mediano e repleto de retidão. Para a mediação frente a análise de realidade não há ninguém normal ou anormal, somente se tem diferentes modelos de realidade" (*A mediação e o processo de mediação*. São Paulo: Paulistanajur Edições, 2004, p. 15).

[39] PINHO, Humberto Dalla Bernardina de (Org.). *Teoria geral da mediação à luz do projeto de lei e do direito comparado*. Rio de Janeiro: Lumen Juris, 2008.

[40] Teresa Wambier traça um panorama interessante sobre a situação do processo e do Judiciário no mundo para responder a pergunta que figura no título de seu artigo "Mediação obrigatória é a melhor escolha?": "Mediation is a method of solving disputes which can be considered to be an ADR. The acronym ADR represents a broad expression conceived in the sixties, by the common law world, to identify collectively methods or procedures to solve disputes which are different from litigation before State Courts. In the last 40 years, most legal systems of the East have experienced a significant increase in the number of cases. This litigation explosion has many complicated grounds but most legal writers recognize that the creation of new rights such as minority rights, consumer rights and so on played a significant role in creating the so called 'litigious' societies. The USA is considered to be the birthplace of ADR. This was

Portanto, sua realização deve ser incentivada e, de maneira alguma, imposta. Entretanto, os sistemas contemporâneos (principalmente o romano-germânico) estão caminhando na contramão deste posicionamento, instituindo a mediação obrigatória para impor um filtro ao acesso à justiça, tendo como um dos argumentos a ausência de princípios absolutos. Contudo, o problema de obstar o acesso à Justiça é o esvaziamento do próprio direito a ser resguardado, tendo em vista que sem a possibilidade ou mecanismos adequados e efetivos de sua exigência, acaba-se na situação de sua não existência concreta[41].

---

the situation in the USA – overcrowded courts and new rights – which contributed to the need for new methods of settling disputes. The overloading of Courts, buried under the pressure of an unprecedented backlog, brought about the necessity to find different methods to settle cases, to solve disputes. Litigation was too slow, too expensive and too burdensome. ADR is considered to be quicker, cheaper and leads to greater satisfaction of interested parties. Before broaching the main topics of this paper, it is convenient to make a terminological distinction: mediation can be evaluative, when the mediator proposes a deal to the parties; or facilitative, when the task of the mediator is limited to leading the parties to an agreement, and he or she neither suggests nor imposes its terms. In Brazil, and in most countries of South America, only the latter style of mediation is considered to be true mediation. We call conciliation the process of assisting the parties *in* their dialogue with suggestions of possible settlements, and it is led by a conciliator not by a mediator. In Europe, there is a clear tendency, manifested in a Directive of the year of 2008, to consider mediation as a 'facilitative process tool', which would mean an important difference in relation to conciliation. Conciliation is a clear example of an 'advisory process' device, which allows the dispute resolution practitioner to make suggestions or formal recommendations regarding the merits of the case, although not binding. In the terminology that we are going to employ in this paper, mediation is facilitative. So, evaluative mediation is not going to be considered real mediation, but is going to be named conciliation. Mediation can be mandatory, i.e. it can be seen according to statutory law as a necessary step to be taken by the parties before they go to Court. It has been noted that it is a tendency of the majority of legal systems not to consider mediation as mandatory, as a rule. Only in some specific circumstances would mediation be a precondition for somebody to litigate before the Judiciary. **Certainly, this is due to three reasons: Firstly it could be seen, to a certain extent, as an offence to the principle of access to justice. In fact, the adoption of mandatory mediation raised this discussion in many countries, such as Brazil, Italy, England and Germany. Secondly, mandatory mediation could be counterproductive. Instead of favouring the ADR culture, mandatory mediation can provoke a contrary reaction, the unwillingness of society to accept it, as happened in Italy and in Argentina. Furthermore, one cannot forget that mediation is not recommended for each and every kind of dispute. It is considered that mediation is the ideal way to solve controversies arising from relationships which will continue after the settlement**" (WAMBIER, Teresa Arruda Alvim. Mandatory mediation: Is it the best choice? *Revista de Processo*, São Paulo: Revista dos Tribunais, v. 38, p. 413-451).

[41]   Nicola Picardi, em sua obra *Jurisdição e processo* (Rio de Janeiro: Forense, 2008), ressalta a função garantidora da jurisdição que tem como característica a possibilidade de assegurar a

Como já antecipamos as questões relativas à duração razoável do processo, passaremos para o conjunto formado pela boa-fé e acesso à justiça.

3.1.4 A Boa-Fé Processual

Um dos princípios fundamentais do direito privado é o da boa-fé objetiva, cuja função é estabelecer um padrão ético de conduta para as partes nas relações obrigacionais. No entanto, a boa-fé não se esgota nesse campo do direito, ecoando por todo o ordenamento jurídico. E não se deve confundi-la com a boa-fé subjetiva, que é o estado de consciência ou a crença do sujeito de estar agindo em conformidade com as normas do ordenamento jurídico.

O professor Márcio Faria[42] indica que a finalidade da jurisdição é a "tutela dos interesses particulares juridicamente relevantes", a lealdade processual está encartada na efetividade da tutela jurisdicional, a qual, como adverte Picó i Junoy, com amparo em Proto Pisani, determina o rechaço à atuação maliciosa ou temerária das partes, vez que a má-fé processual pode colocar em perigo a outorga de uma efetiva tutela jurisdicional, dificultando ou impedindo que seu objetivo seja alcançado[43].

A boa-fé é tão importante para a relação processual que o STJ já negou provimento ao recurso das proprietárias de um apartamento que invocavam a impenhorabilidade do bem de família oferecido em aliena-

---

dedução de um direito pelo jurisdicionado como forma de proteção e efetividade da Carta Constitucional.

[42] FARIA, Márcio Carvalho. A lealdade processual, o projeto de novo Código de Processo Civil brasileiro e a experiência portuguesa. Disponível em: http://www.cidp.pt/revistas/rjlb/2015/1/2015_01_1395_1430.pdf.

[43] "(...) El proceso jurisdiccional es el mecanismo jurídico que el Estado pone a disposición de las personas para solucionas de forma pacífica sus conflictos, evitando así el recurso a la auto-tutela. Si ello es así, el Estado tiene un especial interés en procurar que el proceso se desarrolle de la forma legalmente prevista, no pudiéndose utilizar con fines distintos y en perjuicio de alguna de las partes. Por ello, la efectividad de la tutela judicial impone el rechazo a la actuación maliciosa o temeraria de las partes, o dicho en otros términos, la mala fe procesal puede poner en peligro el otorgamiento de una efectiva tutela judicial, por lo que debe en todo momento proscribirse. Es por ello que Proto Pisani resume su idea de efectividad de la justicia entendiendo que se trata la aptitud del proceso para alcanzar los fines propios para los que fue instituido. En definitiva, en la medida en que el litigante pretenda utilizar de forma distorsionada o torcida las normas procesales, esta dificultando que el juez pueda otorgar una efectiva tutela judicial de los intereses en conflicto" (PICÓ I JUNOY, Joan. El principio de la buena fe procesal y su fundamento constitucional. *Revista de Processo*, v. 196, São Paulo: Revista dos Tribunais, 2011).

ção fiduciária como garantia de empréstimo para empresa pertencente a uma das donas do imóvel. Para o colegiado, a regra da impenhorabilidade do bem de família não pode ser aplicada quando há violação do princípio da boa-fé objetiva.

"Não se admite a proteção irrestrita do bem de família se esse amparo significar o alijamento da garantia após o inadimplemento do débito, contrariando a ética e a boa-fé, indispensáveis em todas as relações negociais", afirmou o relator do recurso no STJ, ministro Luis Felipe Salomão[44].

O art. 5º disciplina a matéria, no sentido de que "aquele que de qualquer forma participa do processo deve comportar-se de acordo com a boa-fé".

É importante analisar o alcance subjetivo da regra processual, porquanto aponta para qualquer pessoa que de algum modo participa do processo. No nosso entender, isso compreende, desde as partes até os

---

[44] RECURSO ESPECIAL. VIOLAÇÃO AO ART. 535 DO CPC/1973. NÃO OCORRÊNCIA. INCIDENTE DE UNIFORMIZAÇÃO DE JURISPRUDÊNCIA. CONVENIÊNCIA E OPORTUNIDADE. ALIENAÇÃO FIDUCIÁRIA. TRANSMISSÃO CONDICIONAL DA PROPRIEDADE. BEM DE FAMÍLIA DADO EM GARANTIA. VALIDADE DA GARANTIA. VEDAÇÃO AO COMPORTAMENTO CONTRADITÓRIO. 1. Não há falar em omissão ou contradição do acórdão recorrido se as questões pertinentes ao litígio foram solucionadas, ainda que sob entendimento diverso do perfilhado pela parte. 2. O incidente de uniformização de jurisprudência não se confunde com a irresignação recursal, ostentando caráter preventivo. Daí por que o seu processamento depende da análise de conveniência e oportunidade do relator e deve ser requerido antes do julgamento do apelo nobre. 3. A jurisprudência desta Corte reconhece que a proteção legal conferida ao bem de família pela Lei n. 8.009/90 não pode ser afastada por renúncia do devedor ao privilégio, pois é princípio de ordem pública, prevalente sobre a vontade manifestada. 4. A regra de impenhorabilidade aplica-se às situações de uso regular do direito. O abuso do direito de propriedade, a fraude e a má-fé do proprietário devem ser reprimidos, tornando ineficaz a norma protetiva, que não pode tolerar e premiar a atuação do agente em desconformidade com o ordenamento jurídico. 5. A propriedade fiduciária consiste na transmissão condicional daquele direito, convencionada entre o alienante (fiduciante), que transmite a propriedade, e o adquirente (fiduciário), que dará ao bem a destinação específica, quando implementada na condição ou para o fim de determinado termo. 6. Vencida e não paga, no todo em parte, a dívida e constituído em mora o fiduciante, consolidar-se-á a propriedade do imóvel em nome do fiduciário, consequência ulterior, prevista, inclusive, na legislação de regência. 7. Sendo a alienante pessoa dotada de capacidade civil, que livremente optou por dar seu único imóvel, residencial, em garantia a um contrato de mútuo favorecedor de pessoa diversa, empresa jurídica da qual é única sócia, não se admite a proteção irrestrita do bem de família se esse amparo significar o alijamento da garantia após o inadimplemento do débito, contrariando a ética e a boa-fé, indispensáveis em todas as relações negociais. 8. Recurso especial não provido (REsp 1559348. Relator: Ministro Luís Felipe Salomão. Julgado em: 18-6-2019).

escreventes do cartório, que fazem a juntada da petição em processos não eletrônicos, por exemplo.

O outro destaque fica a cargo da atuação das partes, que pode ser ativamente ou passivamente consideradas, gerando, muitas vezes, o dever de se abster de praticar determinado ato, como interpor um recurso manifestamente incabível.

3.1.5 O Dever de Cooperação

Dando seguimento ao nosso estudo, no art. 6º encontramos o dever de cooperação que deve reger todo o processo. Afinal, "todos os sujeitos do processo devem cooperar entre si para que se obtenha, em tempo razoável, decisão de mérito justa e efetiva".

O professor Marcelo Mazzola posiciona-se no sentido de que o atual CPC pretende, com essa previsão, "estimular e incentivar o diálogo entre o Juiz e as partes", além de alçar a ética, a honestidade e a lealdade das partes como *standards* de conduta, facilitando a gestão do processo pelo Juiz e permitindo que se chegue à solução mais justa e efetiva[45].

Entretanto, ao nosso ver, é preciso enxergar uma diferenciação mais clara entre o dever de agir com boa-fé e o dever de cooperar.

Na perspectiva subjetiva parece haver uma distinção mais evidente, na medida em que o art. 6º dirige-se tão somente aos sujeitos processuais, quais sejam, partes e juiz, restringindo, dessa maneira, o raio de incidência da norma ora tratada.

Sob o prisma objetivo é que há maior dificuldade, já que ser leal e cooperar são complementares. A própria jurisprudência trata ambas em conjunto, quando pesquisamos[46].

---

[45] "A cooperação não significa assunção de culpa. O litigante pode até omitir algum acontecimento, mas essa omissão não pode contaminar a narrativa como um todo. Exige-se, na realidade, a boa-fé objetiva como comportamento e uma atuação limpa dos litigantes, reprovando-se o uso de artifícios e ardis para distorcer os fatos e retardar a entrega da prestação jurisdicional". MAZZOLA, Marcelo. Dever de cooperação no novo CPC: uma mudança de paradigma. Disponível em: http://www.justificando.com/2015/06/08/dever-de-cooperacao-no-novo-cpc-uma-mudanca-de-paradigma/. Acesso em: 16-1-2020.

[46] PROCESSUAL CIVIL. RECURSO ESPECIAL. MATÉRIA CONSTITUCIONAL. INADMISSIBILIDADE. INFORMAÇÕES PRESTADAS VIA INTERNET. NATUREZA MERAMENTE INFORMATIVA. REABERTURA DE PRAZO. DESNECESSIDADE. JUSTA CAUSA. DÚVIDA RAZOÁVEL. DEVER DE BOA-FÉ E COOPERAÇÃO DE TODOS OS SUJEITOS DO PROCESSO. 1. A jurisprudência do STJ é firme no entendimento de que as informações prestadas via inter-

Mas, como o legislador distinguiu, precisamos fazer o mesmo. Como dito no item anterior, ser leal pode ser a abstenção ou a realização de um ato. De outro lado, o dever de cooperar, conforme posto pelo atual CPC, impõe necessariamente uma ação ativa. Cooperar é agir em conjunto, o que atrai a ideia de movimento sempre. Dessa maneira, temos o raciocínio de que é possível atuar com boa-fé sem cooperar, mas não é possível cooperar sem agir com boa-fé.

E, a partir daí, nasce sua relação direta com o acesso à justiça, visto que o objetivo específico está descrito no final do dispositivo: "para que se obtenha, em tempo razoável, decisão de mérito justa e efetiva".

É preciso repisar a questão de que o acesso à justiça é, também, obter uma resposta aproveitável do Judiciário, no sentido de que não basta só o pronunciamento, mas é preciso que o indivíduo obtenha, de modo concreto, aquilo que havia pretendido primeiramente. A demora que gera o perecimento do direito é o mesmo que negar o acesso.

---

net têm natureza meramente informativa, não possuindo, portanto, caráter oficial. Assim, eventual erro ocorrido na divulgação de informações não configura justa causa para efeito de reabertura de prazo. 2. Não se desconhece que há entendimento da Corte Especial do STJ minimizando referida jurisprudência quando estiver configurada justa causa para o descumprimento do prazo recursal pelo litigante (art. 183, *caput*, do CPC) (REsp 1.324.432/SC, Rel. Ministro Herman Benjamin, Corte Especial, *DJe* 10-5-2013). 3. Segundo a norma, "nos casos de problema técnico do sistema e de erro ou omissão do auxiliar da justiça responsável pelo registro dos andamentos, poderá ser configurada a justa causa prevista no art. 223, *caput* e § 1º" (CPC, art. 197, parágrafo único). 4. As informações divulgadas pelos sistema de automação dos tribunais gozam de presunção de veracidade e confiabilidade, haja vista a legítima expectativa criada no advogado, devendo-se preservar a sua boa-fé e confiança na informação que foi divulgada. É de se ter, por outro lado, que, para fins de justa causa, a dúvida deve ser razoável. 5. Na hipótese, penso que não houve dúvida razoável apta a ludibriar o entendimento do advogado, tendo em conta a informação disponibilizada quanto ao termo *a quo* – 13-12-2016 – e o prazo de 15 dias do recurso especial (disposto pela norma e destacado na mensagem do site). Dessarte, não poderia o causídico simplesmente se omitir quanto aos outros dados informados pelo site do Tribunal, violando a boa-fé objetiva e o dever de cooperação (CPC, arts. 5º e 6º) para, simplesmente, protocolar o recurso depois de quase dois meses do início de seu prazo, tendo como desculpa a informação errônea em relação ao prazo final. 6. Realmente, apesar do prazo final estar realmente equivocado pelo site do Tribunal de origem, não é crível que o advogado, *in casu*, não soubesse do termo *ad quem* para interposição de seu recurso, inclusive porque, espera-se que o advogado tenha um mínimo de diligência no seu mister, cabendo "ao procurador da parte diligenciar pela observância do prazo legal estabelecido na legislação vigente" (AgRg no Ag 1136085/RJ, Rel. Ministro Sidnei Beneti, Terceira Turma, julgado em 16-6-2009, *DJe* 24-6-2009). 7. Agravo interno não provido (AgInt no REsp 1694174. Rel. Ministro Luís Felipe Salomão. Julgado em 4-9-2018).

3.1.6 O Princípio da Igualdade

José Carlos Barbosa Moreira já alertava há muito tempo que a paridade de armas deve ser assegurada a qualquer custo no curso do processo. Desta maneira, o uso *ex officio* de poderes de instrução pelo juiz não desequilibra a balança da justiça: ao contrário, pode concorrer, e com frequência concorre, para equilibrá-la.

Recorde-se, nessa esteira, que o órgão judicial não deve ser indiferente ao resultado do processo. O juiz consciente de sua missão, que é fazer justiça, necessariamente quer como vencedor o litigante que tem o melhor direito, não o que tem mais recursos ou o melhor advogado[47].

Atribuir ao órgão judicial as faculdades indispensáveis para conduzir o processo a um resultado justo de maneira alguma é um sinal de autoritarismo. Afirmar que a ingerência do juiz no processo para equilibrar a relação é ratificar sua imparcialidade, enquanto fechar os olhos para tal situação é que se incorreria numa omissão cruel.

E é com esse espírito que a Comissão de Juristas elaborou o art. 7º assegurando às partes a "paridade de tratamento em relação ao exercício de direitos e faculdades processuais, aos meios de defesa, aos ônus, aos deveres e à aplicação de sanções processuais, competindo ao juiz zelar pelo efetivo contraditório".

As partes devem ser tratadas com igualdade, de tal modo que desfrutem concretamente das mesmas oportunidades de sucesso final, em face das circunstâncias da causa. Para assegurar a efetiva paridade de armas o juiz deve suprir, em caráter assistencial, as deficiências defensivas de uma parte que a coloquem em posição de inferioridade em relação à outra, para que ambas concretamente se apresentem nas mesmas condições de acesso à tutela jurisdicional dos seus interesses[48].

O Superior Tribunal de Justiça, em vários casos, tem aplicado os princípios fundamentais constantes nos dispositivos ora em comento. Em observância ao princípio da igualdade processual entre as partes, em julgamento de agravo interno, o Tribunal entendeu que o prazo de terceiro prejudicado para interpor recurso deve ser igual ao das partes do processo[49].

---

[47] BARBOSA MOREIRA, José Carlos. *Temas de direito processual* – 9ª série, Rio de Janeiro: Saraiva, 2007.

[48] GRECO, Leonardo. Garantias fundamentais do processo: o processo justo. *Novos Estudos Jurídicos*, Ano VII, n. 14, p. 9-68, abril/2002.

[49] AGRAVO INTERNO NO AGRAVO EM RECURSO ESPECIAL. OMISSÃO. ART. 1.022 DO

Ainda no tocante à garantia da igualdade processual, a Quarta Turma do STJ decidiu que "a parte deve apresentar o rol de testemunhas no prazo fixado pelo juiz, sob pena de a prova testemunhal ser indeferida em atenção ao princípio do tratamento igualitário que deve ser dispensado às partes"[50].

3.1.7 Gestão da Justiça

O art. 8º tem uma correlação direta com o art. 37 da Constituição Federal, no que concerne à Administração Pública, "ao aplicar o ordenamento jurídico, o juiz atenderá aos fins sociais e às exigências do bem comum, resguardando e promovendo a dignidade da pessoa humana e observando a proporcionalidade, a razoabilidade, a legalidade, a publicidade e a eficiência".

Merece relevo, dentre todos os princípios colacionados no citado dispositivo, o princípio da eficiência.

O princípio da eficiência revela-se sob o prisma da Administração

---

CPC. VIOLAÇÃO. NÃO OCORRÊNCIA. ART. 1.026 E 81 DO CPC. RECURSO PROTELATÓRIO. PRETENSÃO. PREQUESTIONAMENTO. SÚMULA N. 98/STJ. DESCONSIDERAÇÃO DA PERSONALIDADE JURÍDICA. RECURSO. TERCEIRO. INTEMPESTIVIDADE. PARCIAL PROVIMENTO. 1. Se as questões trazidas à discussão foram dirimidas, pelo Tribunal de origem, de forma suficientemente ampla e fundamentada, apenas que contrariamente ao pretendido pela parte, deve ser afastada a alegada violação ao art. 1.022 do Código de Processo Civil/2015. 2. No Código de Processo Civil de 1973 vigia o entendimento nesta Corte Superior de que "A superação da pessoa jurídica afirma-se como um incidente processual e não como um processo incidente, razão pela qual pode ser deferida nos próprios autos, dispensando-se também a citação dos sócios, em desfavor de quem foi superada a pessoa jurídica, bastando a defesa apresentada *a posteriori*, mediante embargos, impugnação ao cumprimento de sentença ou exceção de pré-executividade" (REsp 1096604/DF, Rel. Ministro Luis Felipe Salomão, Quarta Turma, julgado em 2-8-2012, *DJe* 16-10-2012). 3. "O terceiro prejudicado, embora investido de legitimidade recursal (CPC, art. 499), não dispõe, para recorrer, de prazo maior que o das partes. A igualdade processual entre as partes e o terceiro prejudicado, em matéria recursal, tem a finalidade relevante de impedir que, proferido o ato decisório, venha este, por tempo indeterminado – e com graves reflexos na estabilidade e segurança das relações jurídicas –, a permanecer indefinidamente sujeito a possibilidade de sofrer impugnação recursal" (AgRg-RE 167.787, Rel. Ministro Celso de Mello, Primeira Turma, *DJ* 30-6-95). 4. As penas aplicadas no julgamento dos embargos de declaração devem ser afastadas em razão da orientação firmada no STJ de que "embargos de declaração manifestados com notório propósito de prequestionamento não tem caráter protelatório" (Súmula 98). 5. Agravo interno a que se dá parcial provimento (AgInt no AREsp 1308727/RJ, Rel. Min. Maria Isabel Gallotti, Quarta Turma, julgado em 12-2-2019, *DJe* 19-2-2019).

[50] AgRg no Ag 1395385/MS, Rel. Min. Maria Isabel Gallotti, Quarta Turma, julgado em 27-4-2017, *DJe* 5-5-2017.

Pública, numa espécie de flexibilização da era da efetividade, tendo em vista que a prestação da jurisdição é a prestação de um serviço público, deve seguir os mesmos princípios de funcionamento no que tange especificamente à imposição ao Estado do dever de realizar suas funções com a maior presteza/qualidade e em maior quantidade, com o menor gasto possível do erário[51].

A Emenda Constitucional n. 19/98 instituiu o princípio da eficiência de modo expresso em nosso ordenamento jurídico. Apesar disso, não existe uma definição pacífica em torno dele. A fim de expor da maneira mais precisa possível, devemos recorrer à economia para nos auxiliar. E ela subdivide a eficiência em três espécies: produtiva, alocativa e dinâmica.

A eficiência produtiva é aquela em que se busca produzir a mesma quantidade de produtos com um custo menor ou produzir mais com o mesmo custo. Dessa forma, ela se mostra por meio de um equilíbrio perfeito entre máxima produção ao menor custo possível[52].

O professor Ivo Gico Jr. ensina que as diversas ideias associadas à eficiência, como celeridade, perfeição, universalização, desburocratização, qualidade não podem ser consideradas um elemento da eficiência, tendo em vista que há apenas dois elementos indissociáveis da ideia de eficiência produtiva e que estarão sempre presentes: produtividade e economicidade[53].

Assim, podemos entender a produtividade como produzir mais, empregando a mesma quantidade de recursos, e economicidade como produzir o mesmo, consumindo menos recursos, e esses seriam os dois elementos indissociáveis da eficiência produtiva[54].

Por sua vez, a eficiência alocativa guarda relação com a utilidade do que fora produzido. Ela verifica o grau de preferência da sociedade ou dos agentes considerados gerado por cada cesta de bens ou serviços[55].

Então, enquanto na eficiência produtiva o foco é no processo produtivo e na taxa produtividade/economicidade dele resultante, assu-

---

[51] CADIET, Loïc. Palestra realizada no Congresso Internacional de Direito Processual Civil: "Processo Civil entre Eficiência e Garantia". Universidade do Estado do Rio de Janeiro, 2013.

[52] GICO JUNIOR, Ivo T. Bem-estar social e o conceito de eficiência. *Revista Brasileira de Direito*, Passo Fundo, v. 16, n. 2, p. 1-43, maio/ago. 2020.

[53] Ibidem.

[54] Ibidem.

[55] Ibidem.

mindo-se que a escolha do produto já foi tomada, na eficiência alocativa é analisado o bem-estar extraído de cada produto e, portanto, a adequação da escolha realizada[56].

Haverá eficiência alocativa, por conseguinte, quando houver a distribuição ótima de bens e serviços levando-se em consideração as preferências da sociedade, isto é, o resultado do processo produtivo, o produto, for aquele que gerar a maior utilidade ou bem-estar social possível. Se houver uma outra alocação de recursos que gere mais bem-estar, então, esse estado social é alocativamente ineficiente[57].

Nesse ponto, o que se considera é se determinados recursos podem ser gastos em A ou B. Ainda que sejam igualmente eficientes produtivamente, haverá uma escolha social por um ou outro, que decidirá qual é o mais eficiente do ponto de vista alocativo.

Desse modo, o professor Ivo Gico Jr. conclui que o bem-estar social estabelecido pela Constituição Federal como um fim a ser atingido requer, ao mesmo tempo, que o Estado (i) seja eficiente do ponto de vista produtivo e (ii) produza os bens e serviços que a população mais valoriza[58].

Para sabermos a melhor maneira de alocar recursos, segundo o professor, há dois caminhos: mercado e o Estado. Por meio do mercado, cada indivíduo evidencia a preferência com o seu dinheiro, limitado pela sua disponibilidade de pagar. Por outro lado, no caso do Estado, a pessoa vota em representantes, limitado a um voto por pessoa, o qual irá realizar a escolha em seu nome. Cada mecanismo de agregação possui suas vantagens e desvantagens e nenhum dos dois é perfeito. Ambos constituem meras aproximações das preferências sociais. No caso do mercado, os preços farão o papel de mecanismo de alocação, enquanto no Estado a alocação será realizada pela burocracia[59].

Um outro tipo de discussão possível é sobre a alocação dos recursos em um determinado tempo e, portanto, se a quantidade ótima de recursos está sendo investida no aumento da eficiência ou na criação de novos recursos, bens ou serviços. Nesse caso, estamos discutindo a chamada eficiência dinâmica[60].

---

[56]   Ibidem.
[57]   Ibidem.
[58]   Ibidem.
[59]   Ibidem.
[60]   Ibidem.

A eficiência dinâmica refere-se, dessa forma, à discussão acerca do nível ótimo de investimento, de inovação, se estão sendo criados produtos ou formas de produção. A eficiência dinâmica é uma medida de quão bem os recursos estão sendo alocados no tempo para satisfazer as preferências da sociedade de hoje e de amanhã. A eficiência dinâmica é um importante elemento no aumento do padrão de vida de uma sociedade e alguns economistas acreditam que seja o tipo de eficiência mais importante para compreender o desempenho econômico das nações[61].

É preciso, também, diferenciar as definições de eficácia, eficiência e efetividade para envolver completamente nosso raciocínio.

A eficácia se trata de surtir efeito. Esse é o entendimento de Chiavenato quando afirma que "eficácia é atingir objetivos e resultados. Um trabalho eficaz é proveitoso e bem-sucedido"[62].

Nessa linha, uma política pública será eficaz quando ela alcançar os efeitos desejados pelo legislador ou pelo administrador público. Note que o conceito de eficácia nesse sentido nada diz sobre o objetivo em si, se é adequado, bom ou qualquer outro adjetivo, mas apenas sobre o processo ou a organização e sua capacidade de alcançar o objetivo estabelecido.

Já a eficiência, conforme já exposto, subdivide-se em três. Dessas três, a que melhor se encaixa em nosso conceito, com relação ao Poder Judiciário é o da eficiência produtiva.

Por conseguinte, ratificando e complementando o raciocínio ora tratado, cabe a transcrição de uma exposição realizada por José dos Santos Carvalho Filho, na qual afirma que "o núcleo do princípio é a procura de produtividade e economicidade e, o que é mais importante, a exigência de reduzir os desperdícios de dinheiro público que impõe a execução dos serviços públicos com presteza, perfeição e rendimento funcional"[63].

Portanto, uma política pública será eficiente se ela não apenas alcançar os fins a que se propõe, isto é, se ela for eficaz, mas também e necessariamente se o fizer de forma a maximizar os seus efeitos, dados os recursos disponíveis.

---

[61] Ibidem.

[62] CHIAVENATO, I. *Introdução à teoria geral da administração*. 9. ed. Barueri: Manole, 2014.

[63] CARVALHO FILHO, José dos Santos. *Manual de direito administrativo*. 23. ed. Rio de Janeiro: Lumen Juris, 2010, p. 32.

Nesse sentido, a eficácia será sempre uma condição necessária, mas não suficiente, da eficiência, logo, toda e qualquer medida eficiente necessariamente será eficaz, mas nem toda medida eficaz será necessariamente eficiente. Nessa linha, a eficácia é relacionada ao alcance dos objetivos pré-definidos (fins), enquanto a eficiência se preocupa com os mecanismos utilizados para atingir tais objetivos (meios).

Por seu turno, o professor Ivo entende que a efetividade se traduz na eficiência alocativa e eficiência dinâmica, isto é, ser efetivo é não apenas produzir (ser eficaz) ao menor custo possível (eficiência produtiva), mas produzir o que gera a maior utilidade possível para a organização que está produzindo (eficiência alocativa), hoje e amanhã (eficiência dinâmica)[64].

Destarte, seriam três níveis de uma escada, porquanto a eficácia e a eficiência produtiva seriam etapas necessárias, mas não exaurientes para haver efetividade. Com isso, a efetividade se torna a reunião de tudo o que fora exposto até o presente momento. É assim que para alguma política pública ser efetiva, ela precisa atingir os objetivos pretendidos (eficácia), pelos meios mais econômicos e produtivos possível (eficiência produtiva), correspondendo à melhor utilização eleita pela sociedade (eficiência alocativa), no presente e com potencial retorno futuro (eficiência dinâmica).

Com essas premissas, podemos verificar os efeitos de interpretação do dispositivo em questão.

A escolha do magistrado, quando do julgamento, pela melhor forma de interpretação será por aquela mais efetiva. Na possível dúvida sobre qual interpretação confere maior efetividade à norma constitucional, será efetiva quando também for eficiente sob o ponto de vista do consequencialismo.

Em outras palavras, a escolha pela melhor interpretação da norma em debate no caso concreto, aquela que possui maior grau de efetividade, também é possível de ser realizada por meio dos critérios de eficiência trazidos pela Economia.

Por esse motivo, é importante também entender como o próprio Judiciário entende o princípio da eficiência, enquanto produtor de números, proferindo o máximo de decisões possível, enquanto aprendemos que esse é somente um critério, o de produtividade.

---

[64] Ibidem.

É preciso observar também a qualidade das decisões proferidas em todas as instâncias, o grau de reconsiderações e reformas de decisões a fim de se concluir pelo correto julgamento do caso, em que foram respeitadas todas as balizas principiológicas que reza o devido processo legal e o chamado processo justo[65-66].

O Conselho Nacional de Justiça, em seu relatório anual da Justiça em Números, não trata muito bem disso, na medida em que não podemos analisar o índice de acertos e erros dos órgãos jurisdicionais. Mas podemos aferir a eficiência e a efetividade do Poder Judiciário, dentro de um panorama macro, quando observamos suas despesas para a execução da tutela jurisdicional, observando a eficiência alocativa, por exemplo, ou mesmo se seria possível promover o mesmo grau de serviço por um valor menor, em relação ao PIB, em comparação com outros países.

As despesas totais do Poder Judiciário correspondem a 1,6% do Produto Interno Bruto (PIB) nacional. Em valores absolutos, o valor chegou a R$ 159,7 bilhões (em valores de dezembro de 2022), dos quais R$ 131,3 bilhões foram direcionados ao pagamento de remunerações e contribuições a magistrados e servidores – o equivalente a 82,2% do total.

---

[65] Nicolo Troker ensina que o processo justo é o processo que se desenvolve com respeito aos parâmetros fixados nas normas constitucionais e nos valores divididos pela coletividade. E tal é o processo que se desenvolve perante um juiz imparcial, no contraditório entre todos os interessados, e em um tempo razoável. Sua noção é mais complexa e não alude apenas a um processo intrinsecamente correto e leal, "justo" em termos da maneira como tramita, mas também para um processo capaz permitir a obtenção de resultados críveis no sentido da atualidade e de eficácia. TROCKER, Nicolò. Il nuovo articolo 111 della costituzione e il "giusto processo" in materia civile: profi li generali. *Rivista Trimestrale di Diritto e Procedura Civile*, anno LV, n. 2, 2001, p. 386.

[66] Para Comoglio, uma garantia de justiça substancial "impone di considerare come dovuto (e cioè: come due, debido o devido) non già qualunque processo che si limiti ad essere estrinsecamente fair (vale a dire: corretto, leale o regolare, sul, piano formale, secondo la law of the land), bensì un processo che sia intrinsecamente equo e giusto, secondo i parametri etico-morali accettati dal comune sentimento degli uomini liberi di qualsiasi epoca e paese, in quanto si riveli capace di realizzare una giustizia veramente imparziale, fondata sulla natura e sulla ragione. Da qui traggono origine le postulazioni teoriche, ormai quasi dovunque condivise, per la promulgazione e l'adozione di solenni atti legislativi (nazionali od internazionali) che riconoscano a tutti gli individui, in termini effettivi e senza irrazionali discriminazioni, il diritto fondamentale ad un ordinamento giuridico giusto". COMOGLIO, Luigi Paolo. Valori etici e ideologie del "giusto processo" (modelli a confronto). *Rivista Trimestrale di Diritto e Procedura Civile*, anno LII, n. 3, 1998, p. 899.

Esse montante é maior do que os R$ 113 bilhões gastos em 2022 com o então do programa Auxílio Brasil, que atendeu naquele ano 21,6 milhões famílias em dezembro. Neste ano, o Orçamento reserva R$ 168,6 bilhões para a política social, rebatizada de Bolsa Família.

Em relatório elaborado pelo Tesouro Nacional, aponta-se que o gasto destinado aos Tribunais de Justiça representa mais da metade de todo o montante direcionado à rubrica ordem e segurança pública.

Os estudos realizados pela equipe econômica do governo federal mostram que o Brasil gasta com o Poder Judiciário um porcentual correspondente a quatro vezes a média de 53 países analisados, entre economias emergentes e avançadas. A média internacional de gasto proporcional ao PIB foi de 0,37% em 2021[67].

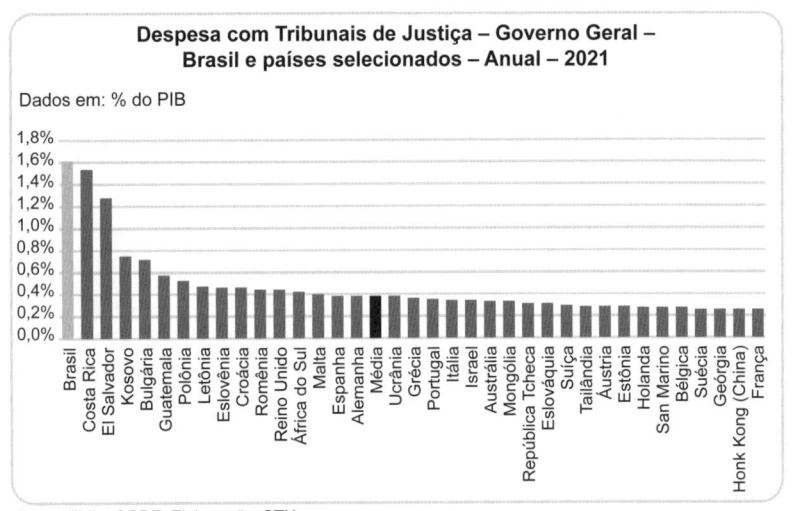

Despesa com Tribunais de Justiça – Governo Geral – Brasil e países selecionados – Anual – 2021

Dados em: % do PIB

Fonte: FMI e OCDE. Elaboração: STN.

Em pesquisa pioneira, o professor Luciano da Ros[68] traça um comparativo entre o custo de funcionamento do Poder Judiciário do Brasil em relação a diversos outros países, tomando por base os orçamentos entre 2009 e 2013. Os dados se encontram atuais, na medida em que a

---

[67] Boletim de Despesas por Função do Governo Central (COFOG). Disponível em: https://sisweb.tesouro.gov.br/apex/f?p=2501:9::::9:P9_ID_PUBLICACAO:48752. Acesso em: 25-6-2024.

[68] DA ROS, L. O custo da justiça no Brasil: uma análise comparativa exploratória. *Observatório de elites políticas e sociais do Brasil*, p. 215, jul. 2015.

despesa oscilou entre 1,35% e 1,48%, o que se encontra dentro da faixa de acordo com o último relatório elaborado pelo CNJ.

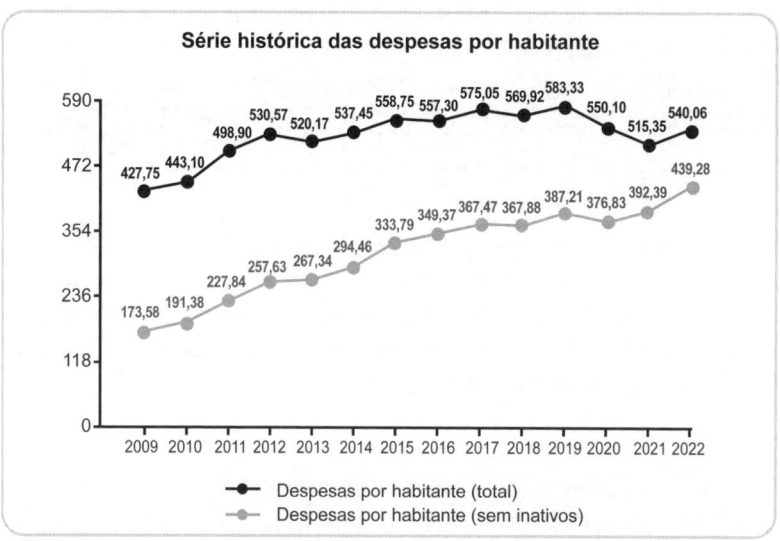

Fonte: CNJ.

Considerando as taxas de câmbio correntes à época da coleta de dados, o orçamento anual *per capita* do Poder Judiciário brasileiro é equivalente a cerca de € 99,27. Isso é superior aos de todos os países da Organização para a Cooperação e Desenvolvimento Econômico (OCDE), com exceção apenas dos gastos de tribunais suíços (€ 122,1) e alemães (€ 103,5).

Por habitante, a despesa do Poder Judiciário brasileiro é muito superior em valores absolutos a de países cuja renda média é claramente superior, como Suécia (€ 66,7), Holanda (€ 58,6), Itália (€ 50), Portugal (€ 43,2), Inglaterra (€ 42,2) e Espanha (€ 27). Isso coloca a despesa com o Poder Judiciário no Brasil em nível equiparável ao de países desenvolvidos, sendo inclusive bastante elevado em relação à grande maioria deles.

Não à toa, a comparação com países do mesmo continente torna claro o quão desproporcional ao nível médio de renda do Brasil é o orçamento destinado ao seu Poder Judiciário. Os gastos em valores absolutos *per capita* com o Poder Judiciário chileno (US$ 34,6), argentino (US$ 19,1) e colombiano (US$ 16,4) são várias vezes inferiores àqueles praticados do Brasil, cujo gasto em dólar equivale a US$ 102,80. Isto é, o valor absoluto destinado ao Poder Judiciário no Brasil o coloca no estrato superior de despesas mesmo entre os países ricos, de tal forma que esta despesa se torna proporcionalmente muito alta comparativamente ante a renda média inferior do país.

Destarte, em perspectiva com outros países, é possível observar que, seja pelo critério do PIB, seja pelo gasto por habitante, o nosso Poder Judiciário não é eficiente do ponto de vista alocativo, o que gera sua inefetividade, conforme podemos concluir.

Por fim, cabe ressaltar o contexto da eficiência e da efetividade do ponto de vista do Direito Processual. Sob o prisma do procedimento, de acordo com o que foi exposto neste trabalho, é preciso entender o processo como meio e, como tal, faz bem lembrar a lição de Teoria Geral do Processo, atentando para o fato de que:

> se o processo é um instrumento, não pode exigir um dispêndio exagerado com relação aos bens que estão em disputa. E mesmo quando não se trata de bens materiais deve haver uma necessária proporção entre fins e meios, para equilíbrio do binômio custo-benefício. É o que recomenda o denominado princípio da economia, o qual preconiza o máximo resultado na atuação do direito com o mínimo de emprego possível de atividades processuais[69].

Mais ainda: como instrumento, que gera altos custos, conforme já verificado, ele deve ser pautado pelo binômio economicidade e produtividade. Isso quer dizer que não se pode mais coadunar com a produção de atos processuais inúteis e, com isso, incluímos o formalismo exacerbado, que demandaria repetir um ato viciado. Uma vez atingida a finalidade pretendida (eficácia), é preciso seguir em frente, sob pena de imprimir ao processo uma ineficiência.

Outro fator corolário desse ora apresentado é que o processo precisa ter o mínimo de atos possíveis para formar o convencimento do magistrado, dentro da observância do processo justo, com respeito às normas constitucionais, mas atingindo o resultado de entregar o bem da vida pretendido pela parte.

---

[69]   CINTRA, Antonio Carlos de Araújo; GRINOVER, Ada Pellegrini; DINAMARCO, Cândido Rangel. *Teoria geral do processo*. 21. ed. São Paulo: Malheiros, 2005, p. 74.

Bem se vê, por conseguinte, que a era da eficiência guarda íntima relação com os valores da duração razoável do processo[70] e celeridade[71].

Somente seguindo todas essas etapas é que poderemos contar com a presença de uma tutela jurisdicional efetiva, qual seja, entregando o bem da vida previamente pretendido ao autor, com a observância de todas as normas constitucionais incidentes no Direito Processual, dentro de um conjunto mínimo de atos processuais possíveis. Isso do ponto de vista micro, na relação indivíduo/autor-Estado.

Do ponto de vista macro, na relação sociedade-Estado, a possibilidade de se enxergar a tutela jurisdicional enquanto uma política pública efetiva já esbarra em diversos obstáculos, desde o ponto de vista de uma entrega ótima do serviço, como veremos no Capítulo 4, até a gestão dos recursos alocados, como analisado acima.

Assim, o Direito tende a acompanhar essa evolução social que gera maior complexidade das relações, como forma de melhor atender às suas novas necessidades. E com o Direito Processual não foi diferente, na medida em que a sociedade foi se desenvolvendo, foi preciso criar mecanismos para tornar o Direito mais eficaz, e como o processo é o meio idôneo para a materialização do direito substantivo, foi necessário criar meios para os quais o processo tradicional já não era capaz de satisfazer.

Por conseguinte, embora o atual CPC traga alguns mecanismos mais eficientes de satisfação da pretensão autoral, conclui-se que há ainda um longo caminho pela frente, numa perspectiva de se revisar as estruturas da própria instituição a fim de que consiga prestar a tutela jurisdicional da melhor forma possível.

3.1.8 O Contraditório

O contraditório é a pedra fundamental de todo processo. É possí-

---

[70] A duração razoável, que é um símbolo da eficiência, pode ser melhor entendida na seguinte passagem: "a presença da segurança jurídica é imperiosa em todo o processo e por este motivo é necessário haver uma ponderação referente à celeridade, tendo como resultado a duração razoável do processo, onde o constituinte impõe a agilidade de solução do conflito sem que se esqueçam das garantias processuais constitucionalmente previstas" (SILVA, Irapuã Santana do Nascimento da. Os embargos de declaração com efeitos infringentes e sua ameaça aparente aos princípios do contraditório e da ampla defesa. *Revista Eletrônica de Direito Processual*, v. X, p. 226-238).

[71] Sobre a celeridade, ver: OLIVEIRA, Carlos Alberto Alvaro. *Do formalismo no processo civil: proposta de um formalismo valorativo*. 3. ed. São Paulo: Saraiva, 2009.

vel afirmar que, sem ele, não há processo. Se pudéssemos resumir em uma palavra, seria "participação".

Classicamente ele era definido como a possibilidade de tomar ciência de determinado ato judicial e a faculdade de reagir a ele. Entretanto, hodiernamente, é muito mais amplo e profundo, já que se traduz na oportunidade de influenciar no resultado do processo. A participação não é meramente formal, por meio desse princípio, a parte pode exigir ser levada em consideração no momento da formulação da decisão judicial.

O professor Leonardo Greco ensina que o contraditório é uma consequência do regime democrático, onde as pessoas participam da formação dos atos estatais, legitimando-os na prestação de seu serviço público[72-73].

Daí por que o atual CPC dedicou dois artigos a consagrar um princípio tão caro[74].

---

[72] "O contraditório é consequência do princípio político da participação democrática e pressupõe: a) audiência bilateral: adequada e tempestiva notificação do ajuizamento da causa e de todos os atos processuais através de comunicações preferencialmente reais, bem como ampla possibilidade de impugnar e contrariar os atos dos demais sujeitos, de modo que nenhuma questão seja decidida sem essa prévia audiência das partes; b) direito de apresentar alegações, propor e produzir provas, participar da produção das provas requeridas pelo adversário ou determinadas de ofício pelo juiz e exigir a adoção de todas as providências que possam ter utilidade na defesa dos seus interesses, de acordo com as circunstâncias da causa e as imposições do direito material; c) congruidade dos prazos: os prazos para a prática dos atos processuais, apesar da brevidade, devem ser suficientes, de acordo com as circunstâncias do caso concreto, para a prática de cada ato da parte com efetivo proveito para a sua defesa; d) contraditório eficaz é sempre prévio, anterior a qualquer decisão, devendo a sua postergação ser excepcional e fundamentada na convicção firme da existência do direito do requerente e na cuidadosa ponderação dos interesses em jogo e dos riscos da antecipação ou da postergação da decisão; e) o contraditório participativo pressupõe que todos os contrainteressados tenham o direito de intervir no processo e exercer amplamente as prerrogativas inerentes ao direito de defesa e que preservem o direito de discutir os efeitos da sentença que tenha sido produzida sem a sua plena participação."

[73] Italo Andolina e Giuseppe Vignera, *Il modello costituzionale del processo civile italiano*. Torino: G.Giappichelli, 1988, p. 109-110.

[74] Art. 9º Não se proferirá decisão contra uma das partes sem que ela seja previamente ouvida. Parágrafo único. O disposto no *caput* não se aplica: I – à tutela provisória de urgência; II – às hipóteses de tutela da evidência previstas no art. 311, incisos II e III; III – à decisão prevista no art. 701.

Art. 10. O juiz não pode decidir, em grau algum de jurisdição, com base em fundamento a respeito do qual não se tenha dado às partes oportunidade de se manifestar, ainda que se trate de matéria sobre a qual deva decidir de ofício.

Como consequência do princípio do contraditório, é preciso observar que aos órgãos jurisdicionais não é lícito proferir as chamadas decisões surpresa, ou seja, proferir decisão sobre tema não debatido pelas partes.

Com efeito, o STJ já determinou o novo julgamento de um processo extinto por ausência de provas, com fundamento no art. 10. O REsp 1.676.027, de relatoria do ministro Herman Benjamin, retrata, de modo muito acertado, o sentido e o alcance do dispositivo quando estabelece que proibição de decisão surpresa, com obediência ao princípio do contraditório, assegura às partes o direito de serem ouvidas de maneira antecipada sobre todas as questões relevantes do processo, ainda que passíveis de conhecimento de ofício pelo magistrado[75].

---

[75] PROCESSUAL CIVIL. PREVIDENCIÁRIO. JULGAMENTO *SECUNDUM EVENTUM PROBATIONIS*. APLICAÇÃO DO ART. 10 DO CPC/2015. PROIBIÇÃO DE DECISÃO SURPRESA. VIOLAÇÃO. NULIDADE. 1. Acórdão do TRF da 4ª Região extinguiu o processo sem julgamento do mérito por insuficiência de provas sem que o fundamento adotado tenha sido previamente debatido pelas partes ou objeto de contraditório preventivo. 2. O art. 10 do CPC/2015 estabelece que o juiz não pode decidir, em grau algum de jurisdição, com base em fundamento a respeito do qual não se tenha dado às partes oportunidade de se manifestar, ainda que se trate de matéria sobre a qual deva decidir de ofício. 3. Trata-se de proibição da chamada decisão surpresa, também conhecida como decisão de terceira via, contra julgado que rompe com o modelo de processo cooperativo instituído pelo Código de 2015 para trazer questão aventada pelo juízo e não ventilada nem pelo autor nem pelo réu. 4. A partir do CPC/2015 mostra-se vedada decisão que inova o litígio e adota fundamento de fato ou de direito sem anterior oportunização de contraditório prévio, mesmo nas matérias de ordem pública que dispensam provocação das partes. Somente argumentos e fundamentos submetidos à manifestação precedente das partes podem ser aplicados pelo julgador, devendo este intimar os interessados para que se pronunciem previamente sobre questão não debatida que pode eventualmente ser objeto de deliberação judicial. 5. O novo sistema processual impôs aos julgadores e partes um procedimento permanentemente interacional, dialético e dialógico, em que a colaboração dos sujeitos processuais na formação da decisão jurisdicional é a pedra de toque do novo CPC. 6. A proibição de decisão surpresa, com obediência ao princípio do contraditório, assegura às partes o direito de serem ouvidas de maneira antecipada sobre todas as questões relevantes do processo, ainda que passíveis de conhecimento de ofício pelo magistrado. O contraditório se manifesta pela bilateralidade do binômio ciência/influência. Um sem o outro esvazia o princípio. A inovação do art. 10 do CPC/2015 está em tornar objetivamente obrigatória a intimação das partes para que se manifestem previamente à decisão judicial. E a consequência da inobservância do dispositivo é a nulidade da decisão surpresa, ou decisão de terceira via, na medida em que fere a característica fundamental do novo modelo de processualística pautado na colaboração entre as partes e no diálogo com o julgador. 7. O processo judicial contemporâneo não se faz com protagonismos e protagonistas, mas com equilíbrio na atuação das partes e do juiz de forma a que o feito seja conduzido cooperativamente pelos sujeitos processuais principais. A cooperação processual, cujo dever de consulta é uma das suas manifestações, é traço característico do CPC/2015. Encontra-se refletida no art. 10, bem como em diversos outros

dispositivos espraiados pelo Código. 8. Em atenção à moderna concepção de cooperação processual, as partes têm o direito à legítima confiança de que o resultado do processo será alcançado mediante fundamento previamente conhecido e debatido por elas. Haverá afronta à colaboração e ao necessário diálogo no processo, com violação ao dever judicial de consulta e contraditório, se omitida às partes a possibilidade de se pronunciarem anteriormente "sobre tudo que pode servir de ponto de apoio para a decisão da causa, inclusive quanto àquelas questões que o juiz pode apreciar de ofício" (MARIONI, Luiz Guilherme; ARENHART, Sérgio Cruz; MITIDIERO, Daniel. *Novo Código de Processo Civil comentado*. São Paulo: Editora Revista dos Tribunais, 2015, p. 209). 9. Não se ignora que a aplicação desse novo paradigma decisório enfrenta resistências e causa desconforto nos operadores acostumados à sistemática anterior. Nenhuma dúvida, todavia, quanto à responsabilidade dos tribunais em assegurar-lhe efetividade não só como mecanismo de aperfeiçoamento da jurisdição, como de democratização do processo e de legitimação decisória. 10. Cabe ao magistrado ser sensível às circunstâncias do caso concreto e, prevendo a possibilidade de utilização de fundamento não debatido, permitir a manifestação das partes antes da decisão judicial, sob pena de violação ao art. 10 do CPC/2015 e a todo o plexo estruturante do sistema processual cooperativo. Tal necessidade de abrir oitiva das partes previamente à prolação da decisão judicial, mesmo quando passível de atuação de ofício, não é nova no direito processual brasileiro. Colhem-se exemplos no art. 40, § 4º, da LEF, e nos Embargos de Declaração com efeitos infringentes. 11. Nada há de heterodoxo ou atípico no contraditório dinâmico e preventivo exigido pelo CPC/2015. Na eventual hipótese de adoção de fundamento ignorado e imprevisível, a decisão judicial não pode se dar com preterição da ciência prévia das partes. A negativa de efetividade ao art. 10 c/c art. 933 do CPC/2015 implica *error in procedendo* e nulidade do julgado, devendo a intimação antecedente ser procedida na instância de origem para permitir a participação dos titulares do direito discutido em juízo na formação do convencimento do julgador e, principalmente, assegurar a necessária correlação ou congruência entre o âmbito do diálogo desenvolvido pelos sujeitos processuais e o conteúdo da decisão prolatada. 12. *In casu*, o Acórdão recorrido decidiu o recurso de apelação da autora mediante fundamento original não cogitado, explícita ou implicitamente, pelas partes. Resolveu o Tribunal de origem contrariar a sentença monocrática e julgar extinto o processo sem resolução de mérito por insuficiência de prova, sem que as partes tenham tido a oportunidade de exercer sua influência na formação da convicção do julgador. Por tratar-se de resultado que não está previsto objetivamente no ordenamento jurídico nacional, e refoge ao desdobramento natural da controvérsia, considera-se insuscetível de pronunciamento com desatenção à regra da proibição da decisão surpresa, posto não terem as partes obrigação de prevê-lo ou adivinhá-lo. Deve o julgado ser anulado, com retorno dos autos à instância anterior para intimação das partes a se manifestarem sobre a possibilidade aventada pelo juízo no prazo de 5 (cinco) dias. 13. Corrobora a pertinência da solução ora dada ao caso o fato de a resistência de mérito posta no Recurso Especial ser relevante e guardar potencial capacidade de alterar o julgamento prolatado. A despeito da analogia realizada no julgado recorrido com precedente da Corte Especial do STJ proferido sob o rito de recurso representativo de controvérsia (REsp 1.352.721/SP, Corte Especial, Rel. Min. Napoleão Nunes Maia Filho, *DJ* de 28-4-2016), a extensão e o alcance da decisão utilizada como paradigma para além das circunstâncias ali analisadas e para "todas as hipóteses em que se rejeita a pretensão a benefício previdenciário em decorrência de ausência ou insuficiência de lastro probatório" recomenda cautela. A identidade e aplicabilidade automática do referido julgado a situações outras que não aquelas diretamente enfrentadas no caso apreciado, como ocorre com a controvérsia em liça, merece debate oportuno e circunstanciado como exigência da cooperação processual e da confiança legítima em um julgamento sem surpresas. 14. A ampliação demasiada das hipóteses de retirada da autoridade da coisa julgada fora dos casos expressa-

É por meio do chamado contraditório participativo que podemos dizer se houve, de fato, acesso à justiça, por ambas as partes. Somente se elas foram realmente ouvidas e se conseguiram influenciar na construção dos atos decisórios dos órgãos jurisdicionais é que se pode falar na verificação concreta do acesso à justiça.

3.1.9 Publicidade e Fundamentação

Como pontos complementares ao contraditório, temos a obrigatoriedade de fundamentação das decisões judiciais e sua respectiva publicidade[76].

Para fins de controle social, é preciso saber como que as decisões estatais foram tomadas. Daí surge o binômio motivação/publicidade.

---

mente previstos pelo legislador pode acarretar insegurança jurídica e risco de decisões contraditórias. O sistema processual pátrio prevê a chamada coisa julgada *secundum eventum probationis* apenas para situações bastante específicas e em processos de natureza coletiva. Cuida-se de técnica adotada com parcimônia pelo legislador nos casos de ação popular (art. 18 da Lei n. 4.717/65) e de Ação Civil Pública (art. 16 da Lei n. 7.347/85 e art. 103, I, CDC). Mesmo nesses casos com expressa previsão normativa, não se está a tratar de extinção do processo sem julgamento do mérito, mas de pedido julgado "improcedente por insuficiência de provas, hipótese em que qualquer legitimado poderá intentar outra ação com idêntico fundamento, valendo-se de nova prova" (art. 16, ACP). 15. A diferença é significativa, pois, no caso de a ação coletiva ter sido julgada improcedente por deficiência de prova, a própria lei que relativiza a eficácia da coisa julgada torna imutável e indiscutível a sentença no limite das provas produzidas nos autos. Não impede que outros legitimados intentem nova ação com idêntico fundamento, mas exige prova nova para admissibilidade *initio litis* da demanda coletiva. 16. Não é o que se passa nas demandas individuais decididas sem resolução da lide e, por isso, não acobertadas pela eficácia imutável da autoridade da coisa julgada material em nenhuma extensão. A extinção do processo sem julgamento do mérito opera coisa julgada meramente formal e torna inalterável o decisum sob a ótica estritamente endoprocessual. Não obsta que o autor intente nova ação com as mesmas partes, o mesmo pedido e a mesma causa de pedir, inclusive com o mesmo conjunto probatório, e ainda assim receba decisão díspar da prolatada no processo anterior. A jurisdição passa a ser loteria em favor de uma das partes em detrimento da outra, sem mecanismos legais de controle eficiente. Por isso, a solução objeto do julgamento proferido pela Corte Especial do STJ no REsp 1.352.721/SP recomenda interpretação comedida, de forma a não ampliar em demasia as causas sujeitas à instabilidade extraprocessual da preclusão máxima. 17. Por derradeiro, o retorno dos autos à origem para adequação do procedimento à legislação federal tida por violada, sem ingresso no mérito por esta Corte com supressão ou sobreposição de instância, é medida que se impõe não apenas por tecnicismo procedimental, mas também pelo efeito pedagógico da observância fiel do devido processo legal, de modo a conformar o direito do recorrente e o dever do julgador às novas e boas práticas estabelecidas no Digesto Processual de 2015. 18. Recurso Especial provido.

[76] Art. 11. Todos os julgamentos dos órgãos do Poder Judiciário serão públicos, e fundamentadas todas as decisões, sob pena de nulidade.

O professor Humberto Santarosa, ao estudar o tema da fundamentação das decisões, explica a existência de um viés persuasivo da fundamentação oferecida pelo juiz. Dessa maneira, haveria a demonstração de justeza da decisão tomada, evitando, também, eventual interposição de recurso contra ela[77].

O princípio da publicidade, por sua vez, conforme leciona o professor Luiz Rodrigues Wambier, "existe para vedar o obstáculo ao conhecimento. Todos têm o direito de acesso aos atos do processo, exatamente como meio de se dar transparência à atividade jurisdicional"[78]. Complementando o raciocínio, para os professores Ada Pellegrini Grinover, Cândido Rangel Dinamarco e Antônio Carlos de Araújo Cintra, "o princípio da publicidade do processo constitui uma preciosa garantia do indivíduo no tocante ao exercício da jurisdição", sem o qual estaria comprometido o Estado Democrático de Direito.

Nesse sentido, como poderíamos nos certificar de que houve verdadeiramente o acesso à justiça? Justamente por meio da análise da motivação, que se dá por meio da publicização do ato processual.

Portanto, esses princípios ora tratados funcionam como um mecanismo de verificação da observância e respeito ao direito fundamental do acesso à justiça.

3.2 INOVAÇÕES PROCESSUAIS

A formatação final com 1.072 artigos impede que seja possível enumerar todas as inovações, pois esse não é o fito do presente trabalho.

Entretanto, algumas modificações são tão pontuais que merecem destaque, a saber:

---

[77] "Ainda no que se refere às partes, a exposição dos motivos da decisão funcionaria como um aspecto facilitador da valoração da pertinência de uma impugnação, além de melhor auxiliar na identificação dos vícios que padecem o pronunciamento. Neste teor, a motivação se mostra como um verdadeiro fator racionalizador da decisão, justamente ao permitir um melhor e mais amplo controle, pelas partes, da decisão proferida. (...) Assim, através da exposição das razões, é possível verificar se o magistrado individuou corretamente o conteúdo da decisão, tudo conforme os fatos e direitos afirmados pelos contendores. Impede-se que o magistrado possa fugir das raias do processo e do direito, vetando-o, também, na possibilidade de que sua decisão produza efeitos para fora dos limites do pleiteado – eis o controle de legalidade da decisão." OLIVEIRA, Humberto Santarosa. A garantia fundamental de motivação das decisões judiciais. Disponível em: https://www.e-publicacoes.uerj.br/index.php/redp/article/view/8683.

[78] WAMBIER, Luiz Rodrigues. *Curso avançado de processo civil*. 5. ed. São Paulo: Revista dos Tribunais, v. I, p. 80.

a) Procedimento comum

A simplificação do direito é fenômeno hodierno que se estende ao direito processual, por isso se adotou para o processo de conhecimento um procedimento comum, padrão, adaptável pelo juiz de acordo com as vicissitudes do caso concreto, permitindo-lhe ser o artesão da forma como proceder até o alcance da resposta judicial a ser cumprida. Assim é que o caso concreto há de demonstrar ao juiz a necessidade de convocação de terceiros interessados via edital, realizar provas em espécie, abreviar o rito e sentenciar antecipadamente etc., tudo sob a obediência ao *due process of law*.

b) Decisões e matérias cognoscíveis de ofício[79]

À semelhança da recente reforma italiana, o juiz, ao decidir matérias cognoscíveis de ofício, deverá ouvir as partes, reforçando-se o contraditório e evitando que o processo se transforme em instrumento de surpresa para o jurisdicionado[80].

c) Questões preliminares e processos incidentes

A Comissão, com o escopo de atingir a meta da "duração razoável dos processos", bem como observando o princípio da eficiência, evitando dilações indevidas, investiu na reavaliação das questões preliminares e nos processos incidentes surgidos no curso da relação processual de cognição versando questões formais.

Em primeiro lugar impunha-se reservar um só momento para a impugnação das questões preliminares[81] e, em segundo, eliminar a formação de feitos incidentes que ensejam a interposição de inúmeros recursos, postergando a solução definitiva da lide.

---

[79] Nesse particular a reforma italiana levada a efeito pela Lei n. 69/09, regulamentada em 2010, considera essas decisões de terceira via, aquelas que o juiz conhece de ofício, e permite-lhe decidir a causa nela embasado ouvindo as partes, precedentemente (art. 101 no *Nuovo Códice*).

[80] A redação do atual CPC vem disposta *in verbis*: "Art. 10.O juiz não pode decidir, em grau algum de jurisdição, com base em fundamento a respeito do qual não se tenha dado às partes oportunidade de se manifestar, ainda que se trate de matéria sobre a qual deva decidir de ofício".

[81] Essa estratégia é avaliada por José Carlos Barbosa Moreira ao confrontar o instituto do agravo e as preclusões, tecendo considerações sobre as vantagens dos sistemas que versam sobre o tema.

Estabeleceu-se, então, que todas as questões que compunham processos incidentes, como incompetência do juízo, impugnação ao valor da causa, falsidade documental etc., passariam a integrar as preliminares da contestação.

Por outro lado, conspirando em prol do mesmo benefício, eliminou-se a preclusão quanto à irresignação em relação às questões preliminares formais, todas a partir de então, decididas na sentença final, objeto de um só recurso.

Revela-se perceptível que, com a referida estratégia, eliminou-se a possibilidade de interposição de inúmeros recursos, viabilizando uma resposta final pronta e célere.

Destarte, conciliando essa técnica com o princípio da economia processual[82], propiciou-se que o juiz pudesse desprezar a preliminar julgando o mérito a favor da parte a quem aproveitaria o acolhimento da questão formal, realçando-se o princípio da instrumentalidade das formas (*pas des nullittés sans grief*)[83].

d) Prazos processuais

A defesa e os recursos em geral ostentam o mesmo prazo, salvo pouquíssimas exceções, sendo certo que todos os prazos correm somente em dias úteis, permitindo a tantos quantos operam no processo dedicar-se às causas nos dias de labor diuturno, sem a contagem de dias não úteis no prosseguimento do lapso temporal.

---

[82] "No processo de heterointegração assumem notável relevo a praxe judiciária e os princípios processuais. Desta sorte, a omissão legal que não preveja a manifestação de uma das partes no processo após a fala da outra, será suprida à luz do princípio do contraditório, hoje constitucionalizado. Sob esse ângulo, é de extrema significação a gama dos princípios processuais de que se deve valer o aplicador da norma processual, devendo atentar, no atual estágio do processo, para os princípios da 'economia processual', segundo os quais o processo deve gerar um máximo de resultado em confronto com um mínimo de esforço processual das partes: da 'efetividade', que consagra a necessidade de uma tutela tempestiva, justa e realizável num espaço de tempo razoável; da 'inafastabilidade da jurisdição', que impõe que nenhuma lesão ou ameaça de lesão escape ao Judiciário, e que deve conjurá-las através de provimento justo e adequado; e o da 'tutela específica', segundo o qual o Judiciário deve conceder à parte utilidade que ela obteria se a obrigação perquirida em juízo fosse cumprida voluntariamente, para que não sinta os efeitos da lesão ao seu direito etc." (Ver FUX, Luiz. *Curso de direito processual civil*. 4. ed. Rio de Janeiro: Forense, 2008, v. I, p. 31).

[83] Sobre o tema, valem as consultas doutrinárias a: KOMATSU, Roque. *Da invalidade no processo civil*. São Paulo: Revista dos Tribunais, 1991; e CALMON DE PASSOS, José Joaquim. *Esboço de uma teoria das nulidades aplicada às nulidades processuais*. Rio de Janeiro: Forense, 2002.

A redução das formalidades compensou essa nova modalidade de transcurso dos prazos processuais.

e) Tutela de urgência e tutela de evidência[84]

O livro do processo cautelar foi substituído por um título que versa sobre a tutela provisória de urgência cautelar e satisfativa e a tutela da evidência[85].

O processo cautelar, como preparatório da ação principal ou incidental, na verdade é processo de sentença e encerra modalidade de tutela servil às demais formas de prestação judicial.

Ademais, a tutela cautelar precisa de certa fungibilidade para que o juiz possa conferir à situação fenomênica retratada uma solução sob medida, nada justificando a existência de figuras abundantes de medidas cautelares, várias com o mesmo pressuposto e objetivo (constrição de bens ou restrição de direitos), ostentando, apenas, *nomen juris* diferente.

Por outro lado, a tutela cautelar impunha a duplicação de processos quando antecedente.

A eliminação do livro próprio permitiu conferir o adequado tratamento à tutela cautelar, sendo certo que, quando antecedente, inicia o processo e na mesma relação processual instaura-se a ação principal[86].

---

[84] Acerca do tema, FUX, Luiz. *Tutela de segurança e tutela da evidência*. São Paulo: Saraiva, 1996; e *Curso de direito processual civil*. Rio de Janeiro: Forense, 2008, v. I.

[85] Chiovenda já antevia a simplificação e a estreita ligação das cautelares e antecipatórias: "Em outras hipóteses, trata-se de prover com urgência à manutenção do *statu quo*, como a assegurar a futura satisfação de um possível direito depois de sua declaração. A essas provisões, com as quais se efetiva uma *tutela de conservação*, correspondem as *ações assecuratórias*" (CHIOVENDA, Giuseppe. *Instituições de direito processual civil*. Tradução de J. Guimarães Menegale. 2. ed. São Paulo: Saraiva: 1965, p. 34-35).

[86] No dizer da relatora Professora Teresa Alvim Wambier: "O Novo CPC agora deixa clara a possibilidade de concessão de tutela de urgência e de tutela à evidência. Considerou-se conveniente esclarecer de forma expressa que a resposta do Poder Judiciário deve ser rápida não só em situações em que a urgência decorre do risco de eficácia do processo e do eventual perecimento do próprio direito. Também em hipóteses em que as alegações da parte se revelam de juridicidade ostensiva deve a tutela ser antecipadamente (total ou parcialmente) concedida, independentemente de *periculum in mora*, por não haver razão relevante para a espera, até porque, via de regra, a demora do processo gera agravamento do dano" (WAMBIER, Teresa Arruda. Ob. cit.). Ambas estas espécies de tutela vêm disciplinadas na Parte Geral, tendo também desaparecido o livro das Ações Cautelares. A tutela de urgência e a da evidência podem ser requeridas *antes* ou *no curso* do procedimento em que se pleiteia a providência principal.

A novidade também se operou quanto aos direitos líquidos e certos de uma parte em face da outra.

Entendeu a comissão que nessas hipóteses em que uma parte ostenta direito evidente, não se revelaria justo, ao ângulo do princípio da isonomia, postergar a satisfação daquele que se apresenta no processo com melhor direito, calcado em prova inequívoca, favorecendo a parte que, ao menos *prima facie*, não tem razão.

A tutela da evidência não é senão a tutela antecipada que dispensa o risco de dano para ser deferida, na medida em que se funda no direito irretorquível da parte que inicia a demanda.

f) O incidente de resolução de ações repetitivas

Uma sociedade de massa[87], no dizer de Mauro Cappelletti, gera litígios de massa, vale dizer, ações individuais homogêneas quanto à causa de pedir e o pedido. Assim, *v.g.*, o Brasil experimenta esse contencioso de massa por meio de milhares de ações questionando a legalidade da assinatura básica, os índices de correção da poupança em confronto com as perdas geradas pelos planos econômicos, os índices de correção do FGTS, o pagamento de impostos por determinadas categorias, a base de cálculo de tributos estaduais, municipais, federais etc.[88].

Essas demandas, ao serem decididas isoladamente[89], geram, para

---

[87] "Quem habita este planeta não é o Homem, mas os homens. A pluralidade é a lei da Terra" (Hanna Arendt).

[88] Consulte-se: TARUFFO, Michele. Precedente ed esempio nella decisione giudiziaria. *Rivista Trimestrale di Diritto e Procedura Civile*, ano XLVIII, p. 19 e s., 1994; TARUFFO, Michele. Dimensioni del precedente giudiziario. Rivista citada, p. 411 e s.; D. COLE, Charles. Precedente Judicial – a experiência americana. *Revista de Processo*, São Paulo: Revista dos Tribunais, n. 92, p. 71-86, ano 23, out./dez. 1998; GRECO, Leonardo. Novas súmulas do STF e alguns reflexos sobre o mandado de segurança. *Estudos de direito processual*. Faculdade de Direito de Campos, 2005, p. 401-422.

[89] O projeto não regulamentou a tutela coletiva de direitos, o que continuará a cargo da legislação complementar. O incidente de coletivização, todavia, indiretamente alcança os conflitos potencialmente coletivos. Sobre o tema, a bibliografia mais recomendada: ALMEIDA, Gregório Assagra de. *Direito processual coletivo brasileiro:* um novo ramo do direito processual. São Paulo: Saraiva, 2003; ALPA, Guido. Interessi Diffusi. *Revista de Processo*, São Paulo: Revista dos Tribunais, n. 81, p. 146-159, jan./mar. 1996; ANGIULI, Annamaria. *Interessi collettivi e tutela giurisdizionale*. Nápoles: Novene, 1986; BAUDEL, Jules-Marc ; FOURVEL, Jacques. *Les recours collectifs:* étude comparée. Paris: Société de législation comparée, 2006; CALAIS-AULOY, Jean. Die Regelung von Rechtsstreiten auf gerichtlichem Weg: Die Lage in Frankreich. *Europäische Konferenz über den Zugang der Verbraucher zur Justiz*. Lisboa: Instituto do Consumidor, 1994. v. III; CAPPALLI, Richard B. und Consolo, Claudio. Class Actions for continental

além de um volume quantitativo inassimilável por juízos e tribunais, abarrotando-os, o risco de decisões diferentes para causas iguais, com grave violação da cláusula pétrea da isonomia, como adverte Dennys Loyd.

O incidente criado pelo atual CPC permite a seleção de causas piloto com base na experiência germânica do mercado de capitais (*Musterverfhren*), as quais, uma vez julgadas, servem de paradigma obrigatório para as inúmeras ações em curso na mesma base territorial da competência do tribunal local encarregado de admitir o incidente por provocação das partes, do juiz, do Ministério Público ou da Defensoria Pública.

Desse modo, quando a matéria revelar potencial de repetição em todo o território nacional e admitido o incidente no tribunal local, qualquer interessado poderá requerer ao Superior Tribunal de Justiça ou ao Supremo Tribunal Federal a suspensão de todos os processos e recursos em curso no território nacional.

O Conselho Nacional de Justiça (CNJ) manterá cadastro eletrônico dos incidentes que tramitam por todo o Brasil.

Europe? A preliminary inquiry. *Temple International and Comparative Law Journal*, 6.2 (1993): 217-292; CAPPELLETTI, Mauro. O acesso dos consumidores à justiça. *Revista de Processo*, São Paulo: Revista dos Tribunais, n. 62, p. 205-220; CLARK, S. Stuart. *Class actions in Australia*. Texto e palestra apresentados na Conferência sobre *class actions*, Genebra, jul. 2000; COOPER, Edward H. Class-Action advice in the form of questions. *Duke Journal of Comparative and International Law*. Spring, 2001; DENTI, Vittorio. Relazione introduttiva. In: *Le azioni a tutela di interessi collettivi*: atti del convegno di studio (Pavia, 11-12 giugno 1974). Padova: Cedam, 1976; DINAMARCO, Cândido Rangel. Decisões vinculantes. *Revista de Processo*, São Paulo: Revista do Tribunais, n. 100, out./dez. 2000; FISCH, William B. European analoges to the class action: Group action in France and Germany. *The American Journal of Comparative Law*, v. 27, 1979; FRIEDMAN, Mark W. Constrained individualism in group litigation: Requiring class members to make a good cause showing before opting out of a federal class action. *The Yale Law Journal*, v. 100, 1990; GOLDSTEIN, Stephen. Class Actions in Israel. *Israeli National Report Submitted to the XIII Congress of the International Academy of Comparative Law*. Montreal: August 1990; GRINOVER, Ada Pellegrini. As garantias constitucionais do processo nas ações coletivas. *Revista de Processo*, São Paulo: Revista dos Tribunais, n. 43, p. 19-30, jul./set. 1986; KRAMMER, Larry. Choice of law in complex litigation. *New York University Law Review*, v. 71, 1996; LEAL, Márcio Flávio Mafra. *Ações coletivas*: história, teoria e prática. Porto Alegre: Sergio Antonio Fabris, 1998; LINDBLOM, Per Henrik. Group actions in civil procedure in Sweden. *A national report for the XIII international congress of comparative law*. Montreal: august 19-25, 1990; MCKEE, S. Gordon. *Class actions in Canada*: a potentially momentous change to canadian litigation. The Fraser Institute. Out. 1999; MENDES, Aluisio Gonçalves de Castro. *Ações coletivas no direito nacional e comparado*. São Paulo: Revista dos Tribunais, 2002; WOOLF, Lord M. R. *Final Report on access to justice*. Jul. 1996; ZACLIS, Lionel. *Proteção coletiva dos investidores no mercado de capitais*. São Paulo: Revista dos Tribunais, 2007.

A decisão dos Tribunais Superiores em um dos incidentes impõe a adoção da tese jurídica por todos os juízos e tribunais do país, evitando decisões contraditórias sobre a mesma questão jurídica, consagrando com largo espectro a isonomia judicial[90-91].

Essas são as principais inovações do atual Código de Processo Civil, que guardam íntima ligação com o princípio do acesso à justiça, evidenciando todos os incentivos legais para a concretização da base de nosso ordenamento jurídico.

Assim, temos como necessário concluir que o legislador andou bem em desenhar institutos que podem aprimorar o princípio do acesso à justiça, em todas as suas acepções, tendo em vista que criou mecanismos, cujos objetivos são obter a potencialização de direitos e princípios fundamentais, contidos na Constituição Federal.

Nessa perspectiva, a tendência pretendida, ainda que encontre resistência por parte dos operadores do Direito, gera um maior ônus de enfrentamento, diante da imperiosidade de respeito a balizas delimitadas pela Comissão de Juristas, que demonstram uma consequência direta de se dialogar com tais limites legais desenhados, tratados neste capítulo. Em outras palavras: o diploma normativo processual civil trouxe fronteiras que precisam ser observadas, ainda que seja para violá-las, o que gera um efeito negativo direto pelo restante do sistema.

Então, mesmo que se tente ignorar os parâmetros e objetivos do atual CPC, não é possível silenciá-los e, consequentemente, enxerga-

---

[90]   O preâmbulo da Constituição, em algumas poucas linhas, condensa o conteúdo e objetivos do Estado Democrático de Direito; fundamentalmente, em efetivar os direitos ali consagrados com vistas ao atingimento de uma sociedade mais justa, igualitária, solidária e fraterna. Assim, antes de tudo, premente situar normativamente o preceito isonômico na Constituição. Inicia-se, como não poderia deixar de ser, pelo próprio Preâmbulo Constitucional, o qual, como já acima referido, entremostra a forte carga valorativa inserida no conceito da igualdade, *verbis*: "Nós, representantes do povo brasileiro, reunidos em Assembleia Nacional Constituinte para instituir um Estado Democrático, destinado a assegurar o exercício dos direitos sociais e individuais, a liberdade, a segurança, o bem-estar, o desenvolvimento, a igualdade e a justiça como valores supremos de uma sociedade fraterna, pluralista e sem preconceitos, fundada na harmonia social e comprometida, na ordem interna e internacional, com a solução pacífica das controvérsias, promulgamos sob a proteção de Deus, a seguinte CONSTITUIÇÃO DA REPÚBLICA FEDERATIVA DO BRASIL".

[91]   Alguns exemplos de desdobramentos do preceito igualitário ao longo da Constituição são: o inciso I do próprio art. 5º; os incisos XXX, XXXI e XXXII do art. 7º; o inciso III do art. 19; art. 146, III, *d*; art. 151, I; art. 170, VII e IX; dentre muitos outros.

mos de forma positiva os incentivos gerados pelos institutos e mecanismos advindos da legislação.

Portanto, é preciso ir adiante e verificar se, no mundo dos fatos, em relação à sociedade em geral, essa intenção tem destaque positivo e convergente.

Capítulo 4
JUDICIÁRIO, CPC E A SOCIEDADE BRASILEIRA

A quarta parte de nosso trabalho consiste na exposição de uma pesquisa de percepção/opinião realizada entre janeiro e março de 2019, com o objetivo de entender como a sociedade em geral vê o Judiciário e os principais atos contidos no atual CPC.

Dessa forma, foi elaborado um questionário com 17 perguntas, controlando as variáveis de sexo, escolaridade e renda. Com um total de 1.718 participantes, essa é a maior e mais atual pesquisa acerca do tema em nosso país.

4.1 METODOLOGIA

A pesquisa foi realizada em forma de autosseleção, ou seja, foi disponibilizado a diversos segmentos da população em contato com o autor desta tese, por meio de um *link* na internet que foi difundido em diversas redes sociais, tais como, *Facebook*, *WhatsApp* e *Twitter*.

É preciso entender que a população é caracterizada por um grupo de indivíduos que vive num determinado contexto ou que têm uma característica em comum. Assim, ao estudarmos uma população, muitas vezes não é possível obter dados da sua totalidade e, por isso, recorremos às amostras.

A amostra, por sua vez, pode ser obtida por ou de maneira aleatória. A amostragem aleatória, por ser composta ao acaso e não depender de critérios do investigador, é representativa da população.

Portanto, por exemplo, se examinarmos uma amostra aleatória de 10% da população adulta de um determinado bairro, e encontrarmos 20% de hipertensos, temos razoável segurança em afirmar que, aproximadamente, 20% das pessoas adultas do bairro são portadoras de hipertensão.

A escolha aleatória da amostra retira do investigador o poder de definir, de antemão, quem fará parte da pesquisa, evitando, por conseguinte, o viés de seleção. Por outro lado, se a amostra é de conveniência, não é possível se determinar quais foram os reais critérios de sua seleção, o que a torna suspeita de viés.

Viés é o erro de validade sistêmica da pesquisa. Seu efeito é o de distorcer a estimativa de uma variável, dificultando a possibilidade de podermos confiar nela.

No nosso trabalho, por sua vez, é possível haver um viés da composição sociodemográfica em relação à sociedade brasileira. Para lidar com tal limitação, são feitas perguntas de sexo, escolaridade e renda, para os quais são desagregados os principais resultados.

Para manter a validade externa de nossa pesquisa, decompusemos as respostas de modo a entender melhor como cada parcela da população pensa, eliminando, nesse sentido, quaisquer erros de sistema e de confiabilidade que pudesse existir.

Entretanto, é importante frisar que as respostas não devem ser interpretadas como capazes de refletir as opiniões do perfil brasileiro em seu agregado, no entanto, será possível, a partir dela, destacar determinados padrões e obter *insights* que serão reflexo de uma parcela muito expressiva da população.

O primeiro objetivo do questionário é captar a percepção e a reação das pessoas, enquanto jurisdicionados, para cada um dos principais atos processuais. A partir daí, pensamos na aplicação das perguntas a seguir.

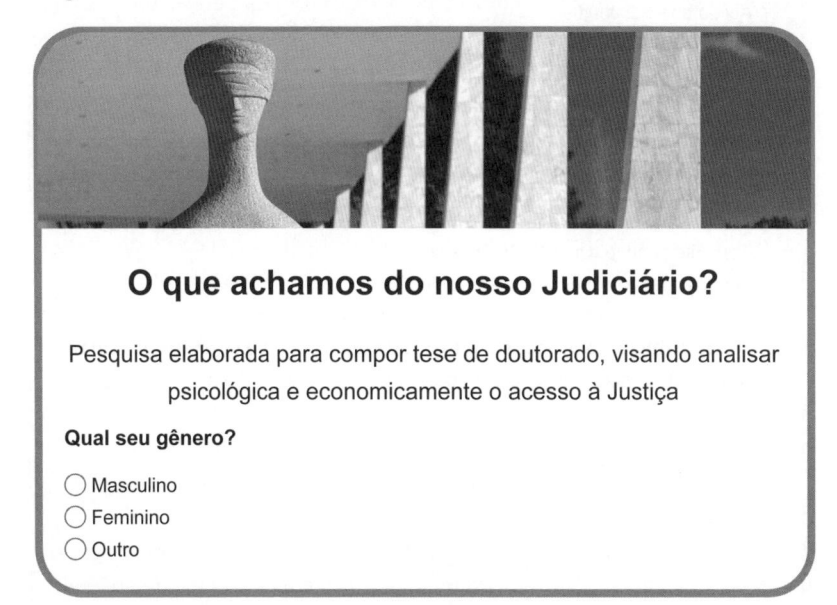

O que achamos do nosso Judiciário?

Pesquisa elaborada para compor tese de doutorado, visando analisar psicológica e economicamente o acesso à Justiça

Qual seu gênero?

○ Masculino
○ Feminino
○ Outro

Até quando você estudou?

○ Fundamental incompleto
○ Fundamental completo
○ Ensino médio incompleto
○ Ensino médio completo
○ Superior incompleto
○ Superior completo

Qual sua renda média mensal?

○ Menos de 1 salário mínimo
○ Entre 1 e 3 salários mínimos
○ Entre 3 e 5 salários mínimos
○ Acima de 5 salários mínimos

1 – Com que prejuízo financeiro valeria a pena ingressar com uma ação na justiça?

○ Menos de R$ 100,00
○ Acima de R$ 100,00
○ Acima de R$ 1.000,00
○ Acima de R$ 2.000,00
○ Acima de R$ 3.000,00
○ Acima de R$ 5.000,00

2 – Não se tratando de dinheiro, mas de justiça. Quando você acha que deve processar alguém?

○ Sempre que me sentir injustiçado
○ Somente quando a injustiça for relevante
○ Apenas quando sofrer uma grande injustiça

3 – Após o início do processo, é marcada audiência de conciliação. Quão inclinado a fazer um acordo você está?

○ Muito
○ Consideravelmente
○ Não sei
○ Pouco
○ Não faria de jeito algum

4 – Por quê?

◯ Prefiro a decisão do juiz
◯ Quero resolver logo o assunto
◯ Outro: _____

5 – Não havendo acordo no processo, você:

◯ Acha que vale tudo para ganhar. Afinal, é você contra a outra parte
◯ Não se importa com quem ganha, mas sim que a decisão tenha sido justa, mesmo que venha a perder

6 – O juiz deu a sentença entendendo que as provas no processo o convenceram que você não tem razão. Você recorreria da decisão, mesmo concordando com ela?

◯ Com certeza
◯ Provavelmente
◯ Não sei
◯ Em princípio, não
◯ De forma alguma

7 – Por quê?

Sua resposta

_____

_____

8 – Qual a importância que os tribunais superiores (STF e STJ) têm em nossas vidas?

	1	2	3	4	5	
Pouca	◯	◯	◯	◯	◯	Muita

9 – Quando os Tribunais Superiores definem a forma de julgar uma matéria, você se sente mais protegido?

	1	2	3	4	5	
Pouco	◯	◯	◯	◯	◯	Muito

10 – Qual seu posicionamento sobre as frases? "Sabendo que o Judiciário ainda não se resolveu sobre o seu Direito, ou que ainda há juízes e ministros que não se convenceram da tese dominante, eu recorrerei até não mais poder".

○ Concordo muito
○ Concordo
○ Não sei
○ Discordo
○ Discordo muito

11 – "O Judiciário é um Poder em que posso confiar que meus direitos serão garantidos e cumpridos nele".

○ Concordo muito
○ Concordo
○ Não sei
○ Discordo
○ Discordo muito

12 – "Com o avanço da tecnologia, os robôs deveriam auxiliar atuando nos casos, cujos temas já foram decididos pelos tribunais superiores".

○ Concordo muito
○ Concordo
○ Não sei
○ Discordo
○ Discordo muito

13 – "Com a utilização de robôs ou programas de computadores, os processos teriam menos erros e seriam mais rápidos".

○ Concordo muito
○ Concordo
○ Não sei
○ Discordo
○ Discordo muito

14 – Qual nível de satisfação com o serviço do Poder Judiciário?

	1	2	3	4	5	6	7	8	9	10	
Péssimo	○	○	○	○	○	○	○	○	○	○	Excelente

Como destacado anteriormente, pudemos realizar o cruzamento de informações assaz interessante para nosso estudo sobre o acesso à justiça, tendo confirmado certas questões de senso comum e desmistificado algumas conclusões sobre, por exemplo, a cultura de litigância no país.

Nosso trabalho foi aferir, como será possível observar, desde a existência de barreiras para ingressar com uma ação até o uso da tecnologia para solução de conflitos, passando pela realização de audiência de conciliação/mediação, variáveis sentimentos de acordo com o resultado do litígio e a reflexão do custo-benefício sobre se e quando recorrer à luz da jurisprudência.

4.2 RESULTADO DA DEPURAÇÃO DOS DADOS

No primeiro momento, é importante entender o público que respondeu o questionário, para compreender em que grau ele se diferencia do resto da população brasileira. Em sua maioria, os participantes da pesquisa foram homens (59,6%), com ensino superior completo (79%) e com renda superior a cinco salários mínimos (52,1%).

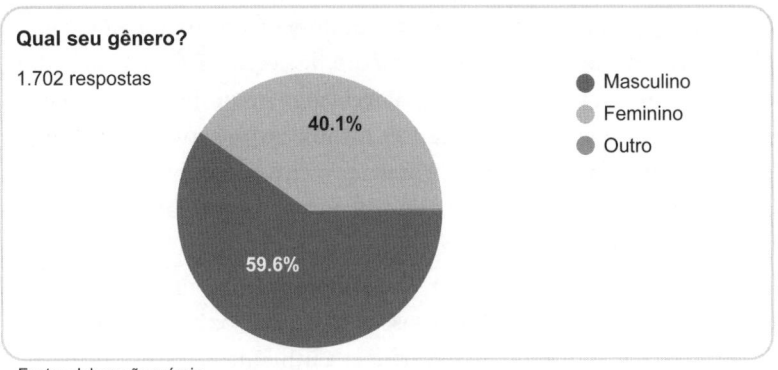

Fonte: elaboração própria.

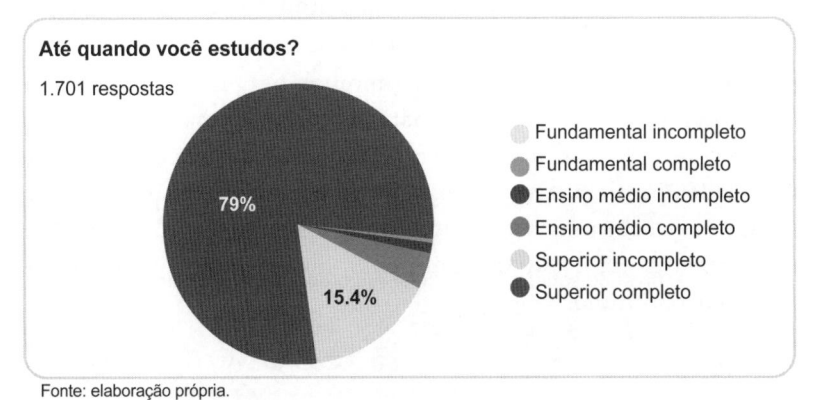

Fonte: elaboração própria.

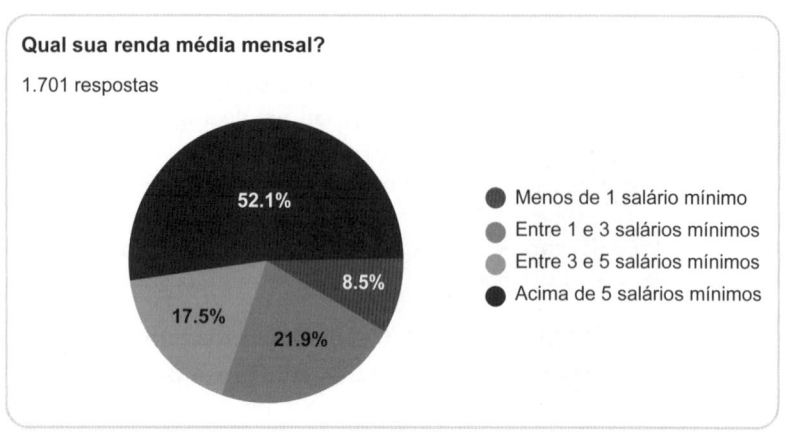

Qual sua renda média mensal?

1.701 respostas

- 52.1%
- 8.5%
- 17.5%
- 21.9%

● Menos de 1 salário mínimo
● Entre 1 e 3 salários mínimos
● Entre 3 e 5 salários mínimos
● Acima de 5 salários mínimos

Fonte: elaboração própria.

Esse perfil se difere significativamente do da população brasileira, composta principalmente por mulheres, de ensino médio completo e incompleto, com salário médio de cerca de dois salários mínimos. No entanto, no tocante às relações de poder, tal parcela da população que se encontra representada na pesquisa tem posição predominante nos meios econômicos e culturais do país, de modo que suas visões tendem a ser difundidas com maior facilidade para o resto da população.

Como sabemos, esse é o retrato de uma porcentagem diminuta do país, motivo pelo qual foi necessário depurar os dados, separando-os por cada grupo, a fim de se verificar a influência desses fatores nos questionamentos elaborados. Relativamente à primeira pergunta isso ficará explicitado de maneira mais clara.

Sob a lógica tão somente patrimonial, perguntamos qual prejuízo financeiro levaria o entrevistado a propor uma ação na justiça. O resultado obtido, conforme gráfico abaixo, nos indica que 33,6% dos participantes da pesquisa (maioria) estariam dispostos a ingressar com uma ação somente se sofresse prejuízo patrimonial acima de R$ 1.000,00 (mil reais), ou seja, aproximadamente um salário mínimo.

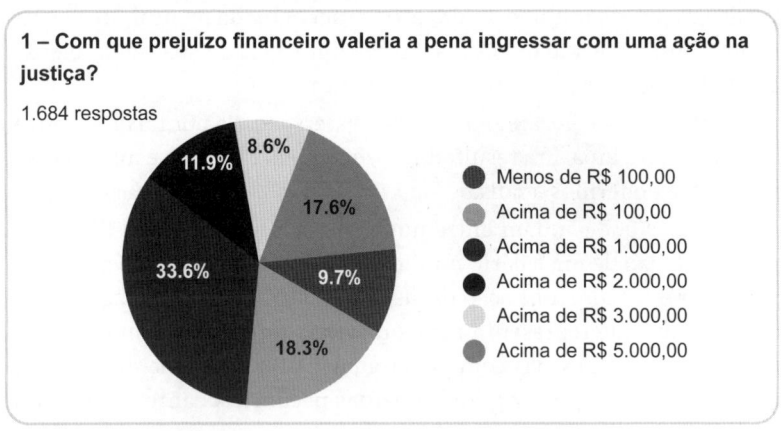

1 – Com que prejuízo financeiro valeria a pena ingressar com uma ação na justiça?

1.684 respostas

- Menos de R$ 100,00
- Acima de R$ 100,00
- Acima de R$ 1.000,00
- Acima de R$ 2.000,00
- Acima de R$ 3.000,00
- Acima de R$ 5.000,00

8.6% · 11.9% · 17.6% · 33.6% · 9.7% · 18.3%

Fonte: elaboração própria.

No segundo ponto, tentamos averiguar o nível de dano moral sofrido que resultaria no ajuizamento de um processo. A maioria dos participantes, representada por 58,8% das pessoas que responderam ao questionário, informou que somente se a injustiça fosse relevante procuraria o Poder Judiciário.

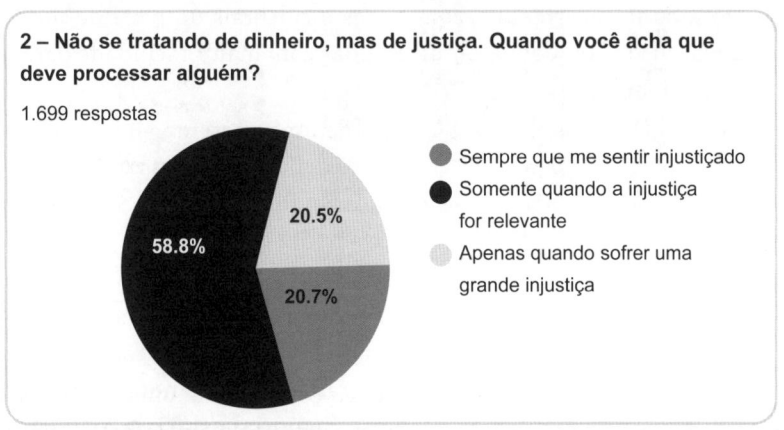

2 – Não se tratando de dinheiro, mas de justiça. Quando você acha que deve processar alguém?

1.699 respostas

- Sempre que me sentir injustiçado
- Somente quando a injustiça for relevante
- Apenas quando sofrer uma grande injustiça

58.8% · 20.5% · 20.7%

Fonte: elaboração própria.

Com efeito, numa leitura mais apressada das respostas apresentadas, temos uma maioria apresentando uma resistência meramente sensível para recorrer ao Judiciário, visto que preferem suportar um prejuízo de um salário mínimo, enquanto possuem renda mensal cinco vezes maior. Ou seja, estão dispostas a perder até 20% de sua renda mensal antes de ingressar com uma ação na justiça.

Entretanto, colocando os dados em perspectiva por faixa de renda, aumentando a lupa, um resultado extremamente curioso e interessante surge para podermos analisar.

Pessoas que ganham entre um e três salários mínimos (36%), ou mesmo abaixo de um salário mínimo (28%), somente acham que vale a pena ingressar com uma ação na justiça se tiverem um prejuízo no valor de mil reais, que representa mais ou menos um salário mínimo atualmente. Ou seja, pessoas com poder aquisitivo relativamente baixo estão dispostas a suportar grandes perdas pecuniárias antes de tomar a decisão de ajuizar uma ação.

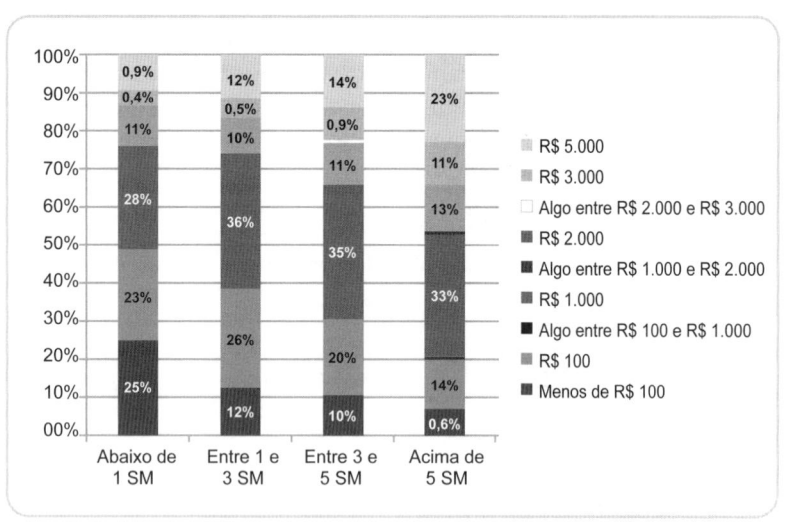

Fonte: elaboração própria.

Nesse contexto, nós vemos que, ao contrário de uma cultura de superlitigância, o brasileiro médio tem uma tolerância fortíssima e grande resistência para ingressar no Judiciário. Isso quer dizer que o cenário de mais de 100 milhões de processos que existem tramitando no país, apesar de representarem absurdo número absoluto, seria ainda pior se o brasileiro não tivesse tanta resistência a ingressar com uma ação no poder judiciário.

Em português claro, para o brasileiro médio, a dor de cabeça de ter que recorrer ao Judiciário não compensa. E essa tolerância, fica comprovada a questão intuitiva, é progressiva de acordo com a renda do entrevistado.

Vencida a etapa de análise dos dados que norteiam os incentivos existentes para a propositura da ação, passamos à audiência de conciliação/mediação.

Em primeiro lugar, questionamos a inclinação de cada participante em compor acordo com a parte contrária do processo. A maioria dos entrevistados, ou seja, 49,7% das pessoas que responderam ao questionário, demonstraram estar consideravelmente inclinadas a conciliar.

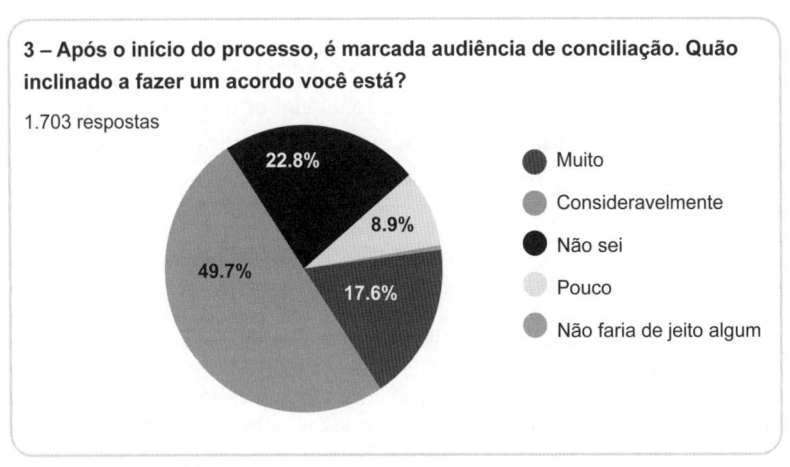

3 – Após o início do processo, é marcada audiência de conciliação. Quão inclinado a fazer um acordo você está?

1.703 respostas

- 22.8%
- 8.9%
- 49.7%
- 17.6%

- ● Muito
- ● Consideravelmente
- ● Não sei
- ● Pouco
- ● Não faria de jeito algum

Fonte: elaboração própria.

Questionados acerca do motivo pelo qual decidiriam conciliar, 66,2% dos entrevistados responderam que desejariam resolver a questão que envolve a lide rapidamente, seguidos por 10,4% que, por outro lado, após ingressarem com a ação, superado o primeiro obstáculo acerca do prejuízo material e/ou moral, prefeririam aguardar a decisão do magistrado. Nessa perspectiva, encontrar formas mais eficazes e céleres para encerrar o conflito mostra ser a preferência das pessoas.

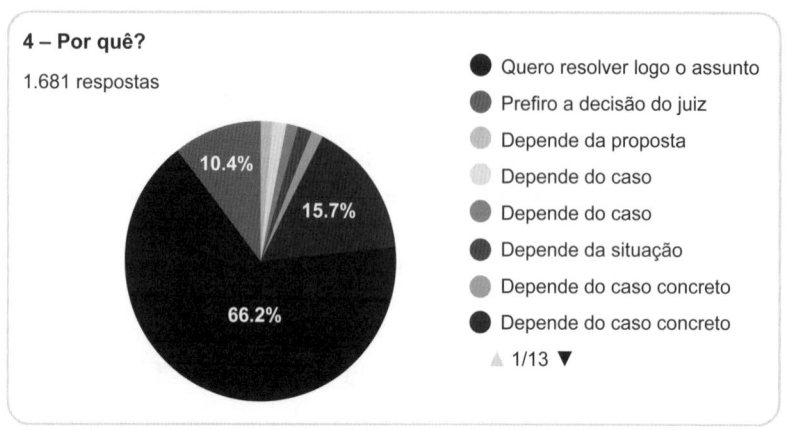

Fonte: elaboração própria.

O importante resultado da depuração dos dados nos obriga a evoluir o posicionamento adotado quando da elaboração da dissertação de mestrado, ocasião em que defendemos a manutenção da audiência de conciliação em etapa posterior à fase postulatória[1].

---

[1] Tal proposta de modificação se deu, basicamente, por força dos princípios da celeridade e efetividade, que balizam todo o procedimento do atual CPC. A Comissão de Juristas do Senado tentou evitar que o desgaste existente no decorrer das etapas do processo até chegar o momento da audiência preliminar aniquilasse qualquer possibilidade de formalizar um acordo no processo, esquivando-se do pensamento corriqueiro de "se já veio até aqui, vamos até o final" ou "eu dou um boi para não entrar numa briga, mas pago uma boiada para não me tirarem dela". A questão aqui é do ponto de vista meramente de escolha e tentar algo novo que possa gerar maior fluidez e celeridade na resolução do processo.

Entretanto, tenho a ousadia de discordar dessa modificação, pois, como se verá adiante, infelizmente, a transposição para realização anterior à contestação visando à concretude dos princípios mencionados anteriormente, acaba por inviabilizar tais por dois motivos: (i) não observância do princípio da igualdade e (ii) dificuldade de negociação.

Nos Estados Unidos, o *adversary system* para a colheita de provas ocorre na *pre-trial*, ou seja, antes de se ingressar com uma ação no Judiciário, no momento em que se prepara a demanda, há a colheita de provas. Temos então uma fase pré-processual em que as partes já produziram as provas e deram plena ciência à outra dos argumentos e provas que possuem pró e contra.

Então, após o término desta produção probatória pré-processual é que geralmente ocorrem os famosos acordos, na grande maioria dos casos, que não chegam a ingressar no Judiciário, pois há um grau de previsibilidade muito grande do que pode ocorrer, auxiliando de maneira muito eficaz a forma como se procederá a negociação.

Ao suplantar uma etapa importantíssima do processo, qual seja a resposta, estar-se-ia retirando do autor a possibilidade de se obter um grau maior de conhecimento acerca da sua lide e, consequentemente, da negociação, inviabilizando-a e podendo ser prejudicial para ambos,

Prosseguindo em nossa caminhada pelo procedimento comum, resolvemos perguntar acerca da hipótese de insucesso na resolução de um acordo, qual seria a postura da pessoa enquanto parte do processo, buscando identificar como se encontram, na realidade, os princípios da boa-fé e da cooperação.

Insta ressaltar que não há uma identificação do participante da entrevista, o que exclui a pressão moral existente numa resposta politicamente correta, eventualmente. A liberdade de responder se dá na intimidade individual, longe de qualquer fiscalização de outrem.

A busca pela lealdade processual se mostra muito próxima da realidade, já que 71,2% das pessoas optam por um processo justo, no qual exista a observância de todos os princípios processuais para ambas as partes, alcançando, pois, uma decisão reconhecidamente adequada aos parâmetros fáticos do caso levado a juízo.

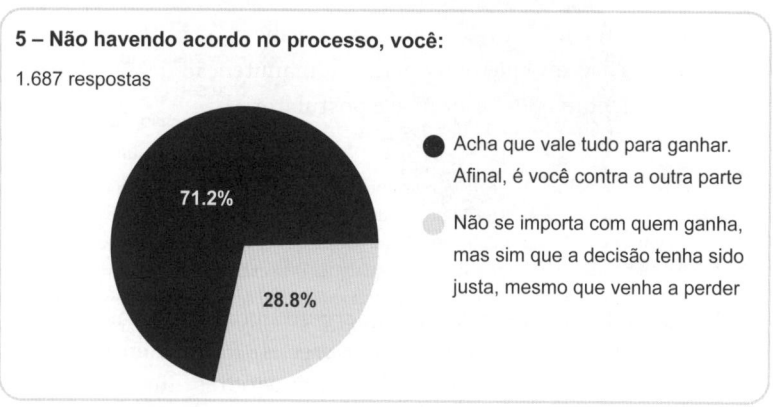

5 – Não havendo acordo no processo, você:

1.687 respostas

71.2%

28.8%

● Acha que vale tudo para ganhar. Afinal, é você contra a outra parte

Não se importa com quem ganha, mas sim que a decisão tenha sido justa, mesmo que venha a perder

Fonte: elaboração própria.

---

visto que, conforme o argumento e provas trazidos pelo réu, ele poderia ter uma margem de negociação mais abrangente, ajudando todo o procedimento.

Dessa forma, a relação entre autor e réu continua desequilibrada, haja vista que o réu terá mais informações do que o autor e, ao se pensar em uma relação que materialmente já é desigual por conta de maior aparato técnico, jurídico ou econômico do réu, por exemplo, esta situação fica muito difícil de superar *in concreto*.

Destarte, posicionar a audiência após análise da inicial com o objetivo de tentar desde logo obter um acordo para encerrar o processo, gerará, em regra, o seu atraso ou o esvaziamento da norma, funcionando como uma espécie do que se poderia denominar de barreira legal, pois ou as partes comparecem e não celebram acordo, ou informam que não possuem interesse na realização da audiência, ou, em um quadro recorrente do Juizado Especial e do procedimento sumário, conforme se verificará a seguir, celebram um acordo viciado, não atingindo qualquer finalidade do processo ou princípio constitucional.

Quanto à recorribilidade das decisões, conforme representado no gráfico abaixo, o jurisdicionado deseja que o serviço jurisdicional seja bem-feito e, nesse aspecto, segue um padrão proporcional de que quanto maior a satisfação com a prestação da tutela, menor será a interposição de recursos, mesmo que saindo derrotado da demanda.

O gráfico aponta que 58,1% dos entrevistados não recorreriam de uma decisão bem fundamentada, que demonstrou analisar bem todos os aspectos do processo, corroborando o posicionamento aqui defendido de que a cultura de litigância não é real no Brasil.

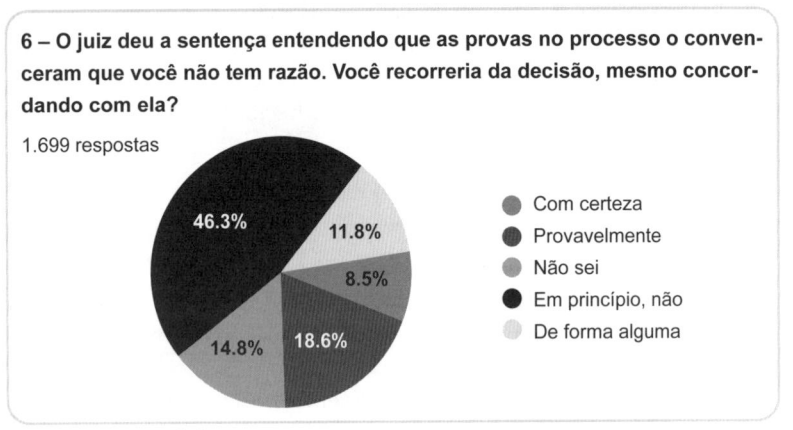

Fonte: elaboração própria.

Passando para a parte recursal, perguntamos, primeiramente, sobre a importância dos tribunais superiores. 48,9% dos entrevistados responderam que a existência de tribunais superiores, numa escala de 1 a 5, está classificada com o grau máximo (5) de relevância.

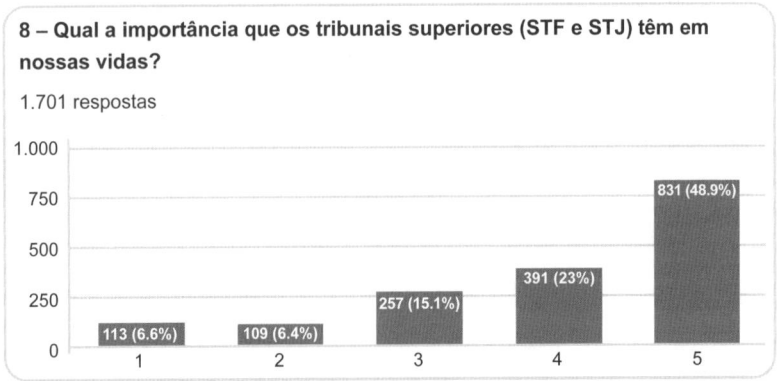

Fonte: elaboração própria.

A ampla maioria reconheceu que os tribunais superiores impactam na vida de toda sociedade e isso independe de classe social ou nível de instrução, conforme verificamos no gráfico a seguir.

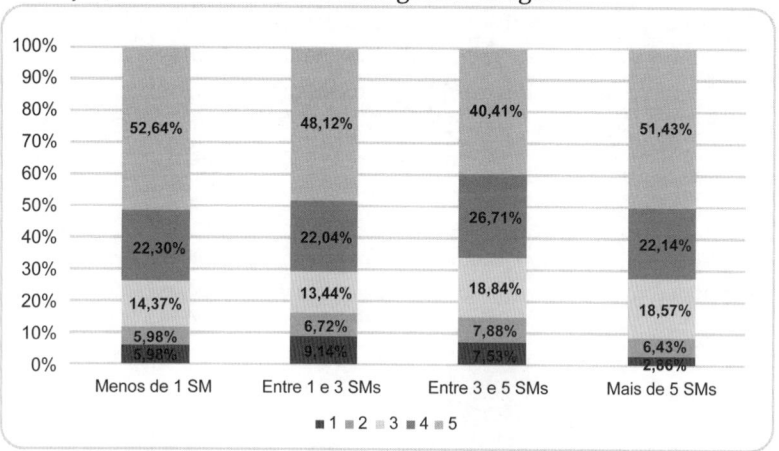

Fonte: elaboração própria.

Em seguida, os entrevistados tiveram que responder se, sabendo dessa importância, qual o nível de proteção eles sentiam em relação a esses mesmos tribunais representando o judiciário inteiro. Nesse momento da pesquisa, portanto, começa a ser desenhada a relação existente entre a instituição e a sociedade brasileira.

O resultado da depuração dos dados é intrigante. Isso porque a resposta encontrada foi que a definição de uma matéria pelos tribunais superiores não traz segurança jurídica à população, porquanto apenas 29,2% das pessoas se sentem mais seguras com a pacificação de matérias pelas cortes superiores.

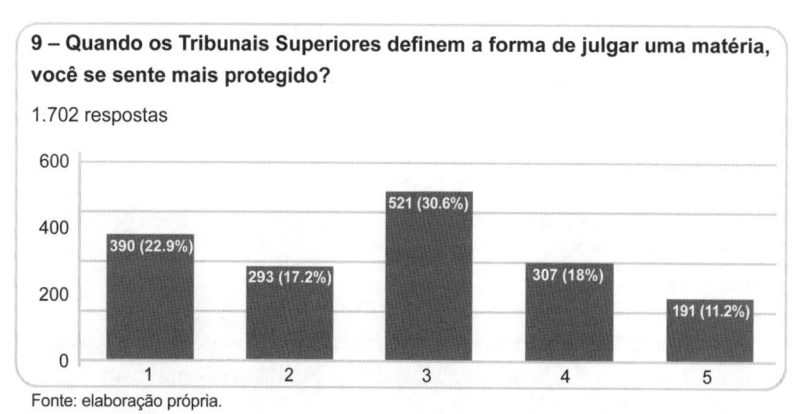

Fonte: elaboração própria.

A distribuição por faixa de renda é bem pulverizada, como é perceptível nas linhas seguindo um mesmo caminho.

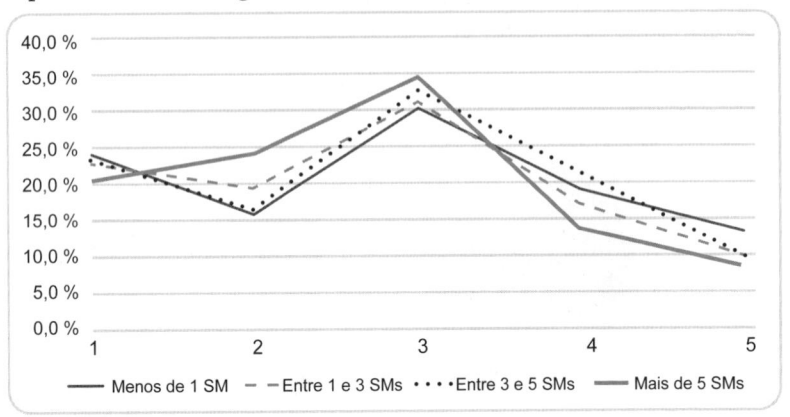

Fonte: elaboração própria.

Por outro lado, a partir da classificação por nível de escolaridade, como podemos observar no gráfico abaixo, quem tem ensino médio completo conferiu o maior equilíbrio ao grau de sensação de proteção de seus direitos.

Há que se destacar que as pessoas com o nível de escolaridade de ensino fundamental têm o maior grau de incerteza sobre a proteção de seus direitos, com 66,7% na soma das notas 1 e 2.

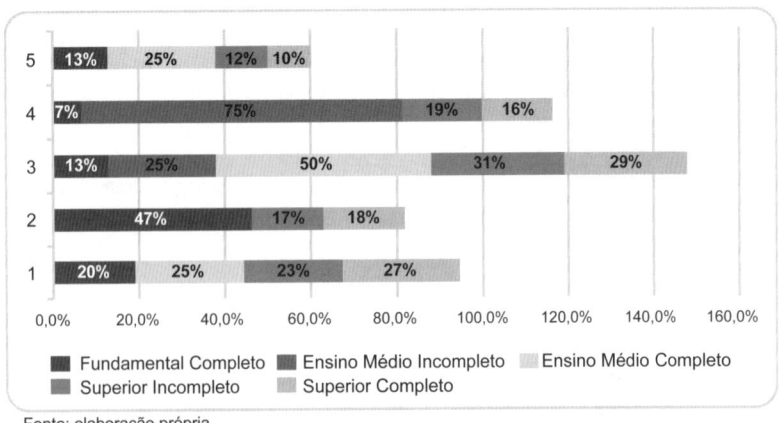

Fonte: elaboração própria.

Na próxima questão, podemos começar a mensurar os efeitos gerados pela insegurança jurídica na superlotação dos tribunais superiores.

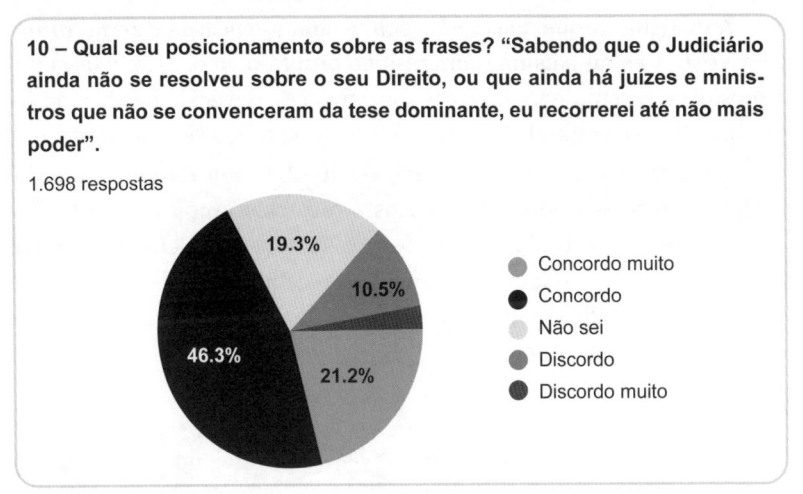

10 – Qual seu posicionamento sobre as frases? "Sabendo que o Judiciário ainda não se resolveu sobre o seu Direito, ou que ainda há juízes e ministros que não se convenceram da tese dominante, eu recorrerei até não mais poder".

1.698 respostas

- 19.3%
- 10.5%
- 46.3%
- 21.2%

○ Concordo muito
● Concordo
○ Não sei
○ Discordo
● Discordo muito

Fonte: elaboração própria.

Na pergunta de n. 10 observamos que 67,5% dos entrevistados estão dispostos a recorrer o quanto puder, em caso de os tribunais superiores não sedimentarem o tema que está sendo julgado seu processo.

Isso demonstra uma verdadeira virada em relação ao questionamento de nº 6, onde grande parte das pessoas declarou que não recorreria de uma sentença, mesmo que tivesse perdido.

Cruzando os dados das duas indagações, percebemos que 62,88% dos indivíduos, que optaram por não recorrer no primeiro momento, mudaram seu posicionamento quando inserimos o fator da insegurança jurídica.

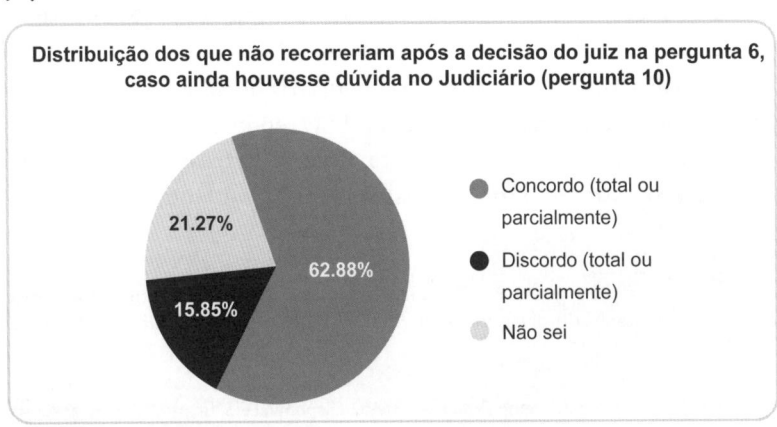

Distribuição dos que não recorreriam após a decisão do juiz na pergunta 6, caso ainda houvesse dúvida no Judiciário (pergunta 10)

- 21.27%
- 62.88%
- 15.85%

● Concordo (total ou parcialmente)
● Discordo (total ou parcialmente)
○ Não sei

Fonte: elaboração própria.

Isso significa que quase 63% dos recursos especiais e extraordinários existentes no país não seriam interpostos caso os tribunais superiores exercessem de modo mais assertivo seu dever de pacificação da jurisprudência, tratando os casos idênticos de modo semelhante.

Em números absolutos, no ano de 2022, foram recebidos no STJ 404.851 processos novos originários e recursais. Após apresentar intenso aumento de 18,74% (64.505) em 2021, se recuperando de forte queda no ano da pandemia, os processos recebidos no STJ se mantiveram estáveis em 2022 com pequena queda de 0,97% (3.941) em comparação com o ano anterior[2].

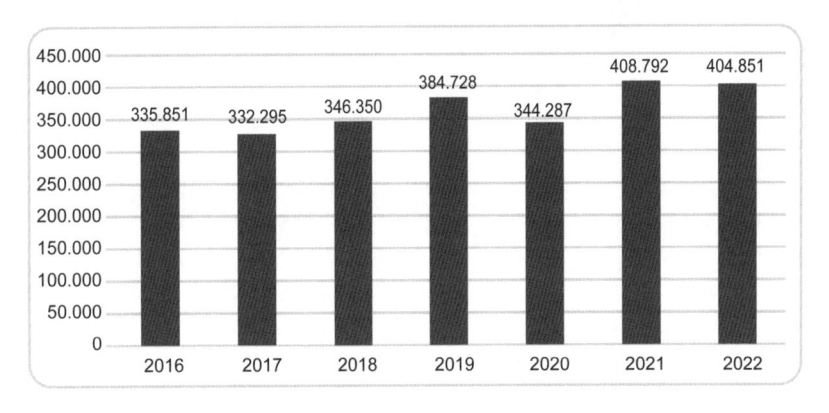

Dos 430.991 processos distribuídos, 306.424 eram AResp e Resp. Isso quer dizer que apenas no ano de 2022, 242.803 recursos não chegariam a esse tribunal superior, caso sua função de assentamento da jurisprudência fosse devidamente executada[3].

Por sua vez, o STF também se beneficiaria dessa situação. O acervo atual de nossa Suprema Corte é de 22.111, sendo 12.443 processos recursais, entre Agravo de Instrumento, Recurso Extraordinário e Agravo em Recurso Extraordinário, equivalendo 56,27% do total[4].

---

[2]   Relatório Estatístico do Superior Tribunal de Justiça, 2022. Disponível em: https://www.stj.jus.br/publicacaoinstitucional/index.php/RelEst/article/view/12781/12898. Acesso em: 25-6-2024.

[3]   Ibidem.

[4]   Painel Estatístico do Supremo Tribunal Federal. Disponível em: https://transparencia.stf.jus.br/extensions/acervo/acervo.html. Acesso em: 25-6-2024.

Acervo de processos originários e recursais

Recursal   12.443   9.668   Originária

Fonte: estatísticas do Supremo Tribunal Federal.

Acrescente-se ao nosso raciocínio que o Tribunal proferiu 105.990 decisões em 2023. Dessas, 65.766 são referentes aos recursos, o que equivale a 62,04% do total. Quando falamos em efeitos da insegurança jurídica, podemos quantificar que o STF teria que proferir 41.432 decisões a menos no ano de 2023, impactando 8.565 processos recursais, que nunca teriam chegado à nossa instância máxima do Judiciário.

Cremos ser um número extremamente alto que desobstruiria o Judiciário num efeito cascata, podendo atingir milhões de pessoas, evidenciando, pois, um aumento de espaço e tempo para que a justiça se debruce sobre outras questões mais complexas e distribua a prestação da tutela jurisdicional de modo mais eficiente.

Mais adiante, corroboramos em outro aspecto a falta de confiança da população no Judiciário, agora não falando tão somente dos tribunais superiores, mas sim do Poder inteiro, onde 62,3% responderam que não podem confiar que seus direitos são garantidos e cumpridos por ele.

11 – "O Judiciário é um Poder em que posso confiar que meus direitos serão garantidos e cumpridos nele".

1.698 respostas

- Concordo muito
- Concordo
- Não sei
- Discordo
- Discordo muito

42%   20.3%   17%   19%

Fonte: elaboração própria.

Interessante destacar que a dúvida reside em 19% dos brasileiros, o que acreditamos ser um dado que tende para ser negativo, quando se trata de índice de confiança, elevando, por conseguinte, o dado para 81,3% de desconfiança em relação ao Poder Judiciário em geral.

No passo seguinte, tivemos a ideia de procurar entender o posicionamento com relação ao uso da tecnologia dentro do processo para a resolução de casos. A segunda hipótese, portanto, é referente ao índice de redução de erros. Os resultados foram curiosos.

A maioria das pessoas que respondeu a pesquisa (28,9%) foi favorável à utilização de inteligência artificial nas hipóteses em que a matéria já possui entendimento consolidado pelos tribunais superiores.

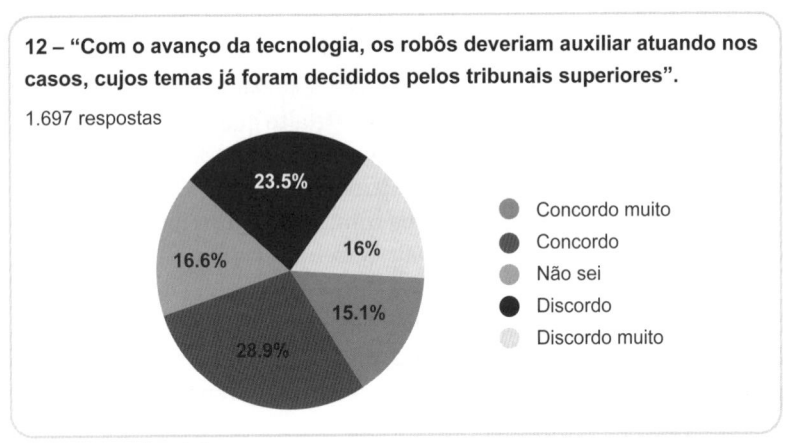

12 – "Com o avanço da tecnologia, os robôs deveriam auxiliar atuando nos casos, cujos temas já foram decididos pelos tribunais superiores".

1.697 respostas

- Concordo muito
- Concordo
- Não sei
- Discordo
- Discordo muito

23.5% | 16% | 16.6% | 15.1% | 28.9%

Fonte: elaboração própria.

Quanto à confiabilidade da inteligência artificial, 27,4% dos entrevistados responderam que concorda que os processos seriam mais céleres e tenderiam a ter menos erros caso fossem utilizados robôs na análise das demandas.

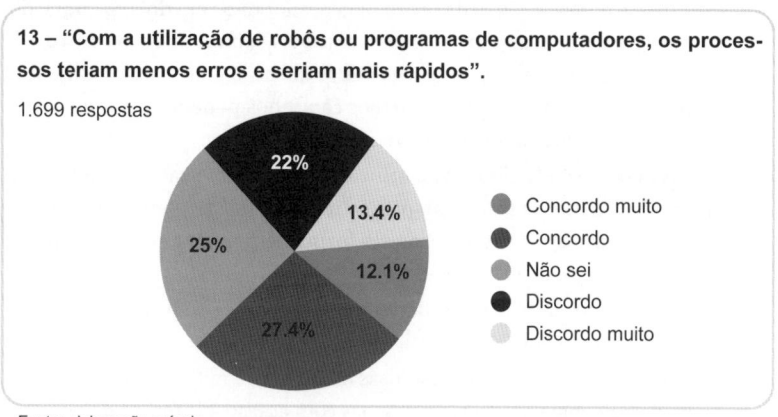

13 – "Com a utilização de robôs ou programas de computadores, os processos teriam menos erros e seriam mais rápidos".

1.699 respostas

Fonte: elaboração própria.

A dúvida acerca da utilização de tecnologia dividiu as opiniões em ambos os casos, apesar de já ser uma realidade em nosso sistema.

O ministro Dias Toffoli, em evento sobre o uso da tecnologia no judiciário, expôs que a imensa maioria dos processos no STF tramita por meio eletrônico e o Tribunal faz uma aproximação do público por meio dos julgamentos transmitidos pela TV Justiça, por meio do *YouTube* e do *Twitter*.

Outra ferramenta poderosa tem sido o chamado Plenário Virtual, onde ocorrem julgamentos virtuais de casos de menor complexidade técnica, além de se demarcar os processos em que se encontra a questão da Repercussão Geral[5].

O professor Erik Navarro, em sua tese de doutoramento, enxergou a tecnologia como um meio de acesso à justiça, cujo destaque é essencial para a próxima análise.

---

[5] "No Supremo Tribunal Federal, estamos hoje com **94% dos processos tramitando em meio eletrônico**. Nesse caminho de modernização e de transparência, o Supremo Tribunal Federal transmite, desde 2002, os julgamentos do Plenário da Corte ao vivo para todo o Brasil pela **TV Justiça** e **Rádio Justiça**. Mais recentemente passamos a transmitir também no **YouTube** e no **Twitter. Desde 2007**, os Ministros julgam processos **colegiadamente** em **ambiente virtual**, por meio do chamado **'Plenário Virtual'**. Neste ano, **aprimoramos** esse sistema, com a **ampliação das categorias de processos** que podem ser julgados em meio virtual. Tornou-se possível o julgamento de mérito de ações de controle concentrado e de recursos com repercussão geral reconhecida, processos caracterizados pelo maior impacto social. **Neste ano de 2019**, já foram julgados em sessões virtuais das Turmas e do Plenário um total de **10.976 processos**" (grifos no original). Disponível em: https://www.conjur.com.br/2019-out-25/toffoli-defende-uso-tecnologia-judiciario-evento-brics.

Neste ponto, o papel da tecnologia desdobra-se em dois. De um lado, ela torna todas essas portas mais acessíveis, diminuindo os custos de transação de sua utilização, graças à digitalização e ao acesso online. De outro lado, ela cria novas portas, cujos caminhos podemos resumir na expressão *dispute avoidance*, ou prevenção de conflitos.

A questão da facilitação da utilização das portas já abertas pela diminuição dos custos de transação parece-nos clara neste ponto do trabalho, principalmente após descrevermos a forma de funcionamento das plataformas do eBay e do CRT canadense.

A questão da utilização da tecnologia para prevenção de disputas, todavia, merece explicação.

Apesar da ausência de pesquisas a respeito, é muito provável que, no Brasil de hoje, haja muito mais pessoas com acesso à Internet do que com acesso à justiça. A Internet está disponível a preços baixos, em casa ou em equipamentos móveis.

Já cortes de Justiça são locais físicos, muitas vezes distantes, cuja utilização depende do pagamento de custas, nos quais qualquer ato processual atrela-se (via de regra) à necessidade de representação por advogado (capacidade postulatória). Assim, ainda que boa parte do Produto Interno Bruto brasileiro seja gasto com o Poder Judiciário e com a assistência judiciária, há barreiras quase intransponíveis para o acesso à justiça.

Para piorar, toda essa cara e insuficiente estrutura encontra-se em cenário de tragédia, praticamente impossibilitada de receber ainda mais demandas. Atualmente, em razão do tempo do processo e da inefetividade da execução, nega-se jurisdição até mesmo para quem, teoricamente, tem acesso fácil à Justiça.

É possível, todavia, ampliar o acesso à justiça simplesmente prevenindo conflitos através da tecnologia por, no mínimo, dois caminhos diferentes: (i) esclarecimento ao cidadão; (ii) garantia da aplicação da lei[6].

Nesse sentido, acreditamos que, embora haja uma resistência considerável por parte da população sobre o uso de tecnologia, ela já tem sido benéfica para a prestação de uma tutela jurisdicional mais efetiva.

Devemos pontuar, ainda, que a procura por novas ferramentas tecnológicas no judiciário sofrem uma receptividade inversamente pro-

---

[6]   WOLKART, Erik Navarro. Análise econômica e comportamental do processo civil: como promover a cooperação para enfrentar a tragédia da Justiça no processo civil brasileiro. Tese de Doutorado em Direito Processual – Faculdade de Direito, Universidade do Estado do Rio de Janeiro, Rio de Janeiro, 2018.

porcional à satisfação com relação ao próprio Poder. Assim, quanto mais a pessoa confia no Judiciário, menos ela se sente à vontade para utilização de tecnologia e vice-versa.

O gráfico a seguir expõe o índice Gini entre a nota do Judiciário e a inclinação para o uso da tecnologia, onde a reta é a nota conferida pelas pessoas e a curva de Lorenz é a predisposição pessoal de aprovação da intervenção tecnológica.

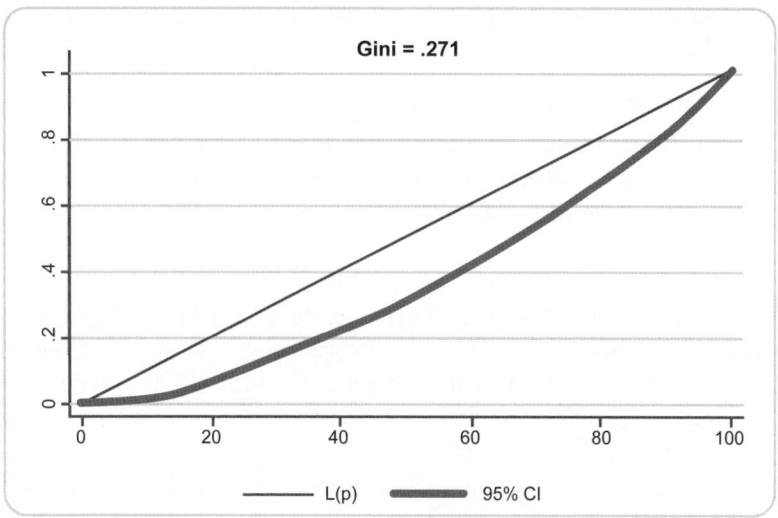

Fonte: elaboração própria.

Como falamos da nota de referência do poder Judiciário, chegamos ao último questionamento, correspondente ao nível de satisfação com relação a ele.

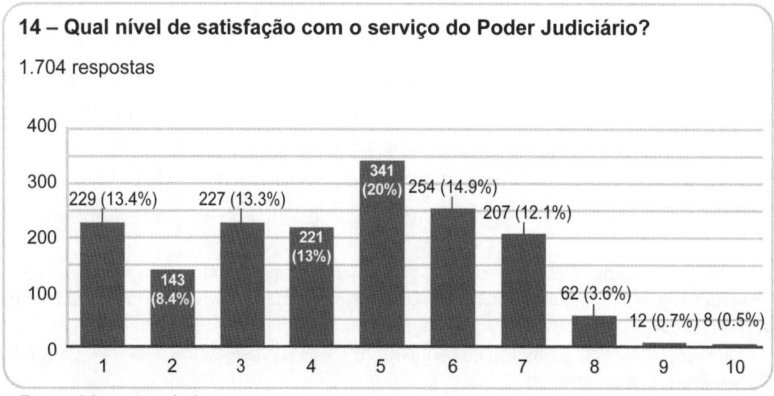

Fonte: elaboração própria.

A nota geral conferida pelos entrevistados é a média ponderada desse gráfico, traduzido pela fórmula a seguir:

$$\frac{13,4 \times 1 + 8,4 \times 2 + 13,3 \times 3 + 13 \times 4 + 20 \times 5 + 14,9 \times 6 + 12,1 \times 7 + 3,6 \times 8 + 0,7 \times 9 + 0,5 \times 10}{100} = 4,36$$

A nota que o Poder Judiciário recebeu, de acordo com a pesquisa, foi 4,36 (de 1 a 10), uma média muito baixa que pode explicar, com auxílio da psicologia, o comportamento do jurisdicionado relatado neste trabalho.

4.3 PSICOLOGIA E DIREITO

A estreita relação entre Direito e Psicologia não é recente. No século XIX, na França, médicos já eram designados para elucidar mistérios que certos crimes apresentavam. Eram aqueles crimes que não se tinha de forma aparente uma justificativa, ou seja, sem razão aparente, ou ações que não se encaixavam nos quadros de loucura da época[7].

A psicologia jurídica é uma vertente de estudo da psicologia, consistente na aplicação dos conhecimentos psicológicos aos assuntos relacionados ao direito, principalmente quanto à saúde mental, quanto aos estudos sociojurídicos dos crimes e quanto à personalidade da pessoa natural e seus embates subjetivos.

Por essa razão, a psicologia forense tem se dividido em outros ramos de estudo, de acordo com as matérias a que se referirem. Segundo Gonçalves e Brandão na apresentação do livro que organizaram, a psicologia jurídica auxilia a avaliação da veracidade e a validade do testemunho, produzindo diagnósticos e predizendo condutas associadas a processos de tutela, guarda, interdição, progressão e regressão de penas ou medidas socioeducativas entre outras aplicações[8].

A Psicologia e o Direito são áreas do conhecimento científico voltadas para a compreensão do comportamento humano. Porém, diferem quanto ao seu objeto formal: a Psicologia volta-se ao mundo do *ser*, e tem como seu ponto de análise os processos psíquicos conscientes e inconscientes, individuais e sociais que governam a conduta humana; o

---

[7]   CARRARA, Sérgio. Crime e loucura: o aparecimento do manicômio judiciário na passagem do século. Rio de Janeiro: Ed. UERJ, 1998. Disponível em: http://www.eduerj.uerj.br/download/crime_loucura.pdf.

[8]   GONÇALVES, Hebe S.; BRANDÃO, Eduardo P. (Orgs.). *Psicologia jurídica no Brasil*. Rio de Janeiro: Nau, 2011.

Direito, por sua vez, volta-se ao mundo do *dever ser*, e supõe a regulamentação e legislação do trabalho interdisciplinar entre médicos, advogados, psiquiatras e psicólogos jurídicos[9].

A psicologia é muito utilizada para a solução de conflitos familiares e nas questões relativas ao direito penal. Entretanto, o que propomos nesta tese é buscar os recursos da Psicologia Social, a fim de explicar a relação construída da sociedade brasileira com o Poder Judiciário e, consequentemente, como isso se reflete no princípio do acesso à justiça, na perspectiva tanto positiva quanto negativa.

4.4 A PSICOLOGIA SOCIAL

A Psicologia se preocupa fundamentalmente com os comportamentos que individualizam o ser humano, porém, ao mesmo tempo, procura leis gerais que, a partir das características da espécie, dentro de determinadas condições ambientais, preveem os comportamentos decorrentes.

O enfoque da Psicologia Social é estudar o comportamento de indivíduos no que ele é influenciado socialmente. E isto acontece desde o momento em que nascemos, ou mesmo antes do nascimento, enquanto condições históricas que deram origem a uma família, a qual convive com certas pessoas, que sobrevivem trabalhando em determinadas atividades, as quais já influenciam na maneira de encarar e cuidar da gravidez e no que significa ter um filho. Esta influência histórica-social se faz sentir, primordialmente, pela aquisição da linguagem.

As palavras, por meio dos significados atribuídos por um grupo social, por uma cultura, determinam uma visão de mundo, um sistema de valores e, consequentemente, ações, sentimentos e emoções.

As leis gerais da Psicologia dizem que se apreende quando reforçado, mas é a história do grupo ao qual o indivíduo pertence que dirá o que é reforçador ou o que é punitivo. O doce ou o dinheiro, o sorriso ou a expressão de desagrado podem ou não contribuir para um processo de aprendizagem, dependendo do que eles significam em uma dada sociedade.

Assim, também aquilo que "deve ser apreendido" é determinado socialmente. Da mesma forma, as emoções que são respostas do orga-

---

9   ROVINSKI, S.L.R. *Fundamentos da perícia psicológica forense*. São Paulo: Vetor, 2004.

nismo e, como tais, universais, submetem-se às influências sociais ao se relacionarem com o que nos alegra, nos entristece, nos amedronta. O se sentir alegre com a vitória do time, triste com o filme ou com uma música, o ter medo do trovão ou do avião, são exemplos que mostram o quanto nossas emoções decorrem desta visão de mundo que adquirimos por meio dos significados das palavras.

Portanto, podemos perceber que é muito difícil encontrarmos comportamentos humanos que não envolvam componentes sociais, e são justamente estes aspectos que se tornaram o enfoque da Psicologia Social. Em outras palavras, a Psicologia Social estuda a relação essencial entre o indivíduo e a sociedade, esta entendida historicamente, desde como seus membros se organizam para garantir sua sobrevivência até seus costumes, valores e instituições necessários para a continuidade da sociedade[10].

No campo da Psicologia Social, variáveis intrínsecas aos indivíduos são inferidas do comportamento publicamente observado como variáveis independentes, mediadoras ou moderadoras na explicação de fenômenos comportamentais humanos. Encontra-se, nessa perspectiva, a profecia autorrealizadora, a qual afirma que uma expectativa falsa conduz ao comportamento que a torna verdadeira. Nesse caso, a atribuição de causalidade determina que expectativas sejam investigadas como variáveis independentes[11].

4.5   A PROFECIA AUTORREALIZADORA

O termo "Profecia Autorrealizadora" foi cunhado no campo da sociologia por Merton, em 1948, em um artigo seminal intitulado "The Self-Fulfilling Prophecy". Merton o utilizou sem pretensão de originalidade, pois embora o termo fosse novo, a ideia não era.

O "teorema" de Thomas ilustrou a questão duas décadas antes, segundo o qual "se o homem define situações como reais, elas são reais em suas consequências"[12].

---

[10]   LANE, Silvia T Maurer. O que é psicologia social. Disponível em: https://edisciplinas.usp. br/pluginfile.php/139985/mod_resource/content/1/O-que-%C3%A9-Psicologia-Social.pdf.

[11]   CARVALHO, Pablo Stuart Fernandes; GOMIDE, Natália Pessoa Barros; NAVES, Ana Rita Coutinho Xavier. A profecia autorrealizadora sob a óptica da Análise do comportamento. *ACTA COMPORTAMENTALIA*, v. 26, n. 4, p. 521-532.

[12]   THOMAS, W. I.; THOMAS, F. S. The child in America: Behavior problems and programs. New York: Knopf, 1928, p. 527.

Em outras palavras, a definição de uma situação passa a afetar os eventos subsequentes a ela. Desse modo, Merton definiu profecia autorrealizadora como "uma definição [inicialmente] falsa da situação, a qual evocará um novo comportamento fazendo com que a definição inicialmente falsa se torne verdadeira"[13].

Entretanto, para que essa falsa definição ocasione sua realização, é necessário que ocorra uma sequência causal, geralmente enunciada da seguinte forma: (1) X define que Y é Z (definição falsa); (2) X, portanto, faz A (novo comportamento); (3) por causa de (2), Y se torna Z (o evento definido inicialmente como falso se torna verdadeiro)[14].

A parábola utilizada por Merton exemplifica o conceito: em 1932 o *Last National Bank* era uma instituição rentável. Após rumores de que o banco não teria condições para pagar o que devia, depositantes foram ao banco e retiraram suas economias. Assim, o banco não manteve a maior parte das poupanças dos depositantes em dinheiro e, portanto, não pode pagar a todos, declarando falência.

Assim, a definição de que o banco seria insolvente se tornou autorrealizável. A análise tradicional dessa situação, na sequência causal descrita anteriormente, mostra que (1) foi definido que o banco seria insolvente; (2) os depositantes, portanto, retiraram suas economias do banco; (3) por causa da retirada das economias o banco se tornou insolvente.

Essa parábola foi utilizada deliberadamente para se referir ao colapso financeiro que ocorreu nos Estados Unidos da América em 1929, conhecido como a Grande Depressão ou Crise de 1929.

Outro exemplo interessante trata das relações raciais nos Estados Unidos, quando os negros eram sistematicamente excluídos do movi-

---

[13] MERTON, R. K. The self-fulfilling prophecy. *The Antioch Review*, 8(2), 193-210, 1948, p. 195. DOI: 10.2307/4609267.

[14] "Conceptualizing SFP will clarify its essential elements and differentiate it from other kinds of dynamic processes. There are two criteria. The first is a causal sequence like the following: (1) X believes that 'Y is p.' (2) X therefore does b. (3) Because of (2), Y becomes p. To illustrate, X is a teacher, Y is a student, and p stands for someone with great academic ability; b is the behavior – perhaps providing better teaching or expressing greater emotional warmth – that actually causes Y to fulfill the expectations of high achievement. The third step requires it to be true that Y becomes p rather than X incorrectly perceiving that 'Y becomes p.' SFP is not merely confirmation bias." BIGGS, M. Self-fulfilling prophecies. In: HEDSTRÖM, P.; BERMAN, P. (Eds.). *The Oxford handbook of analytical sociology*. New York: Oxford University Press, 2009, p. 294-314.

mento sindical, pois acreditava-se que furavam greves e aceitavam salários abaixo daqueles negociados coletivamente. O movimento sindical tomava esses comportamentos como fatos.

Contudo, os sindicalistas não percebiam que medidas tomadas por eles próprios originavam tais fatos. Ao serem excluídos os negros dos sindicatos e, consequentemente, de inúmeros postos de trabalho, criavam-se incentivos para que furassem greves e aceitassem salários mais baixos. A história pôs essas crenças à prova pois, uma vez que os negros passaram a ser aceitos nos sindicatos, elas desapareceram. Entretanto, é possível quebrar uma profecia autorrealizável de forma deliberada?

Num primeiro momento, a profecia pode ser superada se a situação que condiciona o comportamento for abandonada. Partindo de um novo pressuposto, alteramos o fluxo subsequente de eventos. Porém, muitas vezes essas situações estão profundamente enraizadas, ou seja, independem da mera vontade[15].

Os psicólogos estadunidenses Robert Rosenthal e Lenore Jacobson realizaram um importante estudo sobre a profecia autorrealizável e observaram como as expectativas dos professores afetam o desempenho dos alunos, o que foi chamado de Efeito Pigmaleão.

Segundo os autores, professores que têm uma visão positiva dos alunos tendem a estimular o lado bom desses alunos. Por isso, é comum que estes alunos obtenham melhores resultados nas avaliações. Por outro lado, professores que não têm apreço por seus alunos e adotam posturas negativas acabam comprometendo negativamente o desempenho dos educandos e, dessa forma, eles não obtêm bons resultados nas avaliações.

(...) é uma crença cultural que se torna verdadeira porque indivíduos agem como se ela já tivesse acontecido. Quando professores tratam estudantes das classes baixas e operária, os primeiros tendem a ter melhor desempenho e conseguem realizar mais do que fariam sem esse tratamento. Analogicamente, quando se nega a mulheres e outras minorias oportunidades de educação com base na crença de que elas carecem de capacidade e motivação, a própria negação pode produzir exatamente

---

[15] Essa tese é tão massificada entre as ciências que Gabriel García Marquez escreveu um conto a respeito. Disponível em: https://www.netmundi.org/home/wp-content/uploads/2019/11/A-Profecia-Autorrealizada-Gabriel-Garcia-Marquez.pdf.

esse resultado... Embora principalmente associado aos casos menciona-dos acima, o conceito de profecia autorrealizável indica um ponto mais geral e, de algumas maneiras, mais importante, sobre a CONSTRUÇÃO SOCIAL DA REALIDADE[16].

Identificar a profecia autorrealizadora na realidade é um imenso desafio. A pesquisa em placebo exemplifica o método experimental. Distribui-se aleatoriamente pacientes em dois grupos, convencendo o primeiro que eles estão recebendo um analgésico como morfina, en-quanto, na verdade, injeta-se uma substância inerte. De outro lado, é preciso deixar o segundo grupo sem qualquer tratamento. A diferença de dor sentida pelos dois grupos é a resposta ao placebo.

Há também um projeto experimental alternativo que administra o analgésico no primeiro grupo, como em qualquer tratamento, e depois, secretamente, injeta o mesmo analgésico ao segundo grupo, mas sem que eles percebam que é um analgésico também. Na prática, isso pode ser feito quando os pacientes são constantemente viciados a um goteja-mento intravenoso. A diferença na dor experimentada pelos dois gru-pos é a resposta ao placebo[17].

Cada modelo permite os efeitos da crença subjetiva a serem de-sembaraçados dos poderes físicos inerentes do tratamento. Manipula-ção semelhante é usada para estudar a expectativa interpessoal. Os ex-perimentos mais informativos são aqueles realizados fora do laborató-rio de psicologia, em situações sociais naturais.

O método experimental fornece a prova mais forte de que crenças falsas ou arbitrárias podem se tornar autorrealizáveis. Na maioria dos processos de interesse dos sociólogos, no entanto, o experimento não é possível. Mesmo que seja viável de alguma forma, pode haver dúvidas sobre sua validade.

Uma alternativa é encontrar um "experimento natural", em que a vida real proporcionou uma situação em que sabemos – em retrospecto – que crenças eram falsas ou meramente arbitrárias.

Um método alternativo é a análise estatística de dados longitudi-nais[18]. Para a expectativa interpessoal, use as expectativas de habilida-

---

[16] *Dicionário de sociologia*, 1997, p. 183.

[17] LEVINE, J. D. et al. Analgesic Responses to Morphine and Placebo in Individuals with Postoperative Pain. *Pain*, 10: 379-89, 1981.

[18] Podemos identificar duas grandes estratégias para coleta de dados. A primeira envolve

de dos professores no momento t1 para explicar o desempenho em t2, controlando o desempenho em t0. Isso foi feito com dados de escolas em Michigan, que incluem muitas variáveis potencialmente confusas. A identificação estatística do efeito causal das crenças dos professores é, portanto, convincente[19-20].

A investigação empírica deve responder a duas perguntas. A primeira é se a profecia autorrealizadora pode ocorrer. Uma resposta afirmativa requer evidência de que uma crença falsa ou arbitrária pode ter um impacto causal no comportamento, de modo a tornar esse comportamento conforme a crença.

Uma coisa é discernir um efeito causal na direção necessária, outra algo para demonstrar que a magnitude do efeito é substancial. Se a profecia autorrealizadora puder ocorrer, segue-se uma questão menos óbvia, mas igualmente importante: se ocorre com frequência – fora do contexto da manipulação experimental – para ser socialmente significativo. Uma resposta afirmativa requer evidência de que crenças falsas ou arbitrárias são predominantes.

Outro passo importante é explicar por que aquele pensamento se forma e por que ele influencia no comportamento das partes, fazendo com que a profecia se realize no mundo dos fatos. Apesar da multiplicidade de hipóteses de ocorrência, Biggs reúne três respostas possíveis para essa explicação[21].

A primeira explicação é que X tem poder sobre Y ou que Y aceita a experiência de X. X, então, tem uma influência considerável na formação de crenças sobre Y, sejam elas justificadas pela evidência ou não. Y, por sua vez, não pode contestar crenças falsas ou arbitrárias devido a esse poder desequilibrado, ou – mas de modo mais grave ainda – Y

---

uma única observação (realizada num instante especificado) da variável resposta para cada elemento (pacientes, por exemplo) de uma amostra de cada população de interesse (de indivíduos normais ou hipertensos, por exemplo). A segunda estratégia envolve duas ou mais observações (realizadas em instantes diferentes) da variável resposta em cada unidade amostral sob investigação. No primeiro caso, dizemos que o estudo tem um planejamento transversal e no segundo, referimo-nos ao planejamento como longitudinal.

[19] JUSSIM, L.; ECCLES, J.; MADON, S. Social Perception, Social Stereotypes, and Teacher Expectations: Accuracy and the Quest for the Powerful Self-fulfilling Prophecy. *Advances in Experimental Social Psychology*, 28: 281-388, 1996.

[20] MADON, S.; JUSSIM, L.; ECCLES, J. Search of the Powerful Self-fulfilling Prophecy. *Journal of Personality and Social Psychology*, 72: 791-809, 1997.

[21] BIGGS, M. Ob. cit.

aceita essas crenças como verdadeiras. Nesse caso, a crença pode ser completamente falsa que permanecerá inquestionável. Portanto, não há motivos para uma mudança de postura e pensamento, de modo que assim continuará, concedendo tempo suficiente para a profecia se cumprir.

A segunda é relativa ao custo de espera por mais evidências para ter mais certeza do fenômeno que está ocorrendo. A corrida dos bancos explana muito bem essa assertiva. No caso de o indivíduo retirar seu dinheiro, o custo de estar errado e o banco estar sadio é muito mais baixo do que esperar pela comprovação de sua saúde financeira, não realizar a retirada e acabar perdendo tudo[22].

A terceira razão está no momento em que a pessoa ganha ao inculcar uma crença falsa ou arbitrária. Um bom exemplo disso é a administração de medicamento homeopático. Aqueles homeopatas que estão mais entusiasmados com a potência de um remédio – incutindo uma crença falsa no paciente e, portanto, induzindo resposta ao placebo – obtêm os melhores resultados. Com o tempo, esses homeopatas prosperarão, enquanto seus colegas mais cautelosos falham. Nesse cenário, o fato de que os homeopatas são recompensados por inculcar falsas crenças, ajudando a explicar por que ocorre uma profecia autorrealizadora específica, mas não há engano consciente por parte dos profissionais[23].

Depois de explicar o motivo pelo qual X se comporta de acordo com seu pensamento arbitrário ou equivocado, é preciso entender por que Y age de modo a concretizar a profecia, sendo ela equivocada, naquele primeiro momento.

A primeira razão se dá por Y aceitar a expectativa de X. Um estudante, aceitando o conceito baixo de seu professor tem de si, pode escolher racionalmente não despender tanto tempo estudando.

Uma explicação mais intrigante é a "expectativa de resposta", originalmente proposta para explicar o efeito do placebo. Acreditando que recebeu morfina surge alívio da dor, mas a pessoa não está ciente da conexão causal.

---

[22] "The same logic applies to reactive conflict, insofar as the cost of mistaken aggression is outweighed by the cost of mistaken passivity. When police are deciding whether to attack an unruly crowd, the cost (to them) of attacking people who would have dispersed peacefully may be far lower than the cost of allowing a violent mob to get out of control." Ibidem.

[23] Ibidem.

Pesquisadores sobre dor realmente descobriram uma substância química que melhora a resposta ao placebo, interagindo com o sistema opioide endógeno do cérebro[24]. Essa substância não possui poderes físicos inerentes para aliviar a dor – demonstrada pelo fato de não ter efeito quando administrado secretamente, o que simplesmente amplifica o efeito de acreditar. Embora os mecanismos precisos possam ser deixados para os biólogos, a expectativa de resposta pode ter um significado não apreciado para a sociologia.

A ansiedade e a depressão são sujeitos à resposta do placebo, e eles têm efeitos socialmente importantes. Um estudante que aceita as baixas expectativas do professor pode sofrer de ansiedade ao fazer uma prova e a ansiedade necessariamente diminui o desempenho.

No outro extremo, há a possibilidade de Y não aceitar o pensamento de X, ou mesmo não saber que ele existe. Em vez disso, o comportamento de X faz mudar completamente a estrutura de ganho de Y. Um exemplo disso é o da tortura, onde uma pessoa inocente, inevitavelmente, admitirá a culpa para poder cessar a ação contra si. Outra hipótese em que isso ocorre é nas manifestações pacíficas, que acabam em tumulto após a intervenção violenta da polícia para dispersar a multidão. Mesmo não se enxergando como violentas, muitas pessoas componentes daquele grupo responderão violentamente também, reforçando, dessa forma, a crença anterior da polícia.

Existe, ainda, uma terceira via, na qual há uma diferença entre a autoimagem de Y e o que ele pensa que é a imagem que X tem dele. Nesse caso, Y intencionalmente pode subir ou descer o grau de sua autoestima até a crença de X, dependendo da situação. Quando X tem boas expectativas sobre Y, ele irá se esforçar para não desapontar X. Por outro lado, se X tem um pensamento negativo a respeito de Y, é muito difícil que ele consiga transformar isso em combustível para modificar a situação e não deixar a profecia se realizar. Isso porque a autoconfiança diminui tanto quanto as expectativas estão baixas. Aqueles que se sentem desacreditados são os menos propensos a se comportar de modo confiante[25].

---

[24] COLLOCA, L.; BENEDETTI, F. Placebos and Painkillers: Is Mind as Real as Matter? *Nature Reviews:* Neuroscience, 6: 545-52, 2005.

[25] BACHARACH, M.; Guerra, G.; ZIZZO, D. J. The Self-fulfilling Property of Trust: An Experimental Study. *Theory and Decision*, 63: 349-88, 2007.

O estudo dessa vertente da psicologia é interessante para o nosso trabalho, na medida em que podemos aplicá-lo à pesquisa empírica exposta neste capítulo, já que podemos analisar a relação sociedade-instituição.

4.6 A PROFECIA E O JUDICIÁRIO

Uma questão que restou marcada em nosso questionário foi a falta de confiança da população brasileira no Poder Judiciário. A nota de 4,36 evidencia que o brasileiro médio tem um grau de reprovabilidade elevado na forma como a tutela jurisdicional vem sendo prestada.

Além disso, há o sentimento de que não está protegido e tampouco seu direito é resguardado por quem deveria. Isso é um fato posto. A questão principal é que seus efeitos podem ser visualizados também na pesquisa, desde a primeira pergunta, sobre quanto de prejuízo é possível suportar antes de procurar ajuizar uma ação na justiça.

Restou comprovada a grande resistência de o indivíduo procurar um magistrado para resolver seus conflitos. E a razão está descrita em um número: 4,36. Por ser um serviço mal avaliado, o Judiciário acaba afastando as pessoas de si, funcionando como um verdadeiro filtro, servindo, de fato, como a última saída para aquele que não tem mais como resolver seus problemas por outro meio, restringindo, dessa forma, o acesso à justiça.

E a questão fica ainda mais clara quando lembramos na parte introdutória deste livro que os grandes litigantes do país não são as pessoas físicas, mas sim o próprio Estado, que, por sua vez, também não presta os demais serviços públicos a contento.

Assim, o brasileiro médio tenta evitar ao máximo litigar em juízo, por entender que não vale a pena, diante do serviço prestado. Daí por que, uma vez dentro de um processo, é mais vantajoso para ele a realização de um acordo. Afinal, nesse momento a autonomia da vontade é ainda muito incidente na audiência de conciliação/mediação e ainda há a possibilidade de encerrar o mais cedo possível o conflito judicial.

Outro fator que deve ser considerado é que a pessoa quer apenas resolver um problema o quanto antes a fim de que possa lidar com as questões normais do dia a dia, que já tomam muito de sua energia. Ter que, ainda por cima, lidar com um processo que pode demorar e não resolver satisfatoriamente o caso é um esforço hercúleo ao qual, podendo evitar, o cidadão irá fazê-lo.

Mais adiante podemos confirmar o ora defendido quando observamos que os entrevistados não recorreriam de uma decisão que seja justa e que tenha convencido de que o trabalho judicante fora executado de modo correto.

O que nos chamou a atenção foi o fato de o comportamento do litigante mudar quando defrontado com uma incerteza acerca de quem tem razão nos tribunais superiores. Quando determinada hipótese não está devidamente assentada na jurisprudência dos tribunais ou quando há órgãos jurisdicionais que não seguem o que já foi decidido, o indivíduo tende a mudar de entendimento também, vislumbrando a chance de ganhar, tendo em vista que a noção de justiça foi desgastada no caso concreto pela própria instituição.

Estamos diante de um caso típico de profecia autorrealizadora, porquanto a falta de confiança no Poder Judiciário gera o aumento da interposição de recursos, o que eleva a probabilidade de se proferir decisões conflitantes, ocasionando, à vista disso, a confirmação de que a prestação da tutela jurisdicional não está em níveis satisfatórios.

Essa é uma tese que precisa ser considerada à luz dos procedimentos trazidos no item anterior. Temos uma sociedade (X) que entende ser a prestação da tutela jurisdicional ineficiente, uma vez que o Judiciário trabalha pouco e mal. Dessa forma, há uma baixa avaliação do desempenho relativamente ao Poder Judiciário (Y).

A baixa expectativa por parte do brasileiro gera alguns efeitos no seu comportamento, tais como, interpor mais recursos. O jurisdicionado não pode aguardar haver uma sedimentação da jurisprudência, sob pena de perder o prazo de recorrer.

O Judiciário, por sua vez, tendo seu trabalho aumentado em 62,88%, não pode se dedicar como deve a todas as demandas e acaba por cometer equívocos sob a perspectiva da segurança jurídica, proferindo decisões conflitantes, inobservando os precedentes adequados, o que faz reforçar o preconceito anterior da população.

Assim, o método está completamente dentro dos parâmetros desenhados pelos psicólogos e sociólogos já citados nesta pesquisa, confirmando, pois, a incidência da profecia autorrealizadora da sociedade brasileira sobre o Poder Judiciário.

Diante do exposto, observamos que há dois momentos principais dos incentivos sistêmicos sociais, no concernente ao comportamento endoprocessual, quais sejam, (i) o do ingresso da ação e (ii) o da interposição de recursos.

No primeiro momento, evidencia-se o movimento de se evitar a propositura de ação perante o Judiciário, o que gera um estímulo à desaceleração do que a doutrina tradicional chama de superlitigância. Ainda que a porta de entrada esteja com um fluxo intenso, a resistência inicial relevante do ponto de vista econômico e moral demonstra que o quadro era para ser ainda mais caótico.

Nessa perspectiva, o comportamento social de evitar acionar a Justiça é um incentivo sistêmico social positivo para que o próprio Judiciário possa perseguir o objetivo de prestar um bom serviço.

Na outra ponta do caminho, todavia, há um incentivo extremamente nocivo ao acesso à justiça, que é esse da intensa recorribilidade das partes, que não confiam na instituição estatal. Com isso, é preciso investir em campanhas de conscientização popular, bem como no aprimoramento do tratamento dos processos de natureza metaindividuais presentes, principalmente, nos Tribunais Superiores.

Seguindo esse raciocínio, uma boa saída para a questão de modo a encerrar esse ciclo vicioso seria a mudança de comportamento da jurisprudência nas causas repetitivas e de repercussão geral, passando a observar e manter sempre o que fora decidido, sem que os órgãos fracionários possam responder de modo diverso ao que o plenário do STF ou as seções do STJ se posicionaram.

Infelizmente, a jurisprudência não tem respeitado as balizas impostas por ela mesma, o que gera a maior desconfiança do jurisdicionado e alimenta toda essa corrente exposta acima, ao contrário do que deveria ocorrer[26].

Tornar uniforme e racional a jurisprudência é uma tarefa extremamente necessária e urgente a fim de se quebrar esse ciclo vicioso. É preciso ingressar no Judiciário confiando em sua fiel execução de serviço, sem temer surpresas.

---

[26] "Afinal, o cidadão, que deveria acreditar no Judiciário e considerá-lo como a última esperança para a realização da 'justiça' – proteção daquele que efetivamente seja o titular do direito violado ou ameaçado – deixa de reconhecer, nesse Poder tão importante, a seriedade, a imparcialidade e a segurança que dele esperavam." REDONDO, Bruno Garcia. Precedente judicial no direito processual civil brasileiro. In: MENDES, Aluísio Gonçalves de Castro; MARINONI, Luiz Guilherme; WAMBIER, Teresa Arruda Alvim (Coords.). Direito jurisprudencial. São Paulo: Revista dos Tribunais, 2014. v. 2, p. 167-188.

Afinal, um Estado Democrático de Direito precisa conceder um sistema coerente de justiça, garantindo o pleno acesso à jurisdição, entregando isonomia, segurança jurídica e eficiência. O art. 926 do atual CPC determina expressamente que os tribunais mantenham a jurisprudência íntegra e uníssona. No dispositivo subsequente, estabelece que os juízes e tribunais devem observar a jurisprudência pátria, com teses vinculantes, antes de julgar o caso concreto, a fim de que não haja decisões conflitantes[27].

Dessa forma, no capítulo seguinte iremos entender como os Tribunais Superiores têm se comportado, a fim de que possamos nos posicionar sobre os incentivos concedidos ao sistema e ao jurisdicionado, no quesito de segurança jurídica, acesso à justiça e eficiência.

---

[27] Art. 926. Os tribunais devem uniformizar sua jurisprudência e mantê-la estável, íntegra e coerente.

Art. 927. Os juízes e os tribunais observarão: I – as decisões do Supremo Tribunal Federal em controle concentrado de constitucionalidade; II – os enunciados de súmula vinculante; III – os acórdãos em incidente de assunção de competência ou de resolução de demandas repetitivas e em julgamento de recursos extraordinário e especial repetitivos; IV – os enunciados das súmulas do Supremo Tribunal Federal em matéria constitucional e do Superior Tribunal de Justiça em matéria infraconstitucional; V – a orientação do plenário ou do órgão especial aos quais estiverem vinculados.

Capítulo 5
A FUNÇÃO UNIFORMIZADORA DO STF E DO STJ

Entender a mensagem passada pelos Tribunais Superiores é de suma importância para o deslinde deste trabalho.

Após analisarmos os aspectos legais e sociais que influenciam nas questões judiciais, é chegado o momento de examinar como tem sido prestada a tutela jurisdicional, no sentido de verificar como ela age e reage a esses incentivos e campos de atuação (legislativo e social) a fim de desnudar sua influência no princípio do acesso à justiça.

Para tanto, devemos dar alguns passos atrás para verificar que a Constituição Brasileira de 1824[1] inseriu no ordenamento jurídico do Brasil recém-independente a instituição do Superior Tribunal de Justiça, órgão ao qual incumbia, primordialmente, a uniformização jurisprudencial. Tal órgão pode ser considerado o embrião do Supremo Tribunal Federal, assim designado pela Constituição de 1891[2], que, ao instituir o

---

[1] Constituição de 25 de marco de 1824. Art. 163: Na Capital do Império, além da Relação, que deve existir, assim como nas demais Províncias, haverá também um Tribunal com a denominação de – Supremo Tribunal de Justiça – composto de Juízes Letrados, tirados das Relações por suas antiguidades; e serao condecorados com o Título do Conselho. Na primeira organização poderão ser empregados neste Tribunal os Ministros daquelles, que se houverem de abolir. Art. 164: A este Tribunal compete: I. Conceder, ou denegar Revistas nas Causas, e pela maneira, que a Lei determiner. II. Conhecer dos delictos, e erros de Officio, que commetterem os seus Ministros, os das Relações, os Empregados no Corpo Diplomatico, e os Presidentes das Provincias. III. Conhecer, e decidir sobre os conflictos de Jurisdicção, e competencia das Relações Provinciaes.

[2] Constituição de 24 de fevereiro de 1891, art. 55: O Poder Judiciário da União terá por órgãos um Supremo Tribunal Federal, com séde na Capital da República, e tantos juízes e tribunaes federaes, distribuidos pelo paiz, quantos o Congresso crear. Art. 59. Ao Supremo Tribunal Federal compete: I – Processar e julgar originaria e privativamente: (...) c) as causas e conflictos entre a União e os Estados, ou entre estes uns com os outros; d) os litígios e as reclamações entre nações estrangeiras e a União ou os Estados; e) os conflictos das juizes ou Tribunaes Federaes entre si, ou entre estes e os dos Estados, assim como os dos juizes e tribunaes de um Estado com os juizes e tribunaes de outro Estado. II – Julgar, em gráo de recurso, as questões resolvidas pelos juizes o Tribunaes Federaes, assim como as de que tratam o presen-

controle de constitucionalidade das leis em seu art. 59, pavimentou, assim, a trajetória dos Tribunais Constitucionais brasileiros.

Enquanto o Supremo Tribunal Federal manteve-se como Corte Constitucional desde sua instalação, ainda que tenha passado por alterações em relação à quantidade de Ministros e uma breve mudança de nome no interregno das Constituições de 1934 e 1937, o Superior Tribunal de Justiça, da forma como consentido hoje, é uma instituição recente, instituído a partir da Carta Magna de 1988, com a função primordial de uniformização da jurisprudência nacional, padronizando a interpretação da legislação infraconstitucional federal, ressalvadas as matérias de competências especializadas (Eleitoral, Trabalhista, Militar).

O fenômeno relativamente recente da judicialização da sociedade brasileira gerou uma sobrecarga aos Tribunais Superiores (STF e STJ), inviabilizando, muitas vezes, a concretização da duração razoável do processo prevista no art. 5º, LXXVIII, da Constituição Federal[3].

Para tentar resolver a problemática e melhorar a eficiência dos Tribunais, o legislador brasileiro e os órgãos do Poder Judiciário, por meio de inovações processuais e planejamento interno, criam mecanismos para garantir um processamento mais eficaz dos recursos, garantindo a todos a recorribilidade, sem que se perca a essência da competência primeira dos tribunais: a análise em abstrato de teses que garantam a unidade do ordenamento jurídico, reiterando assim seu caráter contramajoritário.

Porém, na prática, é preciso questionar se tais filtros cumprem a função de garantir aos Tribunais Superiores que se debrucem sobre te-

---

te artigo, § 1º, e o art. 60. III – Rever os processos findos, nos termos do art. 81. § 1º Das sentenças das justiças dos Estados em ultima instancia haverá recurso para o Supremo Tribunal Federal: *a)* quando se questionar sobre a validade ou applicação de tratados e leis federaes, e a decisão do tribunal do Estado for contra ella; *b)* quando se contestar a validade de leis ou de actos dos governos dos Estados em face da Constituição, ou das leis federaes, e a decisão do Tribunal do Estado considerar validos esses actos, ou essas leis impugnadas.

[3]   Art. 5º Todos são iguais perante a lei, sem distinção de qualquer natureza, garantindo-se aos brasileiros e aos estrangeiros residentes no País a inviolabilidade do direito à vida, à liberdade, à igualdade, à segurança e à propriedade, nos termos seguintes: (...) LXXVIII – a todos, no âmbito judicial e administrativo, são assegurados a razoável duração do processo e os meios que garantam a celeridade de sua tramitação (incluído pela Emenda Constitucional n. 45/2004).

ses para dar coesão ao ordenamento jurídico ou se servem como óbice ao acesso pleno à Justiça.

5.1 COMPETÊNCIAS CONSTITUCIONAIS DO STF E STJ

A função primeira do STF, como tribunal constitucional por excelência, é a guarda da Constituição, conforme disposto no art. 102, *caput*, da Constituição Federal. Para tanto, a Carta Magna reservou ao STF competências que garantem o exercício do controle de constitucionalidade pela via concentrada (ações de controle de constitucionalidade abstrato) ou difusa (por via de Recurso Extraordinário).

Porém, o STF ainda guarda resquícios da função padronizadora de jurisprudência e interpretação legal, ainda que dentro do contexto de interpretação conforme à Constituição, especialmente nos casos de Recurso Extraordinário, atuando, assim, em casos concretos, ainda que devido ao filtro da Repercussão Geral, criado pela Lei n. 11.418/2006[4], os critérios para conhecimento do Recurso Extraordinário tenham sido ampliados, impedindo que o STF se debruçasse demasiadamente em revisar casos concretos.

Apesar de, nominalmente, tratar-se de inovação da Carta de 1988, o Superior Tribunal de Justiça tem como seu embrião o Tribunal Federal de Recursos, criado pela Constituição de 1946[5], com o claro intuito

---

[4] Para fins de repercussão geral, a matéria discutida nos autos deve conter questões que ultrapassem os interesses subjetivos da causa, de modo a conter relevância nacional em termos políticos, social, econômico ou jurídico, nos termos do art. 2^a da Lei n. 11.4118/2006, que alterou o Código de Processo Civil de 1973: Art. 2^a A Lei n. 5.869, de 11 de janeiro de 1973 – Código de Processo Civil, passa a vigorar acrescida dos seguintes arts. 543-A e 543-B: "Art. 543-A. O Supremo Tribunal Federal, em decisão irrecorrível, não conhecerá do recurso extraordinário, quando a questão constitucional nele versada não oferecer repercussão geral, nos termos deste artigo. § 1ª Para efeito da repercussão geral, será considerada a existência, ou não, de questões relevantes do ponto de vista econômico, político, social ou jurídico, que ultrapassem os interesses subjetivos da causa".

[5] Constituição de 18 de setembro de 1946. Art. 103. O Tribunal Federal de Recursos, com sede na Capital Federal, compor-se-á de treze juízes, nomeados pelo Presidente da República, depois de aprovada a escolha pelo Senado Federal, sendo oito entre magistrados e cinco entre advogados e membros do Ministério Público, todos com os requisitos do art. 99. Art. 104. Compete ao Tribunal Federal de Recursos: (...) II – julgar, em grau de recurso, as causas decididas pelos juízes federais em matéria civil ou criminal, ressalvada a hipótese do art. 101, II, *c*; a) as causas decididas em primeira instância, quando a União for interessada como autora, ré, assistente ou opoente, exceto as de falência; ou quando se tratar de crimes

de reduzir a competência do Supremo Tribunal Federal, que já à época apresentava elevado volume de processos pendentes de julgamento, conforme pontuado, inclusive, pelo Presidente da República daquela época, Eurico Gaspar Dutra[6].

Desde a criação do TFR, houve progressivas transferências de competência do STF para o então tribunal, até resultar no formato que foi inserido pela Constituição Federal de 1988, em seu art. 105[7], cuja redação deixa evidente que sua função precípua é a uniformização da jurisprudência em relação à legislação infraconstitucional, atuando primordialmente como esfera recursal última, ainda que, frise-se, não atue revisando casos concretos ou atuando como garantia do duplo grau de jurisdição, mas sim, avaliando as teses jurídicas de interpretação normativa, padronizar as mais adequadas à unidade do ordenamento jurídico, em conformidade com a Constituição.

Não obstante ambos os Tribunais exercerem função de uniformização do ordenamento jurídico brasileiro por meio de seus julgados, é importante frisar que se diferencia primordialmente o STF do STJ por

---

praticados em detrimento de bens, serviços ou interesses da União, ressalvada a competência da Justiça Eleitoral e a da Justiça Militar; b) as decisões de Juízes locais, denegatórias de *habeas corpus*, e as proferidas em mandados de segurança, se federal a autoridade apontada como coatora.

[6]   "Está o Tribunal Federal de Recursos habilitado a desempenhar o relevante papel que lhe incumbe em nossa vida político-judiciária, abrangendo uma vasta área de competência, notadamente no que concerne ao julgamento, em segunda instância, das causas de interesse da União, quer no cível, quer no crime. As primeiras, julgava-as, anteriormente, o Supremo Tribunal Federal, que, sobrecarregado como outras atribuições da mais alta magnitude, precisava ter reduzida a imensa tarefa que a nação confiara à sabedoria dos seus juízes. As segundas, vinham sendo decididas pelos tribunais dos estados, com quebra do princípio cardial do regime que exige sejam apreciados e decididos por tribunais federais os interesses vinculados a bens e serviços da administração federal." Disponível em: http://www.stj.jus.br/sites/STJ/Print/pt_BR/Institucional/Hist%C3%B3ria/Antecedentes/Antecedentes. Acesso em: 22-8-2016.

[7]   Art. 105. Compete ao Superior Tribunal de Justiça: I – processar e julgar, originariamente: (...) III – julgar, em recurso especial, as causas decididas, em única ou última instância, pelos Tribunais Regionais Federais ou pelos tribunais dos Estados, do Distrito Federal e Territórios, quando a decisão recorrida: a) contrariar tratado ou lei federal, ou negar-lhes vigência; b) julgar válido ato de governo local contestado em face de lei federal (redação dada pela Emenda Constitucional n. 45, de 2004); c) der a lei federal interpretação divergente da que lhe haja atribuído outro tribunal.

incumbir a este a resolução de casos que envolvam controvérsia de matéria não constitucional. Ou seja, além das demais especificidades próprias de cada Tribunal (em relação à competência subjetiva, por exemplo), o STJ, em tese, debruçar-se-ia em questões de resolução de anomias sistêmicas do ordenamento brasileiro, enquanto ao STF restariam discussões de índole eminentemente constitucionais.

Especificamente em termos de recursos (Especial no STJ ou Extraordinário no STF), é importante relembrar que, apesar de julgar casos concretos, os Tribunais Superiores não fazem uma reavaliação dos elementos fático-probatórios contidos nos autos, mas das teses jurídicas envolvidas no processo, em relação à legislação federal e constitucional, respectivamente, para garantir a unidade do ordenamento jurídico e sua harmonia em relação aos preceitos constitucionais.

5.2 INFLUÊNCIAS DO ATUAL CPC NOS TRIBUNAIS SUPERIORES[8]

"No Brasil, até o passado é incerto." Essa frase atribuída ao ex-ministro da Fazenda Pedro Malan aplica-se bem à insegurança jurídica do país atualmente. O ambiente econômico, institucional e social está cada vez mais corroído pelas incertezas que rondam a aplicação de leis e normas, deixando em dúvida o entendimento não só do futuro, mas do presente e até mesmo do passado.

---

[8] "O Código de Processo Civil de 1973 vinha sendo objeto de uma série de alterações pontuais que conferiam maior eficácia à jurisprudência consolidada nos tribunais. Nessa linha, a Lei n. 9.756/1998 permitiu que o relator inadmitisse, monocraticamente, recursos em confronto com súmulas ou com a jurisprudência consolidada nos tribunais superiores, ou que desse provimento aos apelos compatíveis com tais precedentes; e estabeleceu a desnecessidade de submissão da arguição incidental de inconstitucionalidade de uma norma ao plenário dos tribunais, quando já houvesse pronunciamento da Corte Constitucional ou do próprio tribunal a seu respeito. A Lei n. 10.352/2001 dispensou o duplo grau obrigatório de jurisdição em decisões contra a Fazenda Pública que estivessem em consonância com jurisprudência do plenário do STF ou com súmula deste ou do tribunal superior competente. A Lei n. 11.232/2005 criou os embargos desconstitutivos da coisa julgada incompatível com a Constituição à luz da jurisprudência do STF. Em 2006, editou-se a Lei n. 11.418, que regulamentou a exigência, estabelecida pela EC 45/2004, de 'repercussão geral' como requisito necessário ao conhecimento do recurso extraordinário; e determinou-se que tal requisito estaria presente quando o acórdão contrariasse preceitos sumulados ou entendimentos consolidados na Corte Constitucional. A mesma Lei n. 11.418/2006 criou um procedimento especial para o julgamento de recursos extraordinários repetitivos, que previa que a orientação firmada pela Corte Constitu-

A falta de nitidez em relação a direitos e deveres, além das constantes alterações em leis e marcos regulatórios, mina a competitividade da economia, o que causa prejuízos às empresas, aos trabalhadores e à nação como um todo. Em um panorama de incerteza quanto à estabilidade dos negócios e à validade de contratos, investimentos são cancelados, projetos, engavetados, vagas de trabalho deixam de ser criadas e a retomada do desenvolvimento econômico e social é adiada.

Há uma produção exagerada de leis, códigos, medidas provisórias, regulamentos, decretos e outras regras que se amontoam diante dos cidadãos. Em levantamento realizado pelo Instituto Brasileiro de Planejamento e Tributação (IBPT) revela que a quantidade de normas edi-

---

cional sobre o mérito da questão, em um caso paradigma, abriria para o tribunal de origem a possibilidade de declarar prejudicados apelos idênticos nele sobrestados ou de se retratar de suas decisões anteriores, objeto de outros recursos extraordinários que ali se encontrassem, sob pena de, não o fazendo, tê-las liminarmente cassadas ou reformadas no STF. Posteriormente, o procedimento especial para julgamento de recursos repetitivos foi replicado para recursos especiais apreciados pelo Superior Tribunal de Justiça e para recursos de revista julgados no Tribunal Superior do Trabalho, por meio da Lei n. 11.672/2008 e da Lei n. 13.015/2014, respectivamente. A lógica do procedimento para julgamento de recursos repetitivos estava justamente em produzir um sistema pelo qual os precedentes firmados pelos tribunais superiores fossem replicados pelas demais instâncias judiciais. Entretanto, na prática, tais precedentes nem sempre foram voluntariamente observados pelos juízos inferiores. E os tribunais superiores entenderam que seu descumprimento não poderia ser corrigido por meio de reclamação, diferentemente do que ocorria nos casos de violação a súmulas vinculantes ou a julgados oriundos do controle concentrado, em que a reclamação era cabível por disposição constitucional expressa. Nesse ponto, a inexistência de uma medida que permitisse cassar, de forma rápida, o entendimento divergente das decisões das cortes superiores proferidas em recursos repetitivos comprometeu, em parte, a efetividade do procedimento especial para julgamento destes recursos, comprovando a importância da reclamação para criar uma cultura de respeito aos precedentes. A correção da decisão divergente por meio do sistema recursal tradicional encontrava as dificuldades já conhecidas: morosidade, em virtude do grande volume de recursos pendentes nos tribunais e da necessidade de passar pelas demais instâncias para acessar o STF; e incerteza, tendo em vista os muitos filtros defensivos utilizados pelas cortes para reduzir seu volume de recursos e a necessidade de julgarem um quantitativo muito alto de casos, comprometendo-se a qualidade da tutela jurisdicional que prestavam. Todos os aludidos avanços, em sede infraconstitucional, indicavam uma persistente inclinação a atribuir às decisões judiciais efeitos para além do caso específico, bem como uma tendência a conferir efeitos expansivos também aos precedentes oriundos do controle difuso da constitucionalidade." MELLO, Patrícia Perrone Campos; BARROSO, Luís Roberto. Trabalhando com uma nova lógica: a ascensão dos precedentes no direito brasileiro. Disponível em: https://www.conjur.com.br/dl/artigo-trabalhando-logicaascensao.pdf.

tadas no Brasil aumentou de 3,3 milhões em 2003 para 5,7 milhões em 2017 – um acréscimo de 73%.

Considerado o principal guardião da estabilidade da legislação, promotor da pacificação social e garantidor da ordem, o Poder Judiciário tem se tornado um fator de insegurança jurídica, ao questionar leis aprovadas pelo Congresso Nacional.

A existência de julgamentos diferentes em casos similares, interpretações erradas, mudanças bruscas de entendimento, morosidade e o excesso de processos pioram o quadro.

De forma geral, a insegurança jurídica eleva os custos das empresas e as obriga a reservar recursos para cobrir prejuízos causados por incertezas. Assim, viabilizar um ambiente de negócios estável e baseado na confiança mútua entre os agentes que nele atuam é fundamental para estimular empreendedores e atrair investimentos.

Segundo o Movimento Brasil Competitivo, seis pontos correspondem a 80% dos fatores que incidem nesse caso no país: financiamento de negócio, emprego de capital humano, infraestrutura disponível, ambiente jurídico regulatório, integração de cadeias produtivas globais e honrar tributos.

Tais entraves, entre outros, geram o chamado Custo Brasil, um indicador que reúne todos esses obstáculos que atrapalham a economia brasileira. Portanto, quanto maior o índice, mais difícil, custoso e ineficiente é produzir ou desempenhar alguma atividade econômica.

Conforme o último estudo do Movimento, o prejuízo gerado no ano passado foi de R$ 1,7 trilhão, suportado pelas empresas, dos quais 210 bilhões de reais são referentes tão somente à insegurança jurídica, que se deve à falta de regras claras de jogo, seja pela regulamentação ineficiente, seja pela ausência de unificação da jurisprudência.

Também, segundo estimativa de 2018 do pesquisador Armando Castelar, professor da FGV, a insegurança jurídica reduz o crescimento anual potencial do Brasil entre 0,2% e 0,5%[9].

---

[9]   CONFEDERAÇÃO NACIONAL DA INDÚSTRIA – CNI. Segurança jurídica: o caminho para um bom ambiente de negócios, 2022. Disponível em: https://www.portaldaindustria.com.br/industria-de-a-z/seguranca-juridica/. Acesso em: 25-6-2024.

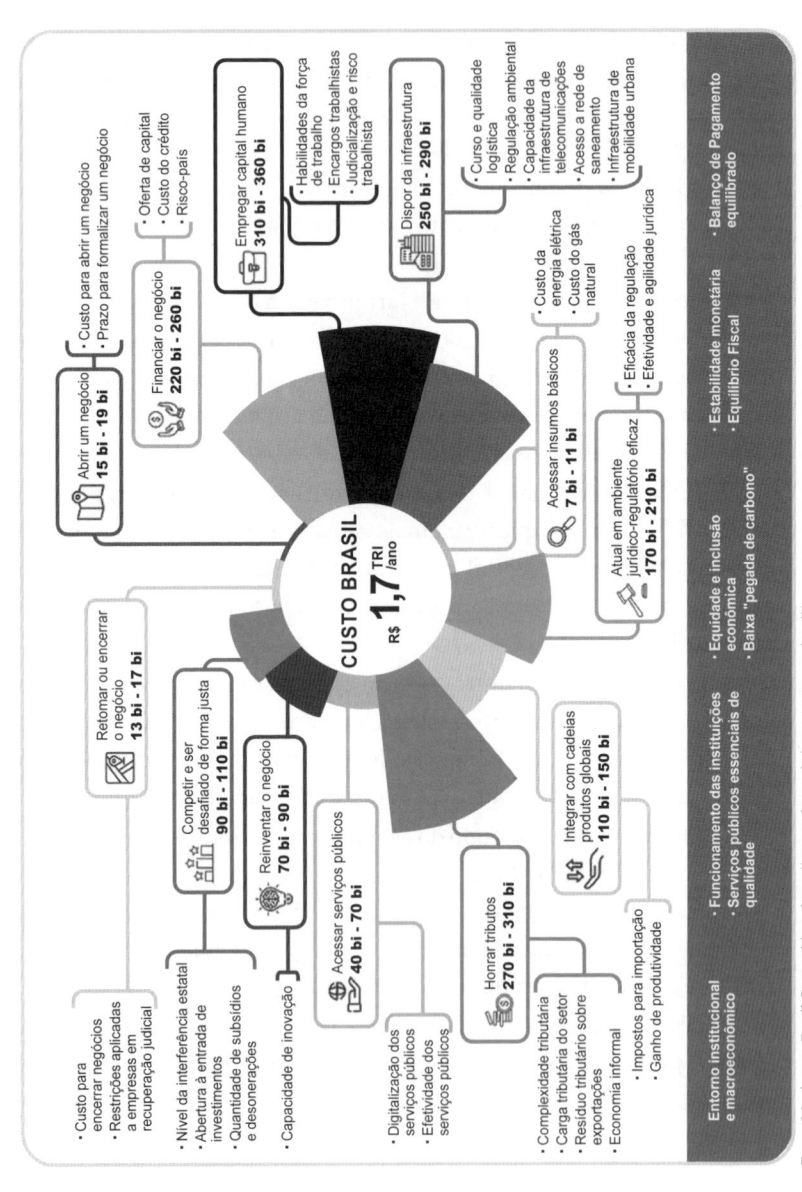

Fonte: Movimento Brasil Competitivo – https://www.mbc.org.br/programa-custo-brasil/

O Brasil encontra-se na última posição, de um total de 18 países, no subfator Segurança Jurídica, Burocracia e Relações de Trabalho, segundo o relatório Competitividade Brasil 2017-2018: comparação com países selecionados.

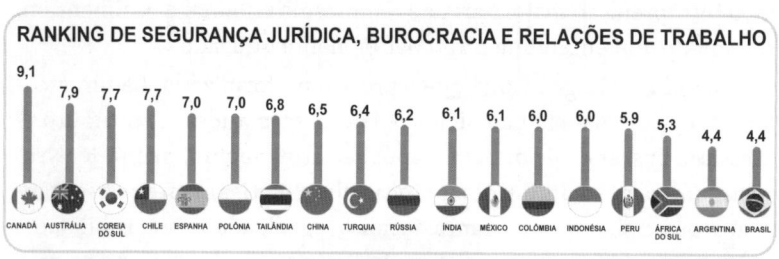

Fonte: CNI (2018b).

Outro interessante indicativo é o Fator 7 (Justiça Civil) Índice de Estado de Direito do WJP, que mede se as pessoas comuns podem resolver as suas queixas de forma pacífica e eficaz por meio do sistema de justiça civil. Assim, verifica se os sistemas de justiça civil são, bem como livres de discriminação, corrupção e influência indevida por parte de funcionários públicos. Ele examina se os processos judiciais são conduzidos sem atrasos injustificados e se as decisões são executadas de forma eficaz. Também mede a acessibilidade, imparcialidade e eficácia dos mecanismos alternativos de resolução de litígios.

Nesse aspecto, o Brasil está em 84º em um ranking de 142 países no mundo e em 18º, dos 32 países das Américas[10].

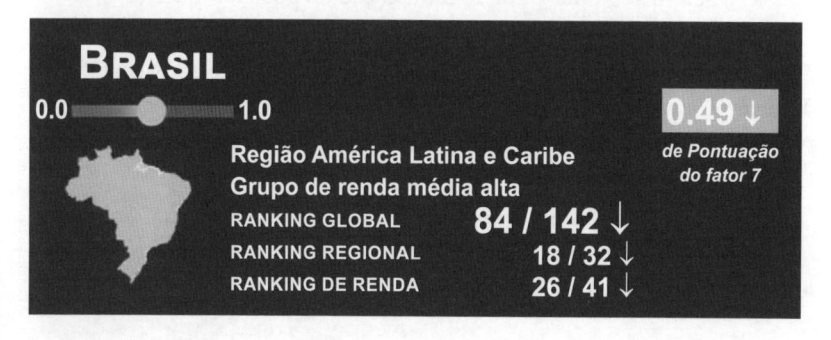

---

[10] Disponível em: https://worldjusticeproject.org/rule-of-law-index/factors/2023/Civil%20 Justice. Acesso em: 25-6-2024.

É nesse quadro que se destaca o art. 926 do atual CPC que estabelece: "os tribunais devem uniformizar sua jurisprudência e mantê-la estável, íntegra e coerente".

Como se sabe, jurisprudência é o conjunto de decisões que refletem a interpretação majoritária de um mesmo tribunal e sedimentam, desse modo, um entendimento repetidamente utilizado.

Quando o código afirma que é preciso uniformizá-la, há um reconhecimento de que ela não se encontra da forma ideal e, portanto, é necessário buscar esse objetivo e, após seu atingimento, mantê-lo. Nesse sentido, torná-la uniforme significa aplicar efetivamente a observância aos princípios da segurança jurídica, igualdade e previsibilidade, tendo em vista que é importante o Judiciário não ser comparado com uma loteria.

No passo seguinte, há o dever de manutenção desse estado, atentando-se para a estabilidade, integridade e coerência.

Por estabilidade, entende-se como a impossibilidade de modificação de uma interpretação legal sem que haja uma razão extremamente forte a respeito. Assim, a modificação da composição do tribunal não teria o condão de realizar essa alteração, por exemplo. É imperioso haver uma ressignificação da sociedade em geral sobre aquele determinado tema, como o exemplo da hipótese da possibilidade de se realizar união estável entre casais homoafetivos.

É por esse motivo que o § 4º do art. 927 estabelece uma série de balizas a serem seguidas para a modificação do posicionamento[11].

A esfera da integridade se afigura pela natureza da jurisdição, que é una e indivisível e, como tal, precisa se apresentar dessa forma. Se o Judiciário é um só, não faz sentido um órgão jurisdicional se posicionar por um entendimento e outro órgão adotar um posicionamento diametralmente oposto.

É nessa mesma linha que surge a questão da coerência. Sabendo que tudo faz parte do mesmo organismo, é recomendável haver uma lógica entre os sistemas, sendo certa sua intercomunicação.

---

[11] § 4º A modificação de enunciado de súmula, de jurisprudência pacificada ou de tese adotada em julgamento de casos repetitivos observará a necessidade de fundamentação adequada e específica, considerando os princípios da segurança jurídica, da proteção da confiança e da isonomia.

Para isso ser possível, é necessário o (re)nascimento do sistema de precedentes. Em síntese, podemos definir o precedente como uma decisão judicial que, tomada à luz de um determinado caso concreto, servindo de diretriz para julgamentos posteriores[12].

Portanto, em sentido lato, o precedente é uma decisão judicial que foi tomada em um processo antecedente, sendo que, aquilo que expressa em termos de decisão, vincula casos análogos julgados posteriormente[13].

Para entender melhor o precedente não podemos desconsiderar o conteúdo normativo das decisões judiciais, tanto que, em nosso sistema jurídico, a sentença é vista como uma norma jurídica individualizada construída pelo magistrado a partir da aplicação da lei em casos concretos[14]. Em outras palavras, uma decisão judicial se transforma em precedente porque produz uma norma jurídica individualizada passível de aplicação para casos análogos que serão levados ao judiciário posteriormente.

Há que se atentar para o fato de que o precedente instituído pelo atual CPC se diferencia do precedente existente na *common law*, porque no direito brasileiro somente as decisões estabelecidas em lei podem ser consideradas como precedentes.

E é nesse ambiente que se pode interpretar da melhor maneira possível o art. 927, em que impõe a todos os órgãos jurisdicionais a aplicação e o respeito (i) às decisões do Supremo Tribunal Federal em controle concentrado de constitucionalidade; (ii) aos enunciados de súmula vinculante; (iii) aos acórdãos em incidente de assunção de competência ou de resolução de demandas repetitivas e em julgamento de recursos extraordinário e especial repetitivos; (iv) aos enunciados das súmulas do Supremo Tribunal Federal em matéria constitucional e do Superior Tribunal de Justiça em matéria infraconstitucional; e (v) à orientação do plenário ou do órgão especial aos quais estiverem vinculados.

---

[12] Atual CPC. Art. 926. § 2º Ao editar enunciados de súmula, os tribunais devem ater-se às **circunstâncias fáticas dos precedentes que motivaram sua criação** (grifos nossos).

[13] BUENO, Cassio Scarpinella. *Manual de direito processual civil*. 3. ed. São Paulo: Saraiva, 2017, p. 633.

[14] DIDIER JR. Fredie; BRAGA, Paula Sarno; OLIVEIRA, Rafael Alexandria. *Curso de direito processual civil*: teoria da prova. Direito probatório, ações probatórias, decisão, precedente, coisa julgada e antecipação dos efeitos da tutela. 11. ed. Salvador: JusPodivm, 2016, p. 316-317.

Na realidade, o que se pretende é aperfeiçoar e efetivar os precedentes vinculantes, na intenção de prestigiar e preservar a justa expectativa das pessoas em relação ao julgamento de casos análogos, tornando o processo mais seguro e célere. Em suma, o objetivo final é melhorar o funcionamento do Judiciário, tornando a prestação da tutela jurisdicional mais previsível, isonômica, rápida e eficaz.

O respeito aos precedentes possibilita, dessa forma, que os recursos de que dispõe o Judiciário sejam otimizados e utilizados de forma racional. Se os juízes estão obrigados a observar os entendimentos já proferidos pelos tribunais, eles não consumirão seu tempo ou os recursos materiais de que dispõem para decidir questões já apreciadas.

Em um efeito cascata, a observância dos precedentes vinculantes pelos juízes, mesmo que não concordem com eles, reduz, ainda, o trabalho dos tribunais, que não precisam reexaminar e reformar as decisões divergentes dos entendimentos que já pacificaram. Tal ambiente contribui para a redução do tempo de duração dos processos, desestimula demandas aventureiras e reduz a litigiosidade[15].

Um fator diferente que contribui para a insegurança jurídica na jurisprudência diz respeito à motivação das decisões colegiadas. O sistema de precedentes vinculantes inaugurado pelo Código de Processo Civil de 2015 encontra um grande obstáculo na sistemática de votação dos Tribunais. É muito comum que cada um dos magistrados apresente suas próprias razões de decidir, tornando difícil, senão impossível, extrair do julgado uma fundamentação comum para nortear a solução de casos pendentes e futuros[16].

Outro ponto que merece destaque é que o atual CPC instituiu o Incidente de Resolução de Demandas Repetitivas (IRDR) em seu Capí-

---

[15] MELLO, Patrícia Perrone Campos; BARROSO, Luís Roberto. Ibidem.

[16] "É verdade que, à luz do art. 1.038, § 3ª, do CPC/2015, o conteúdo do acórdão deve abranger a análise dos fundamentos relevantes da tese jurídica discutida. Nada obstante, frequentemente a tese fixada no dispositivo do acórdão demanda interpretação à luz das motivações fornecidas individualmente pelos julgadores. Na Suprema Corte dos Estados Unidos, país em que se observa o *stare decisis*, apenas um dos Justices redige a minuta de voto da Corte (Court's opinion ou main opinion), que será o parâmetro para aplicação da tese. Uma maioria de julgadores deve concordar com todo o conteúdo do voto da Corte antes da sua publicação. Por isso, o Justice a cargo de redigi-lo deve ser cuidadoso e levar em consideração todos os pontos suscitados pelos seus pares. Essa sistemática preserva a unicidade de entendimento da Corte sem tolher o direito de cada magistrado declinar suas próprias razões, por meio de votos paralelos favoráveis ou contrários (concurring and dissenting opinions)." FUX, Luiz; BODART, Bruno Vinícius da Rós. Ibidem, p. 160-161.

tulo VIII, arts. 976 a 987[17], gerando apreensão em alguns setores da sociedade jurídica que tal instituto processual pudesse dificultar o conhecimento e julgamento de recursos.

Razão não assiste aos que têm tal receio. Primeiramente porque a questão da repetitividade de recursos que versem sobre questões de direito idênticas não é novidade no Direito brasileiro; iniciou-se ainda em 2008, com a inclusão do art. 543-C no Código de Processo Civil de 1973 pela Lei n. 11.672/2008[18], como meio de evitar decisões contraditórias sobre mesma questão de direito.

Tem-se, ainda, pela nova redação do Código Processual, requisitos cumulativos para que o instituto realize seu objetivo de garantir segurança jurídica, pois exige (i) a efetiva repetição de processos em que se controvertam as mesmas questões de direito (art. 976, I) e (ii) que seja observada divergência jurisprudencial sobre o objeto levantado, apontando o que está violando a isonomia e segurança jurídica (art. 976, II).

Nota-se pela redação do art. 1.029, § 4º, do atual CPC o zelo e persecução pela segurança jurídica, ao prever que, quando do processamento do IRDR houver requerimento de suspensão de processos em que se discuta questão federal constitucional ou infraconstitucional, faculta-se aos presidentes do STF e STJ que estendam a suspensão para todo o território nacional até ulterior decisão do incidente e resolução da problemática, de maneira a evitar soluções contraditórias e, por conseguinte, prejuízo aos jurisdicionados que tenham processos versando sobre a matéria arguida.

Decerto tais filtros recursais não estão isentos a críticas, a exemplo do requisito de relevância do Recurso Extraordinário, de forte carga subjetiva pelos juízes que examinarem sua admissibilidade[19], porém são incontestes meios necessários para que se alcance a *ultima ratio* das

---

[17] Art. 976. É cabível a instauração do incidente de resolução de demandas repetitivas quando houver, simultaneamente: I – efetiva repetição de processos que contenham controvérsia sobre a mesma questão unicamente de direito; II – risco de ofensa à isonomia e à segurança jurídica.

[18] Art. 543-C. Quando houver multiplicidade de recursos com fundamento em idêntica questão de direito, o recurso especial será processado nos termos deste artigo. § 1º Caberá ao presidente do tribunal de origem admitir um ou mais recursos representativos da controvérsia, os quais serão encaminhados ao Superior Tribunal de Justiça, ficando suspensos os demais recursos especiais até o pronunciamento definitivo do Superior Tribunal de Justiça.

[19] Apenas no ano de 2014 foram distribuídos 9.671 Recursos Extraordinários ao STF, porém é de 916 o total de Recursos Extraordinários com Repercussão Geral conhecida.

funções dos Tribunais Superiores de julgar teses jurídicas no ordenamento pátrio.

Acrescentando à lista de mecanismos importantes à disposição dos tribunais, funcionando como meio de conscientização das partes na atuação judicial, que contribui como um típico filtro é a inovação da previsão de honorários recursais, estabelecidos no art. 85, § 1º, do atual CPC[20].

É preciso atentar para o fato de que as custas, em um primeiro momento, não servem de incentivo a uma litigiosidade razoável, tendo em vista que para recorrer é muito barato. Assim, as consequências de tentar o reexame jurisdicional e perder são diminutas, o que gera a multiplicação de recursos.

Entretanto, quando se observa a possibilidade de ter um prejuízo considerável, a parte que pretende recorrer somente irá provocar o órgão jurisdicional de superior instância em casos realmente importantes, tendendo a diminuir as verdadeiras aventuras jurídicas que encontramos atualmente.

Isso fica muito evidenciado nos §§ 11 e 12 do mesmo dispositivo legal que determinam expressa e respectivamente a majoração do percentual dos honorários e garantem a cumulatividade das multas e outras sanções processuais advindas da litigância de má-fé[21].

Nesse sentido, mister se faz concluir que o Poder Judiciário não tem a mera faculdade de utilização desses mecanismos, havendo, em verdade, um dever de fato, considerando-se que o STF julgou nos últimos 10 anos mais de 1.041.829 processos e que o STJ chegou ao assombroso número de 3.039.171[22].

Desse modo, não podemos nos furtar de perceber que a ideia de unidade sistêmica do ordenamento, que deveria ser preservada por es-

---

[20] Art. 85. A sentença condenará o vencido a pagar honorários ao advogado do vencedor. § 1º São devidos honorários advocatícios na reconvenção, no cumprimento de sentença, provisório ou definitivo, na execução, resistida ou não, e nos recursos interpostos, cumulativamente.

[21] § 11. O tribunal, ao julgar recurso, majorará os honorários fixados anteriormente levando em conta o trabalho adicional realizado em grau recursal, observando, conforme o caso, o disposto nos §§ 2º a 6º, sendo vedado ao tribunal, no cômputo geral da fixação de honorários devidos ao advogado do vencedor, ultrapassar os respectivos limites estabelecidos nos §§ 2º e 3º para a fase de conhecimento.

§ 12. Os honorários referidos no § 11 são cumuláveis com multas e outras sanções processuais, inclusive as previstas no art. 77.

[22] Em dez anos, Supremo julgou 1 milhão de ações. Estadão. Disponível em: http://politica.estadao.com.br/blogs/fausto-macedo/em-dez-anos-supremo-julgou-1-milhao-de-acoes/.

ses tribunais, certamente fica prejudicada no momento em que se precisa julgar tantos milhões de processos.

5.3 A BUSCA DO EQUILÍBRIO NO SISTEMA RECURSAL PÁTRIO

Embora os inúmeros recursos processuais possam parecer aos olhos leigos ou críticos como obstrução à justiça real e/ou concreta, a lei processual faz parte da concretização dos valores constitucionais, a saber, duplo grau de jurisdição, isonomia, devido processo legal e até democracia, pois os Tribunais Superiores prezam não apenas pelos ritos processuais, mas pelos valores constitucionais inscritos dentro da legislação processual.

Notadamente, houve uma escalada quanto aos índices de litigiosidade no Brasil desde a promulgação da Carta de 1988, não apenas por ter viabilizado meios de garantir o pleno acesso à Justiça, mas também pelo surgimento de outros institutos e ramos do Direito, mais próximos à realidade cotidiana dos cidadãos (*e.g.*, Direito do Consumidor, Juizados Especiais etc.), favorecendo a judicialização da vida.

Todavia, a problemática não é recente, nem se restringe ao território brasileiro. Mauro Cappelletti, em palestra proferida na Sessão Inaugural do Congresso de Direito Processual de 1991[23], frisou que a denominada "crise do processo brasileiro", com críticas à morosidade da máquina judiciária em termos gerais, mas pontuando a parcela de culpa pelo excesso de recursos, não é privilégio do território brasileiro.

Pedro Lessa, em sua clássica obra *Do Poder Judiciário*, já anunciava em 1915 a denominada "crise do STF", o qual já se encontrava assoberbado de processos e recursos, encarava críticas em relação à morosidade dos julgamentos e, por consequência, lentidão em servir a justiça[24].

Na tentativa de solucionar o problema de sobrecarga de processos para a Corte, diversas tentativas foram propostas pelo Legislativo e

---

[23] "Fala ele [Professor Alcides Alberto Munhoz da Cunha] da 'crise do processo brasileiro', caracterizada pela 'morosidade na distribuição da justiça', por causa da 'inadequada organização judiciária' (inclusive o excesso de recursos), a demora insuportável dos processos, a deficiência dos serviços de assistência judiciária, a 'insuficiente atuação da oralidade' etc. Trata-se de problemas que de modo algum se limitam ao Brasil, mas se reencontram noutros países, e decerto na Itália." CAPPELLETTI, Mauro. Problemas de reforma do processo civil nas sociedades contemporâneas. *Revista de Processo*, São Paulo: Revista dos Tribunais, n. 65, ano 17, jan./mar. 1992.

[24] LESSA, Pedro. *Do Poder Judiciário*. Edição fac-similar. Brasília: Senado Federal, 2003.

pelo próprio Judiciário, como aumentar o número de ministros do STF, transferir competências, impor filtros de contenção aos recursos (requisitos de admissibilidade, como o instituto da Repercussão Geral, ou o Incidente de Recursos Repetitivos, na esteira da Lei n. 11.672/2008).

Porém, acautela Liebman, grande processualista e influenciador do revogado Código de Processo Civil brasileiro de 1973, é impossível ignorar o íntimo relacionamento dos institutos processuais com a Constituição, principalmente por serem instrumentos indispensáveis à garantia e defesa dos direitos fundamentais[25].

José Alfredo de Oliveira Baracho[26], na esteira do raciocínio de Liebman, categoriza que "não se pode buscar a simplicidade e eficácia processuais, com sacrifícios das garantias fundamentais do processo, com procura de sistema jurídico menos opressivo e menos gravoso economicamente", justamente porque os princípios constitucionais e direitos fundamentais efetivam-se a partir de uma justiça exercida com qualidade, que se debruce sobre as questões relevantes à sociedade e à manutenção do direito objetivo constitucional.

Válido frisar, inclusive, que, dentro do nosso sistema constitucional, os recursos, especialmente os especiais e extraordinários, em que pesem algumas críticas quanto à sua aplicação prática, são vetores imprescindíveis para a realização de valores constitucionais e democráticos, além de primar pela segurança jurídica e integridade do ordenamento jurídico positivo.

Nesse sentido, precisamos refletir sobre a real influência das reformas do Direito Processual sobre esse problema que se dá pela superlotação de processos nos tribunais.

5.4 O SUPREMO TRIBUNAL FEDERAL

A principal função do Supremo Tribunal Federal, como é cediço, é exercer o papel de Corte Constitucional, atuando na guarda da Constituição, conforme disposto no art. 102, *caput*, da Constituição Federal. Para tanto, a Carta Magna reservou ao STF competências que garantem o exercício do controle de constitucionalidade pela via concentrada

---

[25] LIEBMAN, Enrico Tullio. Apud MARINONI, Luiz Guilherme. *Novas linhas do processo civil*. São Paulo: Malheiros, 1996, p. 18, nota 2.

[26] BARACHO, José Alfredo de Oliveira. Teoria *geral do processo constitucional. Doutrinas essenciais de direito constitucional*. São Paulo: Editora Revista dos Tribunais, 2011. v. V.

(ações de controle de constitucionalidade abstrato) ou difusa (por via de Recurso Extraordinário). Além dessa função, concomitantemente, existem as atribuições de ser um tribunal recursal e um tribunal que julga causas originárias.

Observando-se a imensa quantidade de trabalho que abarrota nossa Corte Constitucional, a Emenda Constitucional n. 45/2004 criou um filtro recursal a fim de que houvesse uma racionalização do funcionamento do mais alto tribunal do país[27].

Para que o trabalho do Supremo fosse mais bem exercido, instituiu-se um novo requisito de admissibilidade do recurso extraordinário, o que, em tese, seria diminuir o acesso do cidadão à Justiça.

Contudo, não podemos pensar no acesso à justiça como sinônimo de acesso a todas as instâncias recursais. As pessoas têm direito ao duplo grau de jurisdição, mas em lugar algum deve-se entender pela existência de um acesso irrestrito a todos os espaços do Judiciário. Pelo contrário, o que se busca, para se obter um acesso à justiça efetivo, é uma racionalização do sistema.

Dessa forma, reservar tempo e espaço para que os tribunais superiores possam exercer sua função de pacificação da jurisprudência é de suma importância para isso. É, inclusive, mais importante do que dar acesso a um recurso que dificilmente irá mudar o sentido do que fora julgado até então.

---

[27] "É consabido que o imane volume de processos nas altas Cortes nacionais decorre dos sistemas recursal e de controle de constitucionalidade difuso adotados pelo ordenamento jurídico pátrio. Repetindo as palavras do Ministro Sepúlveda Pertence 'o modelo constitucional da Justiça brasileira está falida, incapaz de atender à demanda'. Com fulcro no estudo produzido pelo Deputado Renato Viana, Relator-Parcial da estrutura e competência do Supremo Tribunal Federal e da Justiça Federal, no parecer do Deputado Aloysio Nunes Ferreira e em diversas emendas e Substitutivos apresentados pelos membros desta Comissão e visando solucionar a crise do controle de constitucionalidade em concreto e de limitar o número de recursos apreciados pelo Supremo Tribunal Federal e pelo Superior Tribunal de Justiça, sugerimos a transferência para o STJ de competências originárias do STF que não tocam sua missão precípua de guardião da Constituição Federal. [...] Na busca de mecanismos de filtragem dos recursos de natureza extraordinária, o Substitutivo propõe, nas hipóteses de interposição dos recursos extraordinário, especial e de revista, a demonstração da repercussão geral das questões constitucional e federal discutidas nos casos. Manifestou-se favorável à reintrodução da 'relevância', adotada em nosso sistema constitucional no início dos anos trinta, o Ministro Celso de Mello, em audiência proferida nesta Comissão, entendimento esse acolhido pelo Deputado Aloysio Nunes Ferreira." Câmara dos Deputados. Proposta de Emenda à Constituição n. 96-B, de 1992, Senhor Hélio Bicudo. Publicado em *Diário da Câmara dos Deputados*, volume II, suplemento ao n. 209, 14-12-1999, Brasília/DF.

Desde 2010, o número de Recursos Extraordinários, Agravos de Instrumento e Agravos em Recurso Extraordinário remetidos ao STF vem caindo vertiginosamente, mantendo um contingente de provimento regularmente baixo, ano após ano, sobrando mais tempo para as questões do controle concentrado.

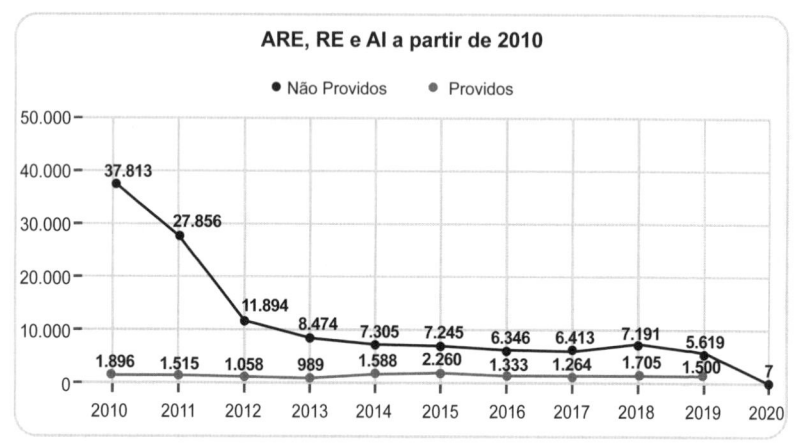

Fonte: estatística do Supremo Tribunal Federal.

Assim, é preciso pensar no ensinamento da professora Ada Pellegrini Grinover, em palestra sobre controle judicial das políticas públicas, quando propôs um novo alcance do art. 5º, XXXV, da Constituição Federal[28], ao expor a necessidade de que o acesso à Justiça deve ser de uma tutela adequada, imbricando diretamente com o princípio da efetividade e devido processo legal, expondo a necessidade de se conceber não apenas como modo de chegada ao Judiciário, mas também como a saída dele[29].

Dessa forma, além de prever as formas como a jurisdição será prestada, é preciso também se preocupar com os meios pelos quais essas diversas formas de jurisdição serão efetivadas.

A repercussão geral é, pois, fruto da tentativa de equacionamento

---

[28] Art. 5º Todos são iguais perante a lei, sem distinção de qualquer natureza, garantindo-se aos brasileiros e aos estrangeiros residentes no País a inviolabilidade do direito à vida, à liberdade, à igualdade, à segurança e à propriedade, nos termos seguintes: (...) XXXV – a lei não excluirá da apreciação do Poder Judiciário lesão ou ameaça a direito.

[29] GRINOVER, Ada Pellegrini. Palestra realizada no Seminário sobre Controle Judicial de Políticas Públicas. Procuradoria-Geral do Estado do Rio de Janeiro, 2013.

entre a tutela jurisdicional efetiva e adequada e o princípio do acesso à Justiça.

5.5 A REPERCUSSÃO GERAL NA REALIDADE

Assentadas as premissas teóricas, importante analisar alguns casos em que o STF vem utilizando essa ferramenta de grande relevância.

Para tanto, destacamos dois casos concretos: (i) sentido e alcance de maus antecedentes para fixar a pena-base acima do mínimo legal; e (ii) sobrestamento de casos cujo tema de fundo esteja submetido ao crivo de análise da repercussão geral.

O primeiro exemplo é um caso paradigmático, pois houve muita confusão acerca da aplicação da tese nos casos similares. O caso se trata do Recurso Extraordinário 591.054, interposto do seguinte acórdão:

> DELITOS DE TRÂNSITO – EMBRIAGUEZ AO VOLANTE E CONDUÇÃO EM VELOCIDADE INCOMPATÍVEL COM O LOCAL – PLEITO DE CONCESSÃO DOS BENEFÍCIOS DA LEI DOS JUIZADOS ESPECIAIS – TRANSAÇÃO PENAL – APELANTE QUE DELA JÁ FOI BENEFICIADO EM PERÍODO INFERIOR A 05 (CINCO) ANOS – SUSPENSÃO CONDICIONAL DO PROCESSO – REQUISITOS DO ART. 89 DO REFERIDO DIPLOMA NÃO PREENCHIDOS – PROCESSOS EM ANDAMENTO QUE INVIABILIZAM A SUA PROPOSTA – PRETENDIDA ABSOLVIÇÃO SOB A ALEGAÇÃO DE ESTAR PROVADA A INEXISTÊNCIA DO FATO – IMPOSSIBILIDADE – MATERIALIDADE E AUTORIA PATENTEADAS – DECLARAÇÃO DE TESTEMUNHAS UNÍSSONAS EM APONTAR TANTO A EBRIEDADE DO AGENTE QUANTO A EXCESSIVA VELOCIDADE EMPREENDIDA EXPONDO A SEGURANÇA DA COLETIVIDADE EM RISCO POTENCIAL – AMPARO NOS DEMAIS ELEMENTOS DE CONVICÇÃO – CONJUNTO PROBATÓRIO QUE FORNECE A CERTEZA MORAL NECESSÁRIA À MANUTENÇÃO DO ÉDITO CONDENATÓRIO.
>
> DOSIMETRIA – PENA-BASE – ALMEJADA REDUÇÃO PARA O MÍNIMO LEGAL – EQUÍVOCO NA AVALIAÇÃO DOS VETORES DO ART. 59 DO CP – PROCESSOS CRIMINAIS EM ANDAMENTO QUE NÃO PODEM SER CONSIDERADOS COMO MAUS ANTECEDENTES POR AFRONTAR O PRINCÍPIO DA PRESUNÇÃO DE INOCÊNCIA (ART. 5º, INCISO LVII, DA 'CARTA DA PRIMAVERA') – ALTERAÇÃO QUE SE IMPÕE. SUSPENSÃO DA HABILITAÇÃO – OBRIGATORIEDADE DE FIXAÇÃO DO PRAZO NO PATAMAR MAIS RASO, EM CONSONÂNCIA COM A PROPORCIONALIDADE DA DETENÇÃO IMPOSTA NA PRIMEIRA FASE DA DOSAGEM. REPRIMENDA REMANESCENTE DE 01 (UM) ANO DE DETENÇÃO EM

CONCURSO MATERIAL – AFASTAMENTO DE UMA DAS PENAS RESTRI-
TIVAS DE DIREITOS IRROGADAS NA DECISÃO – INTELIGÊNCIA DO §
2º DO ART. 44 DO ESTATUTO REPRESSIVO. REGIME – CIRCUNSTÂN-
CIAS JUDICIAIS FAVORÁVEIS – IMPOSIÇÃO DE 01 (UM) ANO DE PRI-
VAÇÃO DE LIBERDADE – ASPECTOS QUE REVELAM QUE O SISTEMA
ABERTO É O MAIS ADEQUADO PARA A PREVENÇÃO E REPRESSÃO
CRIMINAL – ALTERAÇÃO, *EX OFFICIO.* RECURSO PARCIALMENTE
PROVIDO.

O recorrente asseverava ser possível o reconhecimento da existência de maus antecedentes (art. 59 Código Penal) quando existirem outros processos criminais em que o recorrido figurasse como réu, mesmo
sem decisão definitiva. Portanto, não haveria violação do princípio da
presunção de inocência a fixação de pena-base acima do mínimo legal.

Por fim, o tribunal decidira, em repercussão geral, que inquéritos,
ações penais em curso e condenações pendentes de recurso não poderiam contar como "maus antecedentes" na fixação de penas, restando
consignada a seguinte tese:

> A existência de inquéritos policiais ou de ações penais sem trânsito
> em julgado não pode ser considerada como maus antecedentes para fins
> de dosimetria da pena.

Entretanto, seis meses depois, no julgamento dos *Habeas Corpus*
94620 e 94680, a maioria dos ministros se posicionou favoravelmente
à tese de que uma condenação sem trânsito em julgado pode contar
para efeitos de dosimetria.

Ao verificarem que existia uma contradição entre o resultado do
julgamento dos *habeas corpus* e a tese fixada em repercussão geral, os
ministros entenderam, por bem, por aplicar a tese fixada.

O problema deu-se pelo fato de o Ministro Teori Zavascki ter vota-
do de modo um pouco diferente da maioria formada. Explico: existiam
três hipóteses sob análise – inquéritos em curso, ações penais sem condenação e ações penais com condenações ainda não transitadas em julgado –, e ele entendeu que, havendo condenação, seria possível considerar como mau antecedente.

Como os casos dos *habeas corpus* versavam justamente sobre essa
última hipótese, e com a chegada do ministro Luiz Edson Fachin, a
maioria se formou no sentido aparentemente contrário ao tema da repercussão geral.

Ao final, o plenário viu-se obrigado a reajustar seu posicionamento de modo a se harmonizar com a tese fixada em repercussão geral, conforme se verifica na ementa dos referidos julgados:

> PENAL. *HABEAS CORPUS*. FIXAÇÃO DE PENA-BASE ACIMA DO MÍNIMO LEGAL. POSSIBILIDADE. PREMEDITAÇÃO. MOMENTO DE ANÁLISE. MAUS ANTECEDENTES. FOLHA DE ANTECEDENTES CRIMINAIS. PRESUNÇÃO DE INOCÊNCIA. DESRESPEITO. OCORRÊNCIA. ORDEM CONCEDIDA. I – O magistrado, ao fixar a pena-base dos pacientes, observou fundamentadamente todas as circunstâncias judiciais constantes do art. 59 do Código Penal, o que justifica o *quantum* acima do mínimo legal. II – A premeditação é analisada quando da fixação da pena-base, tal como ocorreu na espécie. III – Inquéritos ou processos em andamento, que ainda não tenham transitado em julgado, não devem ser levados em consideração como maus antecedentes na dosimetria da pena. IV – Ordem concedida (HC 94620).

> PENAL. *HABEAS CORPUS*. FIXAÇÃO DE PENA-BASE. LATROCÍNIO. MAUS ANTECEDENTES. FOLHA DE ANTECEDENTES CRIMINAIS. PRESUNÇÃO DE INOCÊNCIA. DESRESPEITO. OCORRÊNCIA. ORDEM CONCEDIDA. I – Inquéritos ou processos em andamento, que ainda não tenham transitado em julgado, não devem ser levados em consideração como maus antecedentes na dosimetria da pena. II – Ordem concedida (HC 94680).

Esse caso demonstra como ainda é instável a aplicação prática do precedente fixado em sede de repercussão geral, mesmo pelo órgão que prolatou a própria decisão, em um curto espaço de tempo – seis meses como o caso concreto –, revelando ainda a necessidade de aprimoramento do instituto pela nossa Suprema Corte.

Outro caso muito importante do ponto de vista de como o instituto da repercussão geral deveria ser tratado é o que trata da correta interpretação do art. 1.035, § 5º, do atual CPC, cuja transcrição se segue:

> § 5º Reconhecida a repercussão geral, o relator no Supremo Tribunal Federal determinará a suspensão do processamento de todos os processos pendentes, individuais ou coletivos, que versem sobre a questão e tramitem no território nacional.

Era uma Questão de Ordem no Recurso Extraordinário com Agravo 966.177, em que o ministro Luiz Fux propôs a suspensão do curso do prazo prescricional durante o sobrestamento dos processos criminais com repercussão geral já reconhecida pelo Supremo Tribunal Federal. Eis a ementa da solução obtida pela Corte:

> O Tribunal, por maioria e nos termos do voto do Relator, ora reajustado, resolveu questão de ordem no sentido de que: "a) a suspensão de processamento prevista no § 5º do art. 1.035 do CPC não consiste em consequência automática e necessária do reconhecimento da repercussão geral realizada com fulcro no *caput* do mesmo dispositivo, sendo da discricionariedade do relator do recurso extraordinário paradigma determiná-la ou modulá-la; b) de qualquer modo, consoante o sobredito juízo discricionário do relator, a possibilidade de sobrestamento se aplica aos processos de natureza penal; c) neste contexto, em sendo determinado o sobrestamento de processos de natureza penal, opera-se, automaticamente, a suspensão da prescrição da pretensão punitiva relativa aos crimes que forem objeto das ações penais sobrestadas, a partir de interpretação conforme a Constituição do art. 116, I, do CP; d) em nenhuma hipótese, o sobrestamento de processos penais determinado com fundamento no art. 1.035, § 5º, do CPC abrangerá inquéritos policiais ou procedimentos investigatórios conduzidos pelo Ministério Público; e) em nenhuma hipótese, o sobrestamento de processos penais determinado com fundamento no art. 1.035, § 5º, do CPC abrangerá ações penais em que haja réu preso provisoriamente; f) em qualquer caso de sobrestamento de ação penal determinado com fundamento no art. 1.035, § 5º, do CPC, poderá o juízo de piso, no curso da suspensão, proceder, conforme a necessidade, à produção de provas de natureza urgente".

Algumas lições valiosíssimas podem ser extraídas desse julgado para conceber o sentido e o alcance do instituto da repercussão geral.

A primeira é de que o STF pôs fim à discussão doutrinária acerca do sentido do dispositivo, porquanto se ela teria caráter meramente autorizativo ou de observância obrigatória[30].

---

[30] A respeito da discussão nos âmbitos doutrinário e jurisprudencial, ver: "No campo doutrinário, Cunha e Didier sustentam que o parágrafo 5º do artigo 1.035 apenas autoriza o relator do processo-paradigma no STF, uma vez reconhecida a repercussão geral, a suspender o processamento de todos os feitos pendentes que versam sobre a mesma questão e tramitem no território nacional. Em sentido contrário, Wambier, Conceição, Ribeiro e Mello entendem que não se trata propriamente de discricionariedade do relator, diante do objetivo normativo de concretizar o princípio constitucional da isonomia; assim, o artigo 1.035, parágrafo 5º, do novo CPC já determina que o relator do recurso extraordinário paradigmático suspenda o trâmite de todos os processos em curso que versem sobre a mesma matéria". Disponível em:

Essa orientação mantém, por conseguinte, o espírito do que fora decidido na Questão de Ordem no Recurso Extraordinário 576.155, quando foi estabelecido que o relator poderia determinar a suspensão de outros processos, a despeito de se encontrarem em outra fase processual.

Em que pesem as vozes contrárias e até mesmo a orientação sedimentada na Suprema Corte, é possível concluir pela realização de interpretação equivocada, visto que a norma, em momento algum, dá espaço para a discricionariedade do relator no momento da aplicação do sobrestamento. Existe, em verdade, uma ordem direta ao relator, que, em tese, não se poderia esquivar de sobrestar todos os processos que versassem sobre o tema no país.

Outro fator a ser considerado é que se tem o reconhecimento do aumento do raio de incidência da norma, na medida em que no Código de 1973, a suspensão ocorria tão somente em relação aos recursos extraordinários.

Por fim, mostra-se interessante também a interseção entre o atual CPC e o processo penal, visto que o STF destacou diversos aspectos os quais devem ser observados pelo Judiciário, em suas instâncias ordinárias, no momento de incidência da repercussão geral especificamente no âmbito penal.

Os dois casos demonstram que, apesar de ser uma figura com catorze anos de existência em nosso ordenamento, a repercussão geral, embora muito utilizada, ainda tem sua função prática em desenvolvimento, potencializada também pelo advento do atual CPC, mas que, apesar de algumas falhas, fica também evidenciado o esforço de nossa Corte Constitucional para extrair o máximo de seu potencial e, como visto, o saldo pode ser considerado positivo.

O instituto da repercussão geral tem muito bem definido seu objetivo, e sua ideia retrata de maneira ímpar o perfeito equilíbrio entre acesso à Justiça e efetividade. Denota também que o Supremo Tribunal Federal, cada vez mais, deve exercer sua principal função de Corte Constitucional a fim de que possa, de fato, proteger os direitos e garantias fundamentais constitucionalmente previstos de vontades transitórias ou conjunturais, seja por mudança de maioria política e alterna-

---

https://www.conjur.com.br/2017-jun-10/stf-define-sobrestamento-acoes-decorrente-repercussao-geral.

ção de grupos políticos no poder, seja por cenários de crise econômico-
-política[31].

Destarte, foi demonstrado que a repercussão geral, ao contrário do
que se possa concluir, não atravanca o acesso à Justiça, mas, sim, melhora sua qualidade, justamente por permitir que nossa Corte Constitucional possa atuar especificamente como tal, debruçar-se sobre questões relevantes à sociedade, ou parte significativa dela, evitando anomias no ordenamento jurídico e efetivando os valores constitucionais
de economia processual, segurança jurídica, isonomia, devido processo
legal e pleno acesso à justiça.

Assim, quando usada devidamente, dá racionalidade ao sistema e é
um meio de contenção que busca evitar que o STF fique preso a demandas repetitivas que se avolumam e possa dedicar-se com mais qualidade
a temas que impactam parcela significativa da população, oferecendo
solução adequada, harmonizando a lei à Constituição, promovendo assim os valores constitucionais, bem como dando real eficácia aos direitos e garantias fundamentais.

5.6 EMPECILHOS PARA A UNIFICAÇÃO

Ainda que exista um esforço para igualar a solução jurídica nos casos concretos, a nossa Suprema Corte ainda sofre bastante proferindo
decisões contraditórias.

No julgamento do ARE 1.423.380, discutia-se a possibilidade de
haver fixação de honorários advocatícios em caso de acolhimento de
exceção de pré-executividade, quando o exequente não apresenta resistência aos argumentos elaborados pela defesa. O recorrente pediu que

---

[31] O ilustre Ministro Luís Roberto Barroso explica a importância geral do exercício de função contramajoritária pelos Tribunais, especialmente quando inseridos em um ambiente de
constitucionalismo democrático: Nessa linha, cabe reavivar que o juiz: (i) só deve agir em
nome da Constituição e das leis, e não por vontade política própria; (ii) deve ser deferente
para com as decisões razoáveis tomadas pelo legislador, respeitando a presunção de validade
das leis; (iii) não deve perder de vista que, embora não eleito, o poder que exerce é representativo (i.e, emana do povo e em seu nome deve ser exercido), razão pela qual sua atuação deve
estar em sintonia com o sentimento social, na medida do possível. Aqui, porém, há uma su-
tileza: juízes não podem ser populistas e, em certos casos, terão de atuar de modo contramajoritário. A conservação e a promoção dos direitos fundamentais, mesmo contra a vontade
das maiorias políticas, é uma condição de funcionamento do constitucionalismo democrático. BARROSO, Luís Roberto. Judicialização, ativismo judicial e legitimidade democrática.
Atualidades Jurídicas. *Revista eletrônica do Conselho Federal da Ordem dos Advogados do Brasil.*
4. ed., jan./fev. 2009.

a ação fosse suspensa até o julgamento da ADI 5405, que trata da dispensa de pagamentos em hipóteses de celebração de acordo com o Poder Público.

Entretanto, ao realizar a análise de admissibilidade do recurso, a ministra Rosa Weber entendeu que haveria a incidência da Súmula 279, porque necessitaria observar fatos e provas nos autos para sobrestar o feito. Por outro lado, há alguns julgados em sentido contrário, entendendo que é possível suspender a tramitação até o julgamento da ADI que trata do mesmo tema. Isso é verificado nos precedentes: ARE 1.019.757/RS, Rel. Dias Toffoli, DJe de 8-3-2023; RE 1.419.766/SC, Rel. Min. Alexandre de Moraes, DJe de 22-2-2023; RE 1.400.964/SC, Rel. Min. Alexandre de Moraes, DJe de 10-10-2022; RE 1.364.578/SC, Rel. Min. Cármen Lúcia, DJe de 8-9-2022.

Por esse motivo, a parte interpôs embargos de divergência a fim de buscar a uniformização de tratamento para o seu caso.

Todavia, esbarrou na seguinte decisão.

Verifico que os embargos são tempestivos e a representação é regular. Nada obstante, **não merecem ser conhecidos**, porque opostos contra acórdão do Plenário do Supremo Tribunal Federal. Conforme os arts. 1.043, I e III, do CPC e 330 do RISTF, desafia embargos de divergência **decisão de Turma** do Supremo Tribunal Federal que, ao julgamento de recurso extraordinário, diverge do julgamento da outra Turma ou do Plenário. Nesse cenário, são manifestamente inadmissíveis embargos de divergência opostos contra acórdão proferido pelo Plenário do Supremo Tribunal Federal. Nesse sentido: ARE 849.779-AgR-ED-EDv-ED-AgR, Rel. Min. Dias Toffoli (Presidente), Tribunal Pleno, DJe 30-5-2019; RE 585.535-EDv-AgR, Rel. Min. Cármen Lúcia, Tribunal Pleno, DJe 2-2-2012 e ARE 957.223-AgR-EDv-AgR, Rel. Min. Cármen Lúcia, Tribunal Pleno, DJe 6-2-2017 (destaque no original)[32].

Ora, pelo fato de não ser decisão de Turma, mas sim do Plenário do STF, apesar de haver divergência, o recurso não foi conhecido. Isso é um cenário, na prática, ainda pior. Não se trata de decisões contraditórias entre dois órgãos distintos, mas sim de um mesmo órgão que, em determinados casos aplicou um procedimento e para outro não atuou da mesma maneira, gerando discrepância de tratamento, falta de previsibilidade e diminuição de confiança.

---

[32] Supremo Tribunal Federal. Emb. Div. no Ag.Reg. No Recurso Extraordinário com Agravo 1.423.380. Relatora Ministra Rosa Weber. Julgado em 22-9-2023.

5.7 O SUPERIOR TRIBUNAL DE JUSTIÇA

Como foi visto, a competência do STJ é de assentar a jurisprudência em relação a interpretação da legislação federal.

Entretanto, na prática, o Tribunal tem dado sinais distintos em muitas matérias sobre qual rumo os demais tribunais devem seguir. Destacamos dois exemplos a fim de que a questão não se perca.

O primeiro diz respeito ao caso concessão de cotas raciais no serviço público, onde o Superior Tribunal de Justiça estabeleceu a ilicitude da criação e execução de um mecanismo de verificação de preenchimento de cargo efetivo do Tribunal de Contas do Estado do Rio Grande do Sul[33].

---

[33] CONSTITUCIONAL E ADMINISTRATIVO. AGRAVO REGIMENTAL NO RECURSO ORDINÁRIO EM MANDADO DE SEGURANÇA. CONCURSO PÚBLICO DO TRIBUNAL DE CONTAS DO ESTADO DO RIO GRANDE DO SUL. CANDIDATA APROVADA NAS VAGAS DESTINADAS AOS NEGROS E PARDOS. CRITÉRIO DA AUTODECLARAÇÃO. PREVISÃO EDITALÍCIA. VINCULAÇÃO AO INSTRUMENTO. AGRAVO REGIMENTAL DESPROVIDO. 1. A questão em debate cinge-se à verificação da suposta ilegalidade do ato administrativo estadual gaúcho que determinou a nulidade da inscrição da recorrente no concurso público para o cargo de Oficial de Controle Externo, Classe II, do Tribunal de Contas do Estado do Rio Grande do Sul, conforme Edital 002/2013, em face da ausência de comprovação da sua afrodescendência declarada para fins de concorrência nas vagas específicas para negros e pardos. 2. *In casu*, a recorrente teve a inscrição no concurso cancelada ao fundamento de que não preenchia os requisitos necessários a concorrer às vagas destinadas aos negros e pardos, uma vez que, apesar de ser parda, não teria comprovado ser filha de pai ou mãe negra, não podendo sua cor de pele ter advindo de seus avós ou outro parente ancestral. 3. Os requisitos analisados pela Comissão não guardam relação com o previsto no Edital e sequer com a Lei Gaúcha n. 14.147/2012, uma vez que foram estabelecidos de forma aberta e irrestrita por seus integrantes que, inclusive, destacaram que para os efeitos aqui pretendidos, há que ser considerado pardo o filho de mãe negra e pai branco (ou vice-versa), condição que não possui a candidata (fls. 97). 4. O próprio critério adotado pelo IBGE para classificação da cor é subjetivo, baseado na autodeclaração do entrevistado, não abrangendo apenas o binômio branco/negro, mas, também, os encontros inter-raciais entre brancos e indígenas, brancos e negros e negros e indígenas. Isto demonstra a complexidade que envolve a realização do Censo no Brasil, em razão das variáveis decorrentes do processo miscigenatório, do qual, aliás, resulta a expressão brasileira dos mulatos claros, a que aludiu o sociólogo Gilberto Freire. 5. A classificação de cor na sociedade brasileira, por força da miscigenação, torna-se difícil, mesmo para o etnólogo ou antropólogo. A exata classificação dependeria de exames morfológicos que o leigo não poderia proceder. Até mesmo com relação aos amarelos, é difícil caracterizar o indivíduo como amarelo apenas em função de certos traços morfológicos, os quais permanecem até a 3ª e 4ª gerações, mesmo quando há cruzamentos. Com relação ao branco, preto e pardo a dificuldade é ainda maior, pois o julgamento do pesquisador está relacionado com a cultura regional. Possivelmente o indivíduo considerado como pardo no Rio Grande do Sul, seria considerado branco na Bahia, na segura observação da Professora Aparecida Regueira (As Fontes Estatísticas em Relações Raciais e a Natureza da Investigação do Quesito Cor nas Pesquisas Sobre a População

Como fundamento para afastar o ato estadual, foi invocada a segurança jurídica, no sentido da estrita vinculação ao edital, na medida em que não haveria previsão no edital do concurso e tampouco na lei estadual que estabelece reserva cotas raciais nos concursos estaduais.

Entretanto, há dois pontos que merecem ser ressaltados para demonstrar o equívoco, à época, da citada decisão: (i) observância ao princípio da legalidade e (ii) existência de precedente do Supremo Tribunal Federal constante na ADPF 186.

Quanto à primeira questão, em uma leitura simples, tanto do edital quanto da Lei estadual n. 14.147/2012, encontram-se trechos que elidem a postura conservadora adotada pelo Tribunal Superior[34].

---

no Brasil: Contribuição para o Estudo das Desigualdades Raciais na Educação. Site IBGE). 6. Nesse contexto, importa salientar que se o edital estabelece que a simples declaração habilita o candidato a concorrer nas vagas destinadas a negros e pardos, e não fixa os critérios para aferição desta condição, não pode a Administração, posteriormente, sem respaldo legal ou no edital do certame, estabelecer novos critérios ou exigências adicionais, sob pena de afronta ao princípio da vinculação ao edital, além de se tratar de criteriologia arbitrária, preconcebida e tendente a produzir o resultado previamente escolhido. 7. A jurisprudência deste Superior Tribunal de Justiça é rigorosamente torrencial e uniforme quanto à obrigatoriedade de seguir-se fielmente as disposições editalícias como garantia do princípio da igualdade, e sem que isso signifique qualquer submissão a exigências de ordem meramente positivistas. 8. Dessa forma, mostra-se líquido e certo o direito da recorrida em ter anulado o ato que determinou o cancelamento de sua inscrição na lista específica para negros e pardos, bem como para restabelecer os efeitos de sua nomeação para que, preenchidos os demais requisitos legais, tome posse no cargo de Oficial de Controle Externo, Classe II, do Tribunal de Contas do Estado do Rio Grande do Sul. 9. Agravo Regimental do Estado do Rio Grande do Sul desprovido.

34 Edital do Concurso

6. DAS VAGAS DESTINADAS AOS CANDIDATOS PARDOS E AOS CANDIDATOS NEGROS

6.4 Para concorrer a uma das vagas reservadas aos candidatos pardos ou negros, o candidato deverá declarar-se pardo ou negro no ato da inscrição.

6.5 O candidato que, no ato da inscrição, se declarar pardo ou negro terá seu nome publicado em lista à parte e figurará também na lista de classificação geral.

6.7 A falsidade na autodeclaração do candidato pardo ou negro implicará a nulidade da inscrição e de todos os atos administrativos subsequentes, sem prejuízo da cominação de outras penalidades legais aplicáveis e de responsabilização civil do candidato pelos prejuízos decorrentes.

Lei estadual n. 14.147/2012

Art. 4º Para efeitos desta Lei, considerar-se-ão negros e pardos aqueles que assim se declararem expressamente.

Parágrafo único. As informações fornecidas pelos candidatos são de sua inteira responsabilidade e ficarão registradas em suas fichas de inscrição do concurso público.

Art. 5º Detectada a falsidade na declaração a que se refere o art. 4º, isso implicará a nulidade da inscrição e de todos os atos administrativos subsequentes, sem prejuízo da cominação de

Ora, um exercício de lógica expõe que a identificação de falsidade da autodeclaração pressupõe a existência de instrumentos de verificação do afirmado pelo candidato, que, no caso concreto, é um comitê formado pela organização do próprio concurso, com o objetivo de zelar pela efetividade da ação afirmativa. Portanto, não se pode defender que não havia previsão no edital do concurso ou na lei estadual.

Além disso, é preciso atentar para o posicionamento do Supremo Tribunal Federal nessa matéria de controle contra fraudes a essa medida, no âmbito do acesso às universidades públicas, estabelecido na ADPF 186, quando estabeleceu que as bancas de heteroidentificação são mecanismos legítimos de combate às fraudes nas cotas raciais[35].

Dessa forma, é evidente que a decisão do STJ está em contrariedade ao decidido pelo STF, agindo em contrariedade à sua competência constitucional.

No que diz respeito à pacificação, melhor sorte não está presente no Tribunal Superior. No julgamento do Agravo Interno nos Embargos de Divergência em Agravo 1.315.565, a Corte decidiu que:

---

outras penalidades legais aplicáveis e de responsabilização civil do candidato, pelos prejuízos decorrentes.

[35] Mister se faz transcrever o trecho exato em que o ministro relator do *leading case*, ministro Ricardo Lewandowski: "A identificação deve ocorrer primariamente pelo próprio indivíduo, no intuito de evitar identificações externas voltadas à discriminação negativa e de fortalecer o reconhecimento da diferença. Contudo, tendo em vista o grau mediano de mestiçagem (por fenótipo) e as incertezas por ela geradas – há (...) *um grau de consistência entre autoidentificação e identificação por terceiros no patamar de 79%* –, essa identificação não precisa ser feita exclusivamente pelo próprio indivíduo. Para se coibir possíveis fraudes na identificação no que se refere à obtenção de benefícios e no intuito de delinear o direito à redistribuição da forma mais estreita possível (...), alguns mecanismos adicionais podem ser utilizados como: (I) a elaboração de formulários com múltiplas questões sobre a raça (para se averiguar a coerência da autoclassificação): (2) o requerimento de declarações assinadas: (3) o uso de entrevistas (...): (4) a exigência de fotos; e (5) a formação de comitês posteriores à autoidentificação pelo candidato. A possibilidade de seleção por comitês é a alternativa mais controversa das apresentadas (...). Essa classificação pode ser aceita respeitadas as seguintes condições: (a) a classificação pelo comitê deve ser feita posteriormente à autoidentificação do candidato como negro (preto ou pardo), para se coibir a predominância, de uma classificação por terceiros: (b) o julgamento deve ser realizado por fenótipo e não por ascendência: (c) o grupo de candidatos a concorrer por vagas separadas deve ser composto por todos os que se tiverem classificado por uma banca também (por foto ou entrevista) como pardos ou pretos, nas combinações: pardo-pardo, pardo-preto ou preto-preto: (d) o comitê deve ser composto tomando-se em consideração a diversidade de raça, de classe econômica, de orientação sexual e de gênero e deve ter mandatos curtos".

A mera menção ao Diário da Justiça em que teriam sido publicados os acórdãos paradigmas trazidos à colação, sem a indicação da respectiva fonte, quando os julgados encontram-se disponíveis na rede mundial de computadores ou Internet, **não supre a exigência da citação do repositório oficial ou autorizado de jurisprudência, ou, ao menos, da juntada da certidão ou cópia autenticada do acórdão paradigma.** Na forma da jurisprudência do STJ, "o Diário da Justiça não constitui repositório oficial de jurisprudência (art. 255, § 3º, do RISTJ), é apenas órgão de divulgação (art. 128, I, do RISTJ). Nele é publicada somente a ementa do acórdão. Deixando-se de citar o repositório oficial ou autorizado de jurisprudência, impõe-se a juntada de certidão ou cópia autenticada do acórdão paradigma (art. 546, parágrafo único, do CPC, c/c os arts. 266, § 1º, e 255, § 1º, 'a' e 'b', do RISTJ)" (STJ, AgRg nos EREsp 932.334/RS, Rel. Ministro João Otávio de Noronha, Corte Especial, *DJe* de 21-11-2012). Em igual sentido: STJ, EDcl no AgRg nos EREsp 1.230.609/PR, Rel. Ministro Jorge Mussi, Corte Especial, *DJe* de 29-6-2016 (grifos nossos).

Apesar de ser facilmente verificável a existência do acórdão paradigma citado no recurso, o STJ nega conhecimento por não ter um carimbo exigível na época em que recursos eram muito mais escassos de comprovar a existência de um julgamento. Preferiu-se apontar um vício completamente desimportante a buscar equalizar decisões judiciais.

Em outra oportunidade, o STJ se negou a enfrentar a contradição alegada pelo Embargante porque não havia sido modificada a composição da Turma. Note-se que a análise passa a ser subjetiva quanto a quem forma o colegiado, mas não quanto ao conteúdo da decisão que se pede para julgar e uniformizar o entendimento.

Em relação ao primeiro paradigma, EDcl no REsp n. 1.382.354/PE, o art. 1043, § 3º, do Código de Processo Civil dispõe serem cabíveis embargos de divergência quando o acórdão paradigma for da mesma turma que proferiu decisão embargada. No entanto, condiciona a incidência dessa hipótese à alteração da composição da Turma julgadora em mais da metade de seus membros, entre a data do julgamento do acórdão embargado e a data de julgamento do acórdão paradigma. A propósito: AgInt nos EREsp 1622531/CE, relatora Ministra Maria Thereza de Assis Moura, Corte Especial, *DJe* de 27-11-2017. IV – No caso, não ocorreu alteração da composição do órgão fracionário, portanto não preenchido o requisito do art. 1.043, § 3º do CPC. Não há, pois, como admitir a utilização do EDcl no

REsp n. 1.382.354/PE como paradigma nos autos dos presentes embargos de divergência (Agravo Interno nos Embargos de Divergência em Agravo 1.657.041).

Assim como ocorreu no caso trazido anteriormente que ocorreu no STF, uma norma irrazoável foi privilegiada em detrimento de uma diretriz importante que é a busca pela segurança jurídica.

Outro caso que merece destaque é o da natureza jurídica do rol de hipóteses previstas para interposição de recurso de agravo de instrumento. O STJ, em dezembro de 2018, decidiu que o rol do art. 1.015 do atual CPC[36] tem a denominada taxatividade mitigada, admitindo a interposição de agravo de instrumento quando verificada urgência, mesmo fora das balizas estabelecidas pelo dispositivo citado[37].

---

[36] Art. 1.015 do atual CPC: Cabe agravo de instrumento contra as decisões interlocutórias que versarem sobre: I – tutelas provisórias; II – mérito do processo; III – rejeição da alegação de convenção de arbitragem; IV – incidente de desconsideração da personalidade jurídica; V – rejeição do pedido de gratuidade da justiça ou acolhimento do pedido de sua revogação; VI – exibição ou posse de documento ou coisa; VII– exclusão de litisconsorte; VIII – rejeição do pedido de limitação do litisconsorte; IX – admissão ou inadmissão de intervenção de terceiros; X – concessão, modificação ou revogação do efeito suspensivo aos embargos à execução; XI – redistribuição do ônus da prova nos termos do art. 373, § 1º; XII – Vetado; XIII – outros casos expressamente referidos em lei. Parágrafo único: Também caberá agravo de instrumento contra decisões interlocutórias proferidas na fase de liquidação de sentença ou cumprimento de sentença, no processo de execução e no processo de inventário.

[37] RECURSO ESPECIAL REPRESENTATIVO DE CONTROVÉRSIA. DIREITO PROCESSUAL CIVIL. NATUREZA JURÍDICA DO ROL DO ART. 1.015 DO CPC/2015. IMPUGNAÇÃO IMEDIATA DE DECISÕES INTERLOCUTÓRIAS NÃO PREVISTAS NOS INCISOS DO REFERIDO DISPOSITIVO LEGAL. POSSIBILIDADE. TAXATIVIDADE MITIGADA. EXCEPCIONALIDADE DA IMPUGNAÇÃO FORA DAS HIPÓTESES PREVISTAS EM LEI. REQUISITOS. 1 – O propósito do presente recurso especial, processado e julgado sob o rito dos recursos repetitivos, é definir a natureza jurídica do rol do art. 1.015 do CPC/2015 e verificar a possibilidade de sua interpretação extensiva, analógica ou exemplificativa, a fim de admitir a interposição de agravo de instrumento contra decisão interlocutória que verse sobre hipóteses não expressamente previstas nos incisos do referido dispositivo legal. 2 – Ao restringir a recorribilidade das decisões interlocutórias proferidas na fase de conhecimento do procedimento comum e dos procedimentos especiais, exceção feita ao inventário, pretendeu o legislador salvaguardar apenas as "situações que, realmente, não podem aguardar rediscussão futura em eventual recurso de apelação". 3 – A enunciação, em rol pretensamente exaustivo, das hipóteses em que o agravo de instrumento seria cabível revela-se, na esteira da majoritária doutrina e jurisprudência, insuficiente e em desconformidade com as normas fundamentais do processo civil, na medida em que sobrevivem questões urgentes fora da lista do art. 1.015 do CPC e que tornam inviável a interpretação de que o referido rol seria absolutamente taxativo e que deveria ser lido de modo restritivo. 4 – A tese de que o rol do art. 1.015 do CPC seria taxativo, mas admitiria interpretações extensivas ou analógicas, mostra-se igualmente ineficaz para conferir ao

Defendeu a Relatora Ministra Nancy Andrighi em seu voto vencedor sobre o tema que a tese está limitada à urgência, que decorre da ineficácia do julgamento futuro, que poderá trazer o perecimento do objeto. Destarte, essa flexibilização sempre ocorrerá em caráter excepcional.

Infelizmente, não podemos concordar com a tese vencedora do caso em tela. A teoria geral dos recursos ensina que suas regras devem ser interpretadas restritivamente. Não se deve inventar recursos ou mesmo hipóteses de cabimento que não estejam descritos fielmente no texto legal.

O próprio STF já decidiu que não pode o Estado-membro criar recurso novo por lei estadual, por conta da taxatividade prescrita em lei federal[38].

Em voto divergente, proferido pela ministra Maria Thereza de Assis Moura, houve muita precisão, ao afirmar que a alteração de entendimento trará mais problemas que soluções, porque certamente surgirão

---

referido dispositivo uma interpretação em sintonia com as normas fundamentais do processo civil, seja porque ainda remanescerão hipóteses em que não será possível extrair o cabimento do agravo das situações enunciadas no rol, seja porque o uso da interpretação extensiva ou da analogia pode desnaturar a essência de institutos jurídicos ontologicamente distintos. 5 – A tese de que o rol do art. 1.015 do CPC seria meramente exemplificativo, por sua vez, resultaria na repristinação do regime recursal das interlocutórias que vigorava no CPC/73 e que fora conscientemente modificado pelo legislador do novo CPC, de modo que estaria o Poder Judiciário, nessa hipótese, substituindo a atividade e a vontade expressamente externada pelo Poder Legislativo. 6 – Assim, nos termos do art. 1.036 e seguintes do CPC/2015, fixa-se a seguinte tese jurídica: O rol do art. 1.015 do CPC *é de taxatividade* mitigada, por isso admite a interposição de agravo de instrumento quando verificada a urgência decorrente da inutilidade do julgamento da questão no recurso de apelação. 7 – Embora não haja risco de as partes que confiaram na absoluta taxatividade com interpretação restritiva serem surpreendidas pela tese jurídica firmada neste recurso especial repetitivo, eis que somente se cogitará de preclusão nas hipóteses em que o recurso eventualmente interposto pela parte tenha sido admitido pelo Tribunal, estabelece-se neste ato um regime de transição que modula os efeitos da presente decisão, a fim de que a tese jurídica somente seja aplicável *às* decisões interlocutórias proferidas após a publicação do presente acórdão. 8 – Na hipótese, dá-se provimento em parte ao recurso especial para determinar ao TJ/MT que, observados os demais pressupostos de admissibilidade, conheça e dê regular prosseguimento ao agravo de instrumento no que tange à competência. 9 – Recurso especial conhecido e provido.

[38] "Descabe confundir a competência concorrente da União, Estados e Distrito Federal para legislar sobre procedimentos em matéria processual – art. 24, XI – com a privativa para legislar sobre direito processual, prevista no art. 21, I, ambos da CF. Os Estados não têm competência para a criação de recurso, como é o de embargos de divergência contra decisão de Turma Recursal" (AgRg 253.518-9-5C, STF/2ª Turma, *RT* 783/217).

incontáveis controvérsias sobre a interpretação dada no caso concreto.

A incerteza sobre como será feita a análise de urgência no caso concreto chamou atenção da magistrada, que ainda pontuou que se a verificação ocorrer no caso concreto, não teria serventia o julgamento realizado pelo STJ, na fixação de uma tese a ser aplicada indistintamente pelos demais órgãos jurisdicionais do país.

O fato é que, na prática forense, o advogado cauteloso adotará todas as providências mínimas necessárias para que não incorra em perda de prazo, o que desmonta aquilo pretendido pelo legislador de tornar mais célere o procedimento, sem interrupções durante o procedimento comum, haja vista inexistir uma regra objetiva de mensuração quanto à urgência e à possibilidade ou não de se impugnar determinada decisão de forma imediata.

Diante disso, apesar da louvável tentativa do STJ em solucionar as controvérsias envolvendo a taxatividade do rol do art. 1.015, em uma análise mais aprofundada da questão, percebe-se que a segurança jurídica sai mais enfraquecida ainda, diminuindo, por conseguinte, o grau de confiabilidade no Poder Judiciário.

De fato, os Tribunais Superiores no Brasil estão sobrecarregados, os processos avolumam-se e a morosidade da justiça se intensifica conforme se sobe um degrau na instância judicial. Porém, apesar de a situação não ser de todo recente, obteve-se um aumento significativo a partir da judicialização das relações sociais na sociedade brasileira após a promulgação da Constituição Federal.

Todavia, é preciso estar atento para o seu funcionamento no dia a dia de modo a não produzir situações sistemicamente conflitantes, como as ora selecionadas neste capítulo. Não observar essas questões é que se tem como principal causador do seu próprio mal, conforme foi exposto anteriormente.

Dessa forma, o correto uso dos mecanismos à disposição dos tribunais superiores pode, sim, estatisticamente, produzir os efeitos de redução de acervo, aumento do impacto dos julgamentos, conferindo maior celeridade e acesso à justiça à sociedade em geral.

Nesse processo, reduzir a demanda de atuação dos Tribunais Superiores é dar espaço para o particular obter a sua tutela jurisdicional, em tempo hábil de usufruir. Assim, instrumentos processuais como julgamentos virtuais e novos filtros recursais[39] produzem um efeito contraintuitivo, na medida em que otimizam os trabalhos das Cortes e reverberam para todo o sistema judiciário, conforme já exposto.

Entretanto, é preciso lembrar que os Tribunais Superiores são o ponto final do problema, e não sua origem. Portanto, qualquer questão tratada aqui neste capítulo deve ser entendida apenas como *parte* do problema e/ou da solução. A instabilidade jurisprudencial, como foi visto, é alimentada por uma série de fatores, que se agravam consideravelmente pelo *modus operandi* dos tribunais.

A enxurrada de leis gera uma grande quantidade de incertezas por conta de múltiplas interpretações possíveis, que, por sua vez, aumentam a possibilidade de se adotar posicionamentos diversos para questões similares. Aliando-se a isso, há a falta de harmonia sistêmica interna do Judiciário, ocasionando, por conseguinte, uma piora considerável na figura ora desenhada.

Contando com um sistema de amplo acesso, há um verdadeiro colapso da atividade judicante, considerando-se o tamanho do Estado e sua respectiva ineficiência, cria-se um ambiente propício a muitas demandas, que somente é registrado a menor, em razão de sua própria falência.

Por isso que, apesar de tantos instrumentos disponíveis para o Judiciário, entendemos, em conformidade com a maioria da sociedade, que os incentivos sistêmicos judiciais apresentados neste Capítulo são completamente negativos, haja vista a negativa de membros a se curvarem ao colegiado e ao dever de despersonificar a instituição.

Em palestra realizada em 2015 no próprio STF, a professora Teresa Arruda Alvim expôs a diferença entre a noção temporal de um precedente recente na Corte Constitucional inglesa, relativamente à brasileira. Enquanto um julgado da década de 1980 é considerado novo por lá, vimos que em terras brasileiras, há casos em que o Supremo Tribunal Federal julga de forma distinta os mesmos casos, em um espaço de tempo de apenas seis meses.

---

[39] Um bom exemplo de novo filtro recursal está na chamada PEC de Relevância (n. 10/2017), que insere o § 1º ao art. 105 da Constituição, com o seguinte teor: "No âmbito do Superior Tribunal de Justiça, dispõe que no recurso especial, o recorrente deverá demonstrar a relevância das questões de direito federal infraconstitucional discutidas no caso, nos termos da lei, a fim de que o Tribunal examine a admissão do recurso, somente podendo recusá-lo pela manifestação de dois terços dos membros do órgão competente para o julgamento".

É preciso lembrar que mudança de composição ou de opinião acerca de determinado tema não pode se tornar uma justificativa legítima para a mudança de posicionamento das Cortes Superiores, tendo em vista a necessidade de fazer com que os efeitos cheguem, de fato, na sociedade e ela possa se acostumar com aquela determinada norma jurídica.

Portanto, é necessário haver uma conscientização dos membros dos Tribunais Superiores nesse sentido, de modo a internalizar suas funções constitucionalmente definidas.

Capítulo 6
OS NOVOS DESAFIOS

A pandemia de Covid-19, que eclodiu no final de 2019, trouxe impactos profundos e transformadores em diversas áreas da sociedade. Entre essas, o sistema de justiça foi significativamente afetado, levantando questões críticas sobre o acesso à justiça em tempos de crise sanitária global.

O fechamento temporário de tribunais, a suspensão de audiências presenciais e a limitação do atendimento ao público foram algumas das medidas adotadas para conter a propagação do vírus. Essas ações, embora necessárias para a saúde pública, resultaram em atrasos processuais e dificultaram o acesso físico ao judiciário.

Em resposta a essas limitações, houve uma aceleração na implementação de soluções tecnológicas no âmbito judicial. A adoção de audiências virtuais, a digitalização de processos e a utilização de plataformas online para a tramitação de casos judiciais se tornaram ferramentas essenciais para garantir a continuidade dos serviços judiciais. Essas inovações, que antes eram vistas como complementares, passaram a ser centrais para o funcionamento do sistema de justiça durante a pandemia.

No entanto, a transição para um judiciário mais digital também revelou desigualdades existentes. Nem todos os cidadãos possuem acesso adequado à internet ou aos dispositivos necessários para participar de audiências virtuais, o que pode criar barreiras adicionais para aqueles já vulneráveis. Além disso, a adaptação a novas tecnologias e métodos de trabalho representou um desafio significativo para muitos profissionais do direito e para o próprio sistema judicial, que precisou se reorganizar rapidamente para atender às novas demandas.

Em síntese, a pandemia de Covid-19 revelou tanto fragilidades quanto oportunidades para o sistema de justiça. A necessidade de adaptação rápida impulsionou a modernização e a digitalização, mas também expôs e, em alguns casos, ampliou as desigualdades no acesso à justiça. Refletir sobre essas experiências e aprender com elas é crucial para fortalecer o judiciário e garantir que ele possa cumprir seu papel fundamental de proteger os direitos dos cidadãos, mesmo em tempos de crise.

Agora, no pós-Covid, a realidade se impõe e precisa ser enfrentada. Portanto, é preciso se debruçar sobre os principais aspectos do Brasil depois da pandemia, frente às ferramentas disponíveis até o momento.

6.1 A TECNOLOGIA

Embora esse debate tenha sido muito potencializado durante a pandemia, foi em 2006 que começou um debate no Brasil sobre a informatização dos processos judiciais. De lá para cá, muita coisa aconteceu, e os processos que eram 100% físicos caminham para ser 100% digitais. Como aponta o relatório Justiça em Números, de 2023, em 2022 apenas 1% do total de processos novos ingressou fisicamente no sistema. Segundo a pesquisa do Conselho Nacional de Justiça, 87,6% dos processos em tramitação eram eletrônicos até o fim do ano passado.

Em 2021, foi lançado o Programa Justiça 4.0, cujo objetivo é tornar o sistema judiciário brasileiro mais próximo da sociedade, ao usar novas tecnologias e inteligência artificial. Sua apresentação diz que "ao promover soluções digitais colaborativas que automatizam as atividades dos tribunais, otimiza o trabalho dos magistrados, servidores e advogados. Garante, assim, mais produtividade, celeridade, governança e transparência dos processos".

Diversos outros programas lançados pelo CNJ buscam a celeridade e o aumento de produtividade, desde muito tempo. É só puxar pela memória o Meta 2, cuja determinação era "identificar os processos judiciais mais antigos e adotar medidas concretas para o julgamento de todos os distribuídos até 31.12.2005 (em 1º, 2º grau ou tribunais superiores)". O ponto aqui é questionar se, de fato, existe preocupação com a sociedade no momento em que tais políticas públicas são desenhadas.

Quando lembramos que o IBGE declarou que 106 milhões de brasileiros sobreviviam com R$ 13,83 por dia em 2021, que 35 milhões de pessoas não têm acesso à água potável e metade do país não conta com tratamento de esgoto, a pergunta que fica é: para quem existe essa Justiça com avanços maravilhosos proporcionados pela tecnologia?

Se observarmos os dados de acesso à internet, segundo o Comitê Gestor da Internet no Brasil (CGI.br), vemos que 149 milhões de pessoas navegam na rede[1]. No entanto 62% só conseguem pelo celular.

---

[1] Disponível em: https://cetic.br/pt/tics/domicilios/2023/domicilios/A4/. Acesso em: 18-10-2023.

Ao olhar para quem usa internet e tem computador, vemos que 96% da classe A está no grupo, enquanto na classe C apenas 40% estão nessa condição. Descendo um degrau, chega-se a ínfimos 10%.

Acrescentando a esses dados uma fusão entre o que são as classes sociais A, B, C, D e E com a renda média da advocacia brasileira, o resultado é que 62,37% dos profissionais da área pertencem às classes C e DE.

Para fins de percepção, é importante visualizar a renda média familiar por classe, conforme se verifica no gráfico abaixo.

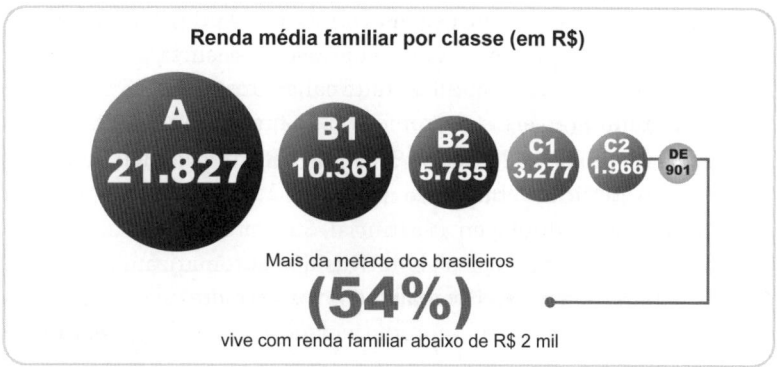

Fonte: ABEP, 2022 (ano de referência: 2021).

Veja abaixo a estratificação de domicílios em 2023:

Classe	Percentual da população	Renda mensal domiciliar
A	2,9%	< R$ 23,8 mil
B	14,2%	de R$ 7,6 mil a R$ 23,8 mil
C	30,3%	de R$ 3,2 mil a R$ 7,6 mil
D/E	52,5%	R$ 3,2 mil

Fonte: Tendência Consultoria Econômica.

Observe-se ainda que, de acordo com o 1º Estudo Demográfico da Advocacia Brasileira, pouco mais de um terço dos advogados brasileiros têm rendimento individual mensal de até dois salários mínimos no exercício da advocacia. Significa dizer que 34% das pessoas que trabalham na advocacia ganham até R$ 2.824 por mês[2].

---

[2] Disponível em: https://www.conjur.com.br/wp-content/uploads/2024/04/Perfil-ADV-2024.pdf. Acesso em: 30-4-2024.

Diante desse quadro, quem são as pessoas na área do Direito que usam uma boa internet, com velocidade e estabilidade, para participar de audiências e julgamentos de maneira virtual?

Entre os relatórios otimistas e a realidade brasileira ainda há uma distância enorme.

Mas engana-se quem acha que se trata de um discurso contra o emprego da tecnologia no Judiciário. Na verdade, é uma reflexão sobre como ela será aplicada: pensando na minoria ou na maioria?

A solução adotada na pandemia para que ninguém se afastasse dos tribunais, permaneceu exclusiva, mesmo depois de vencida a Covid-19. A internet na era digital precisa ser um meio de encurtar as distâncias, sendo uma alternativa além do método convencional.

Quando se observa o STF, por exemplo, foram 105.990 decisões proferidas no ano de 2023, sendo 99,5% de natureza virtual. No que diz respeito aos julgamentos, foram realizados 18.190, sendo apenas 96 em ambiente presencial[3].

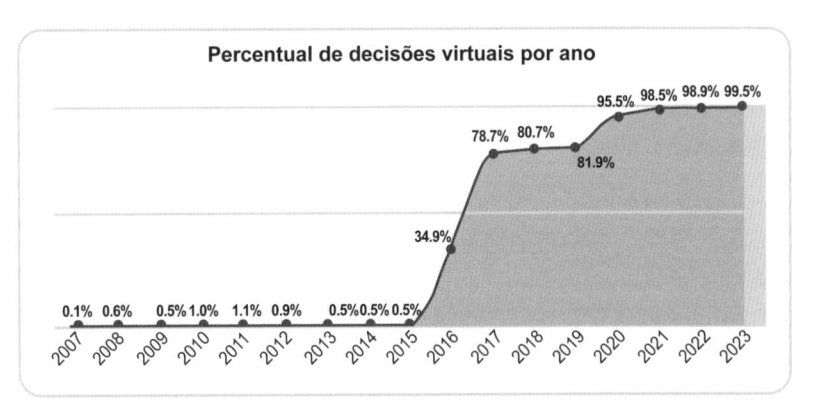

Em 2007, o STF criou o plenário virtual para a análise da repercussão geral de recursos extraordinários. Em 2016, o plenário virtual foi expandido para incluir o julgamento de agravos internos e embargos de declaração. Em 2019, o plenário virtual passou a abranger também julgamentos de medidas cautelares em ações de controle concentrado, referendos de medidas cautelares e tutelas provisórias, além de outras classes processuais cuja matéria tenha jurisprudência dominante na Corte.

---

[3]   Painel Estatístico do Supremo Tribunal Federal. Disponível em: https://transparencia.stf. jus.br/extensions/plenario_virtual/plenario_virtual.html. Acesso em: 25-6-2024.

Com a pandemia de coronavírus e a necessidade de isolamento social, o plenário virtual foi novamente ampliado em 2020 para incluir todos os tipos de processo, suprimindo a possibilidade de retirar o processo do plenário virtual em caso de pedido de sustentação oral, porque foi possibilitado enviar um vídeo com as razões.

Ocorre que toda a dinâmica de um julgamento presencial foi eliminada, na medida em que são comunicados votos de modo praticamente automático. As sessões presenciais ou por videoconferência permitem a interação e a troca de ideias entre os julgadores, incluindo intervenções e apartes, propiciando um verdadeiro processo de reflexão conjunta.

Por outro lado, no plenário virtual se verifica apenas uma soma de votos individuais, enquanto uma sessão colegiada é o que realmente promove a formação de um entendimento construído coletivamente.

Vale dizer que reunir um grupo de pessoas para debater o caso traz diferentes pontos de vista e experiências. Essa diversidade enriquece o processo criativo, permitindo a consideração de uma ampla gama de ideias e abordagens que podem não surgir individualmente. O ambiente colegiado estimula o debate e a reflexão crítica entre os julgadores. As discussões e os intercâmbios de ideias promovem um entendimento mais profundo e multifacetado das questões jurídicas, enriquecendo o processo de tomada de decisão.

Cabe ressaltar que a participação de vários julgadores reduz o risco de parcialidade e vieses individuais. Afinal, a decisão é resultado de um processo de deliberação conjunta, onde diferentes opiniões são consideradas, debatidas e equilibradas, o que aumenta a imparcialidade e a possibilidade de se chegar à justa decisão final. Além disso, a necessidade de justificar e defender as posições durante as deliberações conduz a uma análise mais detalhada e rigorosa das questões em julgamento. Os juízes são incentivados a examinar cuidadosamente os argumentos e as evidências, resultando em decisões mais bem fundamentadas e robustas.

Dessa maneira, o ambiente virtual, assim como a tecnologia, como um todo, deve ser incentivado e utilizado. Entretanto, não pode ser tratado como a única via de acesso, sob pena de impedir que pessoas mais vulneráveis possam ser ouvidas e ter os seus direitos resguardados no dia a dia.

Portanto, aqui se defende a manutenção da antiga com a abertura da nova. Sendo cero que precisamos adotar a lógica de que o acesso à Justiça não pode ser de um ou outro, mas sim de um *e* outro.

6.1.1   Litigância Predatória

A litigância predatória é uma prática de propositura massificada de processos infundados ou abusivos, com o objetivo de intimidar, desgastar ou pressionar a parte adversa. Na era digital, a tecnologia pode intensificar esse tipo de comportamento.

O impacto desse fato é enorme. São cerca de 330 mil ações e um prejuízo de R$ 2,7 bilhões por ano no Tribunal de Justiça de São Paulo. Ainda, tendo por base o estudo do IPEA e os critérios do Centro de Inteligência da Justiça do TJMG, que estimou que 30% da movimentação das varas cíveis está ligada à litigância predatória, o prejuízo ao erário foi estimado em R$ 4,4 bilhões[4].

Softwares e aplicativos que automatizam a criação e o envio de documentos judiciais podem ser usados para iniciar processos em massa com pouco esforço, incentivando a apresentação de ações predatórias.

A professora Teresa Arruda Alvim salienta que nem sempre é a parte em si que busca uma aventura jurídica, revelando que essa ação:

> é praticada por advogados que, acreditando que instituições financeiras (ou grandes empresas, em geral) seriam suas "galinhas dos ovos de ouro", ajuízam centenas, milhares de ações consumeristas, sob a "fabricada" e falsa imagem de que estariam servindo à sua função constitucional[5].

Nesse tipo de ação, algumas características são comuns, como a replicação indiscriminada de teses genéricas, sem juntada de documentos importantes e até reutilização de procuração. No relatório citado elaborado pelo Numopede, destaca-se a atenção para o fato de que,

---

[4]   Núcleo de Monitoramento de Perfis de Demandas (Numopede). Disponível em: https://www.conjur.com.br/wp-content/uploads/2023/12/FileFetch.pdf. Acesso em: 27-6-2024.

[5]   A autora narra a seguinte história: "Foi o que aconteceu, em Pernambuco, com as milhares de ações propostas por consumidores analfabetos, em face de instituições financeiras. Identificou-se, em sete comarcas do Estado, a ocorrência de captação ilegal de clientes, bem como 'irregularidades nas procurações, apropriação indébita dos valores recebidos e uso de teses jurídicas fabricadas', por um único advogado que, sozinho, protocolou mais de dez mil ações, em menos de três anos. Com a finalidade de se esquivar da ordem de suspensão de ações envolvendo validade de contrato celebrado por consumidor analfabeto, determinada pelo Tribunal, em razão da instauração de IRDR, referido advogado reproduziu as ações suspensas em novas demandas, modificando a causa de pedir de anulação dos contratos, por vício formal, para 'irregularidade na contratação das cestas de serviços'". Disponível em: https://www.migalhas.com.br/coluna/questao-de-direito/396509/litigancia-predatoria-serio-prejuizo-a-advocacia-e-acesso-a-justica. Acesso em: 27-6-2024.

uma vez determinado o comparecimento da parte autora em juízo, declarou-se "que não tinha o conhecimento ou a intenção de ajuizar a referida ação".

Outro atributo é a pulverização e fragmentação de pedidos, com a distribuição de mais de uma ação para a mesma parte autora (15 processos e, em alguns casos, até mais), inclusive na mesma data, todas sobre o mesmo assunto[6].

No entanto, a tecnologia pode ser uma ferramenta poderosa para combater a litigância predatória e melhorar a eficiência judicial. Ferramentas de IA podem analisar grandes volumes de dados processuais para identificar padrões de litigância predatória. Algoritmos podem detectar comportamentos atípicos, como a repetição de processos similares por um mesmo autor, ajudando os tribunais a identificarem litigantes abusivos.

Por sua vez, a análise de *big data* permite monitorar e rastrear tendências em processos judiciais, identificando casos que se encaixam no perfil de litigância predatória. Isso facilita a detecção precoce e a adoção de medidas preventivas.

No tema 1198 do STJ, discute-se a:

> possibilidade de o juiz, vislumbrando a ocorrência de litigância predatória, exigir que a parte autora emende a petição inicial com apresentação de documentos capazes de lastrear minimamente as pretensões deduzidas em juízo, como procuração atualizada, declaração de pobreza e de residência, cópias do contrato e dos extratos bancários.

Assim, embora seja uma realidade social que atrapalha muito o acesso à justiça, é possível identificarmos também a criação de mecanismos e ferramentas que ajudem a coibir esse tipo de prática, que precisa ser combatida duramente.

6.2   REFORMAS INSTITUCIONAIS POSSÍVEIS

Nos últimos anos, temos assistido um fenômeno chamado judicialização da política, que acabou atraindo o Judiciário para o centro do debate público e dos jornais.

---

[6]   Núcleo de Monitoramento de Perfis de Demandas (Numopede). Disponível em: https://www.conjur.com.br/wp-content/uploads/2023/12/FileFetch.pdf. Acesso em: 27-6-2024.

Segundo levantamento do GLOBO, foram 69 ações apresentadas entre janeiro e junho de 2023. No mesmo período de 2019, após o ex-presidente Jair Bolsonaro tomar posse, 53 ações desse tipo tinham sido levadas à Corte, enquanto em 2015, no início do segundo mandato de Dilma Rousseff, havia 59[7].

Destaca-se a declaração do presidente do PV nesse sentido, segundo o qual as ações são uma forma de contornar dificuldades no Congresso Nacional e na própria sociedade. Diz ainda que, antes de criticar a judicialização da política, é necessário defender a melhora do Legislativo.

> Já que não conseguimos pautar algumas questões nas casas de ideias, estamos indo para o Judiciário. Achamos meio descabida a judicialização da política, mas temos que dizer que precisamos melhorar o Legislativo.

Esse comportamento vem sendo objeto de crítica dentro da própria Corte. Em palestra proferida no ano de 2023, o ministro Luiz Fux afirmou que deputados federais e senadores devem parar de acionar a Corte em questões que cabem ao Congresso Nacional legislar e lidar com o ônus eleitoral de suas propostas[8].

> Em primeiro lugar, o Parlamento deve assumir o custo social. O que não pode haver é essa judicialização que tem havido. Tudo eles vão ao Supremo Tribunal Federal porque não querem pagar o custo social de uma deliberação que não agrade o povo.

E prosseguiu com um exemplo muito emblemático:

> Há questões que o judiciário não tem competência legal. Como sobre o código florestal, por exemplo, nós que vamos dizer o que é certo? Nós não temos nem formação para isso. É preciso que não haja esse excesso de judicialização nem da justiça, nem das questões sociais.

---

[7]   Disponível em: https://oglobo.globo.com/politica/noticia/2023/06/politicos-vao-ao-stf--a-cada-dois-dias-contra-atos-do-governo-e-do-congresso.ghtml. Acesso em: 22-5-2024.

[8]   Disponível em: https://oglobo.globo.com/politica/noticia/2023/05/fux-diz-que-congresso-deve-parar-de-judicializar-a-politica-e-lidar-com-onus-de-suas-propostas.ghtm. Acesso em: 22-5-2024.

Em pesquisa realizada em 7-5-2024 pela revista *VEJA*, concluiu-se que "os partidos moveram nada menos que 807 ações de inconstitucionalidade para contestar leis aprovadas em plenário, anular decisões do Executivo e do Legislativo ou forçar governantes a agir em casos em que se acreditava estar havendo omissão"[9].

O exame aponta ainda que, "segundo o Supremo, mais de 75% desses processos foram protocolados por partidos de esquerda após terem sido derrotados no Congresso ou terem pedidos negados pela União. Os campeões são PDT, PSB, Rede, PT e PSOL, todos eles da base do governo". Por outro lado, o Novo "protocolou 12 processos na Corte desde o início do terceiro mandato de Lula (o que faz dele o campeão na atual gestão), mais do que as oito movidas pelo partido durante os quatro anos da gestão Bolsonaro".

807 AÇÕES
FORAM PROTOCOLADAS PELAS LEGENDAS NESSE PERÍODO

75%
DOS PROCESSOS FORAM MOVIDOS POR AGREMIAÇÕES DE ESQUERDA

12 DEMANDAS
FORAM APRESENTADAS PELO NOVO DESDE QUE LULA TOMOU POSSE, EM JANEIRO DE 2023, O QUE FAZ DELE O PARTIDO QUE MAIS ACIONOU O STF NESSE PERÍODO

Fonte: STF.

Por isso, nos últimos anos, a forma como nossa Suprema Corte vem se relacionando com os demais Poderes foi objeto de protestos, que chegaram a pedir seu fechamento ou a prever ainda uma alternativa: aumentar significativamente o número de ministros.

Obviamente não é exagero qualificar ambas as empreitadas como golpistas. Afinal, dentro de qualquer regime autoritário, um dos primeiros atos é justamente o fechamento do Congresso e da Suprema

---

[9] Disponível em: https://veja.abril.com.br/brasil/partidos-acionaram-stf-mais-de-800-ve-zes-desde-2018 Acesso em: 22-5-2024.

Corte. Do outro lado, em outubro de 2003, Hugo Chávez, com maioria no Congresso venezuelano, conseguiu implantar a medida, fazendo sua Corte sair de 20 para 32 juízes.

Entretanto é bom lembrar que existem propostas de modificações do STF sem chegar a uma ruptura constitucional e democrática. O curioso é que isso já vem sendo implementado por iniciativa do próprio tribunal.

Em dezembro de 2022, o Supremo aprovou uma mudança importantíssima em seu regimento interno, durante a presidência da ministra Rosa Weber, estabelecendo que os pedidos de vista deverão ser devolvidos no prazo de 90 dias, contando da data da publicação da ata de julgamento. Assim, após esse período, os autos estarão automaticamente liberados para continuidade da análise pelos demais ministros[10].

Seguindo na mesma direção, a Emenda Regimental 58/2022 também determina que, em casos de urgência, a decisão monocrática do relator deve ser levada imediatamente para confirmação dos demais colegas no plenário virtual, como regra[11].

A reformulação do sistema se iniciou na gestão do ministro Dias Toffoli, em 2018, e recebeu propostas de todos os ministros, que a aprovaram por unanimidade, demonstrando que a Corte está integralmente dedicada a atualizar e sofisticar seus serviços.

Além de evitar paralisações por tempo indeterminado nos processos, buscou-se a implantação de um controle interno, com previsão de situações e consequências, a fim de evitar que decisões individuais deixem de ser julgadas.

O resultado gerado é extremamente benéfico para o próprio STF e para o país, na medida em que ocorreu um aprimoramento do desenho funcional do tribunal em que o processo seguirá o seu curso, mesmo que eventualmente alguém possa tentar impedir seu andamento.

Trata-se, portanto, de retirar poder do indivíduo que está no cargo, dificultando abusos e desmandos pessoais. E passa-se a fortalecer uma grande instituição, solidificando a racionalidade do sistema, de modo a

---

[10]   Art. 134. O ministro que pedir vista dos autos deverá apresentá-los, para prosseguimento da votação, no prazo de 90 (noventa) dias, contado da data da publicação da ata de julgamento. (...) § 5ª Vencido o prazo previsto no *caput*, os autos estarão automaticamente liberados para a continuação do julgamento.

[11]   § 5ª A medida cautelar concedida nos termos do inciso V produzirá efeitos imediatos e será automaticamente inserida na pauta da sessão virtual subsequente, para julgamento do referendo pelo colegiado competente.

favorecer o cumprimento de seu dever constitucional, gerando maior confiabilidade institucional e mais estabilidade jurídica.

6.3 DESJUDICIALIZAÇÃO

A Meta 9 do CNJ tem por objetivo a integração da Agenda 2030 da ONU ao Poder Judiciário. Para isso, os tribunais devem realizar ações de prevenção ou desjudicialização de litígios voltadas aos ODS da Agenda 2030.

De acordo com o glossário da Meta, entende-se por "desjudicialização" a ação voltada à resolução de conflitos, em sua gênese, promovendo pacificação social apta a cumprir os Objetivos de Desenvolvimento Sustentável. Assim, desjudicializar significa reverter a judicialização excessiva a partir da prevenção, localizando a origem do problema e encontrando soluções pacíficas por meio de técnicas de conciliação ou mediação com atores do sistema de justiça, sem que cause impacto no acesso à justiça.

Justiça Multiportas é um conceito que se refere à ideia de oferecer múltiplos caminhos ou portas de acesso para a resolução de conflitos, além do sistema judicial tradicional, o que inclui métodos como mediação, conciliação, arbitragem, negociação colaborativa, facilitação, entre outros.

Ao oferecer alternativas ao sistema judicial formal, a Justiça Multiportas pode reduzir a burocracia e acelerar o processo de resolução de disputas. Isso contribui para uma justiça mais ágil e acessível.

Sobre o tema, a professora Flavia Pereira Hill tece a seguinte consideração:

> Tornar a Justiça Multiportas uma realidade implica construir concreta e laboriosamente novas portas de acesso ao sistema de justiça como um todo, que se coloquem ao lado da porta de acesso ao Poder Judiciário, dentro da concepção de pluralismo decisório ou jurisdição compartilhada, expressões sabiamente cunhadas por Mancuso. Sem esse esforço concreto, nos contentaremos com a Justiça Multiportas enquanto miragem, que muito se anuncia, mas que, ao se aproximar dela, o jurisdicionado descobre ser, na verdade, uma doce ilusão, tão envolvente quanto utópica[12].

A partir de 2007, é possível observar um avanço significativo da desjudicialização no Brasil, com a introdução de leis que transferem ou

---

[12] Hill, F. P. Desjudicialização e acesso à justiça além dos tribunais: pela concepção de um devido processo legal extrajudicial. *Revista Eletrônica de Direito Processual*, 22(1), 2020. DOI: https://doi.org/10.12957/redp.2021.56701.

compartilham as responsabilidades, antes exclusivas do Poder Judiciá-rio, para novos atores institucionais, destacando-se os cartórios extra-judiciais. Apesar desse movimento, frisa-se que a fiscalização contínua dessas atribuições permanece sob a responsabilidade dos tribunais lo-cais e do Conselho Nacional de Justiça, que zelam pela observância da garantia dos direitos fundamentais da população que busca tal alterna-tiva, seguindo o que se chama de *devido processo legal extrajudicial*[13].

Essa questão tende a se tornar mais necessária quando analisamos as execuções. De acordo com o CNJ, "o Poder Judiciário contava com um acervo de 81 milhões de processos pendentes de baixa no final do ano de 2022, sendo que mais da metade desses processos (52,3%) se referia à fase de execução"[14].

Os dados mostram que, apesar de ingressar no Poder Judiciário quase duas vezes mais casos em conhecimento do que em execução, no acervo a situação é inversa: a execução é 34,9% maior.

E novamente lidamos com o problema do Estado ineficiente. A maior parte dos processos de execução é composta pelas execuções fis-cais, que representam 64% do estoque em execução. Esses processos são os principais responsáveis pela alta taxa de congestionamento do Poder Judiciário, representando aproximadamente 34% do total de ca-sos pendentes e congestionamento de 88% em 2022.

Por esse motivo, Márcio Faria entende que é preciso buscar novas formas de realizar as execuções, para além do meio judicial.

Diante desse cenário desalentador, parece de todo recomendável uma mudança de perspectiva que implique a imposição de "travas neces-sárias" ou "obstáculos legítimos" à execução integralmente judicial (ou judicializada), seja por conta da injustificável exigência de reserva de juiz

---

[13] Ibidem. A autora sugere a expressão, com base na seguinte consideração: "como vimos in-sistindo desde que começamos a pesquisar o tema, anos atrás, faz-se de todo necessário reite-rar o compromisso com a observância das garantias fundamentais do processo nos procedi-mentos desjudicializados. Não se pode compactuar com eventual decréscimo garantístico em decorrência da desjudicialização". Prossegue afirmando que: "e as funções assumidas pelos cartórios extrajudiciais em decorrência da desjudicialização caracterizam-se como jurisdição, conforme desenvolvemos na noite anterior do presente trabalho, então, consequentemente, mostra-se indispensável configurar o devido processo legal extrajudicial, que corresponde, precisamente, ao devido processo legal a ser observado nos cartórios extrajudiciais em razão do fenômeno da desjudicialização".

[14] Disponível em: https://www.cnj.jus.br/wp-content/uploads/2023/08/justica-em-nume-ros-2023.pdf.

para a prática de atos não decisórios (como, por exemplo, os atos de comunicação processual ou mesmo de condução de expropriações, que poderiam facilmente ser delegados a terceiros sem prejuízo aos jurisdicionados), seja por conta dos baixíssimos índices de satisfação que a execução civil brasileira tem proporcionado, como visto[15].

E essa tem sido a solução adotada nos últimos tempos. O Supremo Tribunal Federal decidiu, no julgamento do RE 1.355.208, que é legítima a extinção de execuções fiscais de baixo valor pela ausência de interesse de agir, tendo em vista o princípio constitucional da eficiência administrativa, reconhecendo que existem métodos mais econômicos para os entes federativos lidarem com dívidas de pequeno valor.

O uso de alternativas extrajudiciais, como o Protesto de títulos e conciliação, ganha destaque e a medida representa um avanço significativo na busca por soluções que reduzam o estoque de execuções fiscais pendentes, proporcionando uma Justiça mais eficaz e ágil para todos os brasileiros.

Para efeito de aplicação da repercussão geral, o Tribunal aprovou, por unanimidade, a seguinte tese:

1. É legítima a extinção de execução fiscal de baixo valor pela ausência de interesse de agir tendo em vista o princípio constitucional da eficiência administrativa, respeitada a competência constitucional de cada ente federado.

2. O ajuizamento da execução fiscal dependerá da prévia adoção das seguintes providências: a) tentativa de conciliação ou adoção de solução administrativa; e b) protesto do título, salvo por motivo de eficiência administrativa, comprovando-se a inadequação da medida.

3. O trâmite de ações de execução fiscal não impede os entes federados de pedirem a suspensão do processo para a adoção das medidas previstas no item 2, devendo, nesse caso, o juiz ser comunicado do prazo para as providências cabíveis.

A ministra Cármen Lúcia, relatora do caso, lembrou que:

Com o advento da Lei 12.767, a extinção das execuções fiscais de baixo valor não mais se restringe a legislação do ente Federado diverso do atingi-

───────────
15   FARIA, Márcio Carvalho. Reformar e racionalizar a execução civil: um caminho necessário. *Suprema*: revista de estudos constitucionais, Brasília, v. 3, n. 1, p. 239-282, jan./jun. 2023. DOI: https://doi.org/10.53798/suprema.2023.v3.n1.a236.

do porque, pelo parágrafo único, a possibilidade de Protesto está estendida a todos os entes e, portanto, compete a cada um deles escolher quais são esses valores e como se está a promover o Protesto ou a execução fiscal, desde que motivadamente. Com essa alteração Legislativa, possibilitou-se outro meio para satisfação do que devido às entidades públicas, suas autarquias e Fundações, com a possibilidade de se levar a Protesto Certidões de Dívida Ativa. A Fazenda Pública de qualquer dos entes passou a dispor de outro instrumento para conduzir o devedor a regularizar sua situação fiscal, além do ajuizamento direto, primário e único da execução fiscal.

Durante a sessão, o ministro Luís Roberto Barroso salientou que:

> a pesquisa empírica demonstrou que o Protesto é muito mais eficiente do que a instauração direta da execução. O que nós queremos é que o Protesto seja sempre feito, a menos que se demonstre porque ele não é conveniente naquele caso. Portanto, aí, é uma questão de eficiência importante, independentemente do valor. E prosseguiu afirmando que "a execução fiscal é o maior gargalo da Justiça brasileira e essa decisão vai permitir que nós possamos avançar de maneira significativa na redução do estoque das execuções fiscais existentes no País".

Portanto, desafogar as execuções judiciais é uma medida que pode trazer inúmeros benefícios para o acesso à justiça. Reduzir o número de execuções pendentes melhora a eficiência do sistema judicial, permitindo que os tribunais se concentrem em casos mais complexos e urgentes. Isso agiliza o andamento dos processos e reduz o tempo de espera para a resolução de disputas.

Outro fator que é influenciado se verifica na diminuição dos custos associados ao processamento de casos judiciais, como despesas com pessoal, infraestrutura e outros recursos necessários para a tramitação dos processos. Com isso, empresas e indivíduos que conseguem resolver disputas rapidamente podem operar em um ambiente mais previsível e seguro, estimulando investimentos e atividades econômicas.

Por fim, há benefícios individuais e coletivos que tendem a dissuadir comportamentos procrastinadores e promover uma cultura de respeito às decisões judiciais.

Portanto, esse movimento pode gerar um ciclo virtuoso, que vai desde a melhoria da eficiência e qualidade do sistema judicial até a promoção de métodos alternativos de resolução de conflitos, fortalecendo o acesso à justiça e a confiança nas instituições judiciais.

CONCLUSÃO

Nossa pesquisa é um trabalho de diagnóstico, no qual buscamos responder algumas perguntas relativas ao acesso à justiça, a fim de promover novas soluções. A proposta se volta a compreender a evolução desse princípio ao longo do tempo, utilizando ferramentas auxiliares interdisciplinares, como a economia, a estatística e a psicologia.

Essas ferramentas nos deram subsídios para sedimentar, com evidências empíricas, questões intuitivas, como a ausência de confiança no Poder Judiciário, bem como desmistificar outras, como a chamada cultura de superlitigância no país.

Assim vemos que, cada vez mais, o Poder Judiciário ganha importância na vida dos cidadãos tanto do ponto de vista individual quanto do coletivo. O acesso à justiça se torna mais relevante, na medida em que novos direitos surgem e novas relações vão sendo construídas, ao longo do tempo. Assim, em estudo paradigmático acerca da prestação da tutela jurisdicional, Mauro Cappelleti identificou três questões que deveriam ser melhoradas para o Judiciário cumprir seu papel, quais sejam, o aumento da entrada da população pobre, a coletivização das demandas, bem como procurar formas ótimas de se interpretar os institutos do processo para se obter a execução do serviço público mais concreta, em seu objeto.

Foi preciso estudar e delimitar o que seria a construção de uma definição mais contemporânea de acesso à justiça, quando chegamos, em conjunto, à conclusão de que é um princípio multifacetado, no qual, apenas na primeira fase, encontra-se com o direito de ação, no sentido de ser o direito de provocar o Judiciário.

De natureza quase que absoluta, porquanto a provocação é impossível de se obstar, foi preciso ir além para compreender que ele também engloba a noção de se exigir a implementação de um processo justo, com a observância de todos os princípios constitucionais incidentes no processo, para que cada garantia seja respeitada e, dessa forma, encontrar um caminho legítimo de atuação estatal, de modo a realizar a justiça do caso concreto, com sua incidência em cada etapa do processo.

Nos demais aspectos, vimos ser possível a harmonização do princípio do acesso à justiça, frente às condições de ação e, mais especificamente, ao interesse de agir que, ao contrário do que se possa pensar em princípio, não flexibiliza o acesso, mas sim o legitima, como condição expressa por meio da necessidade de se provocar o Judiciário para resolver os conflitos que as pessoas não deram conta de fazê-lo.

Nesse sentido foi que observamos a criação de novas vias de acesso à resolução de conflitos – como uma ampliação do conceito de acesso à justiça, tendo em vista que esse é o objetivo máximo do cidadão – de modo a compatibilizar as portas abertas do Poder Judiciário, com novas formas de se fazer justiça. E, por conseguinte, encontramos as Câmaras de Conciliação Prévia Trabalhistas, a exigência de se realizar requerimento administrativo prévio no INSS, bem como a união entre as plataformas consumidor.gov.br e PJ-e para dirimir as questões atinentes ao direito do consumidor.

Depois de realizar uma profunda reflexão acerca do sentido e alcance especificamente do acesso à justiça, foi necessário refletir acerca do que poderia especificamente se relacionar com o princípio objeto desta tese.

Identificamos três espécies de incentivos sistêmicos: legais, sociais e judiciais, que se relacionam entre si, num movimento cíclico que se retroalimenta, tanto de maneira positiva quanto de modo negativo.

Demos seguimento ao verificar que o atual CPC fornece uma série de ferramentas que estão ao alcance do intérprete de implementar, seja no plano interno estatal, quanto do social, bem como judicial. Dessa forma, foi caracterizado como um bom lugar para investir seu tempo para consertar ou reestruturar o sistema processual pátrio.

Dessa maneira, foi preciso abrir os trabalhos mais centrais, após estabelecidas as premissas teóricas para poder estudar a legislação em vigor a respeito de sua relação direta com o princípio do acesso à justiça.

Assim, compreender como foi construído o atual CPC foi de suma importância para observar o potencial que existe no mundo normativo de se implementar uma ampla tutela jurisdicional, no sentido de extensão horizontal, de número de jurisdicionados atendidos, bem como no sentido de profundidade, que se traduz na relação com a qualidade prestacional do serviço.

A partir do estudo dos vários institutos do atual CPC, destacamos as normas fundamentais, onde aprofundamos na análise do princípio da eficiência a fim de encontrar a possibilidade de maximizar o acesso à justiça. Afinal, um Judiciário que não é eficiente pode e deve melhorar sua prestação. Dessa forma, desenvolvemos nosso trabalho a fim de buscar elementos que pudessem conduzir para um panorama comparativo da instituição com relação às demais nacionais e internacionais.

Verificamos sua ineficiência alocativa frente aos demais países do mundo, demonstrando uma necessidade de reformulação do quadro, que impacta de sobremaneira no acesso à justiça, porquanto também gera déficit de qualidade, apesar de sua alta produtividade numérica. Em outras palavras, o nosso Judiciário se mostrou muito caro, tendo como referência as demais instituições nacionais e do restante do globo terrestre. Em contrapartida, apesar da alta produtividade em números, a qualidade das decisões não agrada o jurisdicionado, até porque é impossível dar conta de todo o acervo, com a observância de todos os princípios constitucionais necessários.

Isso faz com que seja evidenciada também uma ineficiência produtiva, sendo a qualidade das decisões questionáveis e os recursos alocados muito além dos demais, não se observa o critério de economicidade essencial para que haja um amplo e profundo acesso à justiça.

Assim, o cerne da segunda parte da presente pesquisa foi buscar na legislação os incentivos necessários para conquistar essas finalidades de acessar à justiça de um modo mais efetivo e eficiente.

Com isso, tivemos a segurança de nos posicionar pela existência de diversos mecanismos no atual CPC que contêm o potencial de ampliar e aprofundar esse princípio, desde que aplicados de modo correto.

Após essa questão, em uma análise acurada, observamos que os incentivos sociais se relacionam naturalmente com a edição das leis, assim como na forma de trabalho do Poder Judiciário.

O mundo evoluiu muito e novas ferramentas estão à disposição dos operadores do direito a fim de tornar tal serviço público mais eficiente e adequado possível, com a criação de institutos capazes de abarcar as relações multifacetadas presentes na contemporaneidade.

Conforme antecipado, é preciso buscar auxílio de outros campos da ciência a fim de que se possa compreender todos os efeitos que os fatos jurídicos geram para que se consiga resolver os problemas existentes, sem que sejam gerados novos, a partir de uma medida mal concebida.

Sabendo que o magistrado e as partes estão inseridos numa sociedade complexa e, como tal, ecoam diversas e incontáveis informações a respeito de tudo, entender todo o quadro que envolve as potenciais demandas individuais e coletivas se evidencia de extrema importância para o desenvolver das questões seguintes. Delimitar a influência dos incentivos materiais, políticos e normativos em um sistema legalmente já estruturado é a pretensão da presente proposta, em sua quarta parte. Saber, partindo de balizas científicas interdisciplinares, se é possível que o Poder Judiciário possa prestar uma tutela efetiva, dentro das perspectivas e dos elementos existentes na realidade.

Para tanto, foi preciso revisitar a lição revolucionária de Mauro Cappelletti com relação ao acesso à justiça, com o auxílio da análise econômica do direito e da psicologia para saber se os agentes atuantes no processo poderiam responder como a sociedade deseja.

Por meio de uma pesquisa empírica pioneira, realizada numa amostra de quase duas mil pessoas, analisada sob o prisma da economia e da psicologia, encontramos grandes fatores que formam barreiras de acesso ao Poder Judiciário, que demonstraram como o brasileiro tem grande resistência em procurar a tutela jurisdicional para resolver seus problemas.

Foi possível atestar sintomas do comportamento do brasileiro no concernente à tendência a realizar acordo na audiência de conciliação/mediação, bem como a aceitação do resultado do processo e sua inclinação à interposição posterior de recurso.

Com os índices extraídos do questionário apresentado, calculamos o impacto exato da jurisprudência sobre o estado da (in)segurança jurídica no país, revelando um quadro nunca quantificado em nosso ordenamento jurídico.

Encontramos, no fim da quarta parte, a nota do Judiciário concedida pela sociedade, com uma média geral de 4,36 – em uma escala de 0 a 10 – evidenciando o pouco grau de confiança que detém a instituição.

A partir desse ponto, surgiu, como instrumento de auxílio para compreender esse fenômeno e seus efeitos, a Psicologia Social, na especificidade da Teoria da Profecia Autorrealizadora, a qual explica como um pensamento ou conceito pode produzir efeitos futuros sobre terceiros, como visto.

Nessa perspectiva, a baixa expectativa da sociedade sobre o Judiciário leva a (i) evitar ao máximo acessá-lo; (ii) uma vez utilizado o serviço, querer encerrar tão logo quanto possível o processo; e (iii) recorrer o máximo possível, tendo em vista a não sedimentação dos temas pelos Tribunais de modo devido.

Após esse contundente choque de realidade, era importante investigar como a jurisprudência estava se comportando na prática, para passar uma imagem tão ruim à sociedade.

Por fim, sobre este ponto, chegamos ao incentivo judicial, que foi amplamente debatido no Capítulo 5 ao expor a deficiência de nosso órgão jurisdicional.

Para tanto, elegemos os Tribunais Superiores, STF e STJ, na função de tribunais de produção de teses que se irradiam para todo território nacional, avaliando alguns casos concretos e sua mensagem aos demais órgãos jurisdicionais e à sociedade brasileira.

Descobrimos que a busca pela fixação de tese, enquanto precedente a ser seguido, ainda tem um longo caminho pela frente, sendo certo que os ministros do STF têm dificuldade de utilizar o mecanismo da Repercussão Geral devidamente, por exemplo.

Os precedentes, conforme exposto, são tratados como efêmeros, com o Tribunal mudando posicionamento diametralmente oposto, em um espaço de apenas seis meses, ou, em caso mais grave ainda, ministro não aplicando tese fixada há pouquíssimo tempo[1].

Conforme apresentado, esse tipo de comportamento cria óbices que somente podem ser mitigados, não especificamente pela utilização das ferramentas concedidas pelo atual CPC, mas sim por uma mudança de comportamento na própria prestação da tutela jurisdicional. Entretanto, quando o próprio tribunal que proferiu o posicionamento não o respeita, é um incentivo aos demais fazerem o mesmo.

É importante adotar uma postura que privilegie e fortaleça o decidido pelo colegiado dos tribunais, gerando estabilidade nas decisões em

---

[1] No período em que o STF permitia a execução provisória da pena após o julgamento em 2ª instância, o ministro Marco Aurélio concedeu um *habeas corpus* para impedir a prisão de um empresário condenado por participação na chacina de Unaí, em Minas Gerais, Hugo Alves Pimenta. A decisão é do dia 14-8-2019. O ministro também faz críticas ao STF por adiar um novo julgamento sobre a prisão após o julgamento em segunda instância e diz que a Corte é a "última trincheira da cidadania". O ministro Marco Aurélio afirma ainda que, ao tomar posse no STF, há 29 anos, jurou cumprir a Constituição Federal e observar as leis do País, "e não a se curvar a pronunciamento que, diga-se, não tem efeito vinculante". "Em época de crise, impõe-se observar princípios, impõe-se a resistência democrática, a resistência republicana. De todo modo, há sinalização da matéria vir a ser julgada", diz. Disponível em: https://www.conjur.com.br/2019-ago-20/marco-aurelio-suspende-prisao-condenado-instancia. Acesso em: 1º-2-2020.

efeito cascata até que isso passe para a sociedade em geral, que reconhece a grande importância dos Tribunais Superiores.

Buscou-se demonstrar, também, que os filtros recursais não atravancam o acesso à Justiça, mas sim melhoram sua qualidade, justamente por forçar os Tribunais Superiores a se debruçarem sobre questões relevantes à sociedade, ou parte significativa dela, evitando anomias no ordenamento jurídico, e efetivando os valores constitucionais de economia processual, segurança jurídica, isonomia, devido processo legal e pleno acesso à justiça.

Destarte, os diversos mecanismos previstos pelo atual CPC, se e quando usados devidamente, dão racionalidade ao sistema e são meios de contenção que buscam evitar que os Tribunais Superiores fiquem presos a demandas repetitivas que se avolumam e possam se debruçar com mais qualidade a temas que impactam parcela significativa da população, oferecendo solução adequada, harmonizando a lei à Constituição, promovendo assim os valores constitucionais, bem como dando real eficácia aos direitos e garantias fundamentais.

Assim, para termos o princípio do acesso à justiça em sua máxima potência, precisamos entendê-lo ser multifásico, como o Direito a ter Direitos, cuja observância obrigatória gera o processo justo, dentro de um Judiciário eficiente e efetivo, cujas decisões sejam respeitadas por si mesmo, em todos os seus órgãos, propiciando maior incentivo à confiança pela sociedade, saindo de um ciclo vicioso e formulando um ciclo virtuoso, no qual o jurisdicionado possa ingressar com uma ação livremente, sem qualquer receio, sabendo as probabilidades de seu êxito e aceitando o resultado, com a consciência de que ele foi obtido por um meio completamente legítimo e, por conseguinte, formando rota de diminuição exponencial dos problemas da prestação da tutela jurisdicional.

REFERÊNCIAS

AGUIAR SILVA, J. C. P. de. *Problemas de Derecho Procesal*. Buenos Aires: [s.n.], 1963.

ALEXY, Robert; DREIER, Ralf. Precedent in the Federal Republic of Germany. In: MACCORMICK, Neil; SUMMERS, Robert (Coords.). *Interpreting Precedents*: a comparative study. Dartmouth Publishing Company, 1997.

ALMEIDA, Gregório Assagra de. *Direito processual coletivo brasileiro*: um novo ramo do direito processual. São Paulo: Saraiva, 2003.

ALMEIDA, T. Século XXI: a mediação de conflitos e outros métodos não adversariais de resolução de controvérsias. Resultado. *Revista de Mediação e Arbitragem Empresarial*, [s.l.], v. 2, n. 18, p. 9-11, mar./abr. 2006.

ALPA, Guido. Interessi Diffusi. *Revista de Processo*, São Paulo: Revista dos Tribunais, n. 81, p. 146-159, jan./mar. 1996.

AMARAL SANTOS, M. *Comentários ao Código de Processo Civil*. Rio de Janeiro. Forense. v. 4.

AMSTUTZ, Marc; ABEGG, Andreas; KARAVAS, Vaios. Civil Society Constitutionalism: The Power of Contract Law. *Indiana Journal of Global Legal Studies*. v. 14, Issue 2, p. 235-258 (Article), DOI: 10.1353/gls.0.0009, Summer 2007.

ANDOLINA, Italo; VIGNERA, Giuseppe. *Il modello costituzionale del processo civile italiano*: corso di lezioni. Turim: G. Giappichelli, 1990.

ANDREWS, Neil. Multi-party proceedings in England: representative and group actions. *Duke Journal of Comparative and International Law*, v. 11, 2001.

ANGIULI, Annamaria. *Interessi collettivi e tutela giurisdizionale*. Nápoles: Novene, 1986.

AROCA, Juan Montero. *Evolución y futuro del derecho procesal*. Bogotá: Temis, 1984;

_____. El viejo modelo procesal liberal y escrito (o el proceso de la LEC de 1881). In: *Los principios políticos de la nueva Ley de Enjuiciamiento Civil*: los poderes del juez y la oralidad. Valencia: Tirant lo Blanch, 2001.

AUERBACH, J. S. *Justice Without Law?* Resolving Disputes Without Lawyers. New York: Oxford University Press, 1983. Disponível em: http://links.jstor.org/sici?sici=0002-8762(198404)89%3A2%3C533%3AJWLRDW%3E2.0.CO%3B2-F. Acesso em: 12-6-2015.

AVERY, M. et al. Building United Judgment: A Handbook for Consensus Decision Making. 731 State Street, Madison, WI 53703: Center for Conflict Resolution, 1981.

BACELLAR, R. P. *Juizados especiais:* a nova mediação paraprocessual. São Paulo: Revista dos Tribunais, 2003.

BACHARACH, M.; GUERRA, G.; ZIZZO, D. J. The Self-fulfilling Property of Trust: An Experimental Study. *Theory and Decision*, 63, 2007.

BARACHO, José Alfredo de Oliveira. *Teoria geral do processo constitucional*. Doutrinas essenciais de direito constitucional. São Paulo: Revista dos Tribunais, 2011. v. V.

BARBOSA MOREIRA, J. C. Breve noticia sobre la conciliación em el proceso civil brasileño. In: *Temas de direito processual*. 5. s. São Paulo: Saraiva, 1994.

_____. *Temas de direito processual*. 9. s. São Paulo: Saraiva, 2007.

_____. *Comentários ao Código de Processo Civil*. 12. ed., n. 266.

BARROSO, L. R. *O direito constitucional e a efetividade de suas normas*. Rio de Janeiro: Renovar, 2000.

_____. Judicialização, ativismo judicial e legitimidade democrática. Disponível em: http://www.oab.org.br/editora/revista/users/revista/1235066670174218181901.pdf.

_____. Neoconstitucionalismo e constitucionalização do direito: o triunfo tardio do direito constitucional no Brasil. Disponível em: http://www.luisrobertobarroso.com.br/wp-content/themes/LRB/pdf/neoconstitucionalismo_e_constitucionalizacao_do_direito_pt.pdf.

_____. Contramajoritário, representativo e iluminista: os papéis das cortes constitucionais nas democracias contemporâneas. Disponível em: http://www.luisrobertobarroso.com.br/wp-content/uploads/2015/12/O-papel-das-cortes-constitucionais.pdf.

BATEUP, C. The dialogic promise: assessing the normative potencial of Theories of Constitutional Dialogue. *Brooklin Law Review*, v. 7, New York, 2006.

BAUM, Lawrence. *A Suprema Corte Americana*. Rio de Janeiro: Forense Universitária, 1987.

BEDAQUE, J. R. *Direito e processo*. São Paulo: Malheiros, 1995.

_____. *Efetividade do processo e técnica processual*. 3. ed. São Paulo: Malheiros, 2010.

BEIGNIER, Bernard. *Le nouveau Code de procédure civile*: un droit des professeurs? In: CADIET, Loïc; CANIVET, Guy (Dirs.). *De la commémoration d'un code à l'autre*: 200 ans de procédure civile en France. Paris: Litec, 2006.

BIDART, A. G. *El Tiempo y el Proceso*. *Revista de Processo*, São Paulo: Revista dos Tribunais, v. 34, 2009.

BIGGS, M. Self-fulfilling prophecies. In: HEDSTRÖM, P.; BEARMAN, P. (Eds.). *The Oxford handbook of analytical sociology*. New York: Oxford University Press, 2009, p. 294-314.

BODART, B. V. da R.; SILVA, I. S. do N. A exequibilidade imediata da sentença no novo CPC. In: FREIRE, Alexandre et al (Orgs.). *Novas tendências do processo civil*: estudos sobre o projeto do novo CPC. Salvador: JusPodivm, 2013.

BORRÈ, Giuseppe. *Esecuzione forzata degli Obblighi di fare e di non fare*. Napoli: Jovem, 1966.

BUZAID, Alfredo. *Do agravo de petição no sistema do Código de Processo Civil*. São Paulo: Saraiva, 1956.

CABRAL, Antônio do Passo. O novo procedimento-modelo (Musterverfahren) alemão: uma alternativa às ações coletivas. *Revista de Processo*, São Paulo: Revista dos Tribunais, v. 32, n. 147, p. 123-146, maio 2007.

CADIET. L. Processo civil entre eficiência e garantia. Congresso Internacional de Direito Processual Civil: Universidade do Estado do Rio de Janeiro, 2013.

CALAIS-AULOY, Jean. Die Regelung von Rechtsstreiten auf gerichtlichem Weg: Die Lage in Frankreich. In: *Europäische Konferenz über den Zugang der Verbraucher zur Justiz*. Lisboa: Instituto do Consumidor, 1994. v. III.

CALMON, P. *Fundamentos da mediação e da conciliação*. Rio de Janeiro: Forense, 2008.

CÂMARA, A. F. *Processo civil entre eficiência e garantia*. Congresso Internacional de Direito Processual Civil Universidade do Estado do Rio de Janeiro, 2013.

CAMPANHOLE, Adriano; CAMPANHOLE, Hilton Lobo. *Constituições do Brasil*. São Paulo: Atlas, 1987.

CANTOARIO, D. M. F. Duração razoável: um mandamento constitucional para a execução por quantia certa contra os entes públicos, 2013. Disponível em: http://www.mktgen.com.br/FOR/Sumario/9788530948481_SUM.pdf. Acesso em: 9-6-2015.

CAPPALLI, Richard B.; CONSOLO, Claudio. Class Actions for continental Europe? A preliminary inquiry. *Temple International and Comparative Law Journal*, 6.2 (1993): 217-292.

CAPPELLETTI, M. Os métodos alternativos de solução de conflitos no quadro do movimento universal de acesso à justiça. *Revista de Processo*, São Paulo: Revista dos Tribunais, v. 74, p. 82-97, 1994.

_____; GARTH, B. *Acesso à Justiça*. Trad. Ellen Gracie Northfleet. Porto Alegre: Fabris, 1988.

_____. *Principii Fondamentali e Tendenze Evolutive del Processo Civile nel Diritto Comparatto*, Buenos Aires: Ediciones Juridicas Europa-America, 1973.

_____. Problemas de reforma do processo nas sociedades contemporâneas. *Revista Forense*, Rio de Janeiro: Forense, n. 318, p. 123-124, abr./jun. 1992.

_____. TALLON, D. *Les garanties fondamentales des parties dans le procès civil*. Milano: Giuffrè, 1973.

CARNELUTTI, F. *Sistema de direito processual civil*. 2. ed. São Paulo: Lemos e Cruz, 2004. v. I.

CARRARA, Sérgio. Crime e loucura: o aparecimento do manicômio judiciário na passagem do século. Rio de Janeiro: UERJ, 1998. Disponível em: http://www.eduerj.uerj.br/download/crime_loucura.pdf.

CARVALHO FILHO, J. dos S. *Manual de direito administrativo*. 23. ed. Rio de Janeiro: Lumen Juris, 2010.

CHADELAT, Catherine. *Point de vue – L'élaboration d'un Code de procédure civile*: entre pratique judiciaire et droit savant. In: CADIET, Loïc; CANIVET, Guy (Dirs.). *De la commémoration d'un code à l'autre*: 200 ans de procédure civile en France. Paris: Litec, 2006.

CHASE, O. A excepcionalidade americana e o direito processual comparado. *Revista de Processo*, São Paulo: Revista dos Tribunais, v. 110, p. 115-139, ano 28, abr./jun. 2003.

_____. I Metodi Alternativi di Soluzione delle controversie e la cultura del processo: il caso degli stati uniti d´america. In: VARANO, Vicenzo. *L´altra giustizia:* I Metodi Alternativi di Soluzione delle Controversie nel Diritto Comparato. Milano: Giuffré, 2007.

CHIAVENATO, I. *Introdução à teoria geral da administração.* 9. ed. Barueri: Manole, 2014.

CHIOVENDA, G. *Instituições de direito processual civil.* Campinas: Bookseller, 2000. v. I.

CINTRA, A.; GRINOVER, A. P.; DINAMARCO, C. R. *Teoria geral do processo.* 29. ed. São Paulo: Malheiros, 2013.

CIPRIANI, F. Il processo civile italiano tra efficienza e garanzie. *Rivista Trimestrale de Diritto e Procedura Civile.* Ano LVI, n. 4, dez. 2002.

CIVIL JUSTICE REFORM. Final Report. Chief Justice's Working Party on Civil Justice Reform, 2004. Disponível em: http://www.legco.gov.hk/yr06-07/english/bc/bc57/papers/bc570611cb2-1960-e.pdf. Acesso em: 9-6-2015.

CLARKE, A. The future of civil mediation. Civil Mediation Council. Disponível em: http://www.judiciary.gov.uk/Resources/JCO/Documents/Speeches/mr_mediation_conference_may08.pdf.

COHENDET, Marie-Anne. La collégialité des juridictions: un principe en voie de disparition? *Revue Française de Droit Constitutionnel,* Paris: PUF, n. 68, p. 713-736 (13/11), out. 2006.

COLLOCA, L.; BENEDETTI, F. Placebos and Painkillers: Is Mind as Real as Matter? *Nature Reviews:* Neuroscience, 6, 2005.

COMOGLIO, L. P. Durata ragionevole del giudizio e forme alternative di tutela. *Revista de Processo*, São Paulo: Revista dos Tribunais, v. 151, 2007.

_____. Garanzie costituzionali e giusto processo (modelli a confronto). *Revista de Processo*, São Paulo: Revista dos Tribunais, n. 90, p. 95-150, ano 23, abr./jun. 1998.

_____. FERRI, C.; TARUFFO, M. Lezioni sul Processo Civile, 2. ed., *il Mulino*, Bologna, 1998, cap. 3, "Le garanzie costituzionali", p. 55-95.

CRUZ E TUCCI, J. R. Garantias constitucionais da duração razoável e da economia processual no projeto do Código de Processo Civil. *Revis-*

ta de Processo, São Paulo: Revista dos Tribunais, v. 192, fev. 2011. *DTR* 2011/1167.

DA ROS, L. O custo da Justiça no Brasil: uma análise comparativa exploratória. Newsletter. *Observatório de elites políticas e sociais do Brasil*, p. 2-15, jul. 2015.

DAKOLIAS, M. A Strategy for Judicial Reform: The Experience in Latin America. *Virginia Journal of International Law Association*, v. 36, n. 1, p. 167-231, Fall 1995.

DAMASKA, M. R. *The Faces of Justice and State Authority*. New Haven: Yale University Press, 1991.

DEUTSCH, M. The Resolution of Conflict: Constructive and Destructive Processes. New Haven: Yale University Press, 1977.

DIDIER JR., Fredie; CUNHA, Leonardo Carneiro da. *Curso de direito processual civil*. 14. ed. Salvador: JusPodivm, 2017. v. III.

DINAMARCO, C. R. *A instrumentalidade do processo*. 13. ed. São Paulo: Malheiros, 2008.

_____. *Nova era do processo civil*. 3. ed. Malheiros: São Paulo, 2009.

_____. Decisões vinculantes. *Revista de Processo*, São Paulo: Revista dos Tribunais, n. 100, out./dez. 2000.

ESTADÃO. Em dez anos, Supremo julgou 1 milhão de ações. Disponível em: http://politica.estadao.com.br/blogs/fausto-macedo/em-dez-a-nos-supremo-julgou-1-milhao-de-acoes/.

FARIA, M. C. O acesso à justiça e a jurisprudência defensiva dos tribunais superiores. *Revista do Instituto dos Advogados de Minas Gerais*, Belo Horizonte, v. 16, [s.d.]. Disponível em: http://www.academia. edu/3499271/O_acesso_%C3%A0_justi%C3%A7a_e_a_jurisprud%-C3%AAncia_defensiva_dos_Tribunais_Superiores_-_Revista_do_Instituto_dos_Advogados_de_Minas_Gerais_v._16.

_____. O novo Código de Processo Civil *vs.* a jurisprudência defensiva. *Revista de Processo*, São Paulo: Revista dos Tribunais, 2012. Disponível em: http://www.academia.edu/3499222/O_Novo_C% C3%B3digo_de_Processo_Civil_vs._A_jurisprud%C3%AAncia_defen-siva. Acesso em: 9-6-2015.

_____. A lealdade processual, o projeto de novo Código de Processo Civil brasileiro e a experiência portuguesa. Disponível em: http://cidp.pt/publicacoes/revistas/rjlb/2015/1/2015_01_ 1395_1430.pdf. Acesso em: 9-6-2015.

_____. O formalismo exacerbado quanto ao preenchimento das guias de preparo: ainda a jurisprudência defensiva dos Tribunais Superiores. *Revista de Processo*, São Paulo: Revista dos Tribunais, v. 193, ano 36, mar. 2010.

_____. A duração razoável dos feitos: uma tentativa de sistematização na busca de soluções à crise do processo. *Revista Eletrônica de Direito Processual (REDP)*, v. 6, p. 475-796.

FERRAJOLI, L. *O direito como sistema de garantias*. In: OLIVEIRA JR., José Alcebíades de (Org.). *O novo em direito e política*. Porto Alegre: Livraria do Advogado, 1997.

_____. Giurisdizione e democrazia. *Revista da AJURIS*, v. 1, n. 75, ano XXVI, set. 1999.

FERRAZ JÚNIOR, Tércio Sampaio. O judiciário frente à divisão dos poderes: um princípio em decadência? *Revista Trimestral de Direito Público*, São Paulo: Malheiros, n. 9, p. 40-48,1995.

FISHER, Louis. *Constitutional dialogues:* Interpretation as a political process. Oxford: Princeton University Press, 1988.

_____. *The politics of executive privilege*. Durham: Carolina Academic Press, 2004.

FISS, O. *Um novo processo civil:* estudos norte-americanos sobre jurisdição, constituição e sociedade. Trad. Carlos Alberto de Salles. São Paulo: Revista dos Tribunais, 2004.

FRANCO, F. B. A fórmula do devido processo legal. *Revista de Processo*, São Paulo: Revista dos Tribunais, n. 94, p. 81-108, ano 24, abr./jun. 1999.

FRIEDMAN, Mark W. Constrained individualism in group litigation: Requiring class members to make a good cause showing before opting out of a federal class action. *The Yale Law Journal*, v. 100, 1990.

FRIGNANI, Aldo. *L'injunction nella common law e l'inibitoria del diritto italiano*. Milano: Giuffrè, 1974.

FUX, L. *Tutela de segurança e tutela da evidência: fundamentos da tutela antecipada*. São Paulo: Saraiva, 1996.

_____. *Teoria geral do processo civil*. Rio de Janeiro: Forense, 2014.

_____ (Org.). *O novo processo civil brasileiro:* direito em expectativa (reflexões acerca do projeto do novo Código de Processo Civil). Rio de Janeiro: Forense, 2011.

GALANTER, M. Why the "Haves" Come out Ahead: Speculation on the Limits of Legal Changes, 9(1) *Law & Society Review*, 95, 1974.

_____. The Vanishing Trial: An Examination of Trials and Related Matters in Federal and State Courts. 1(3). *J. of Empirical Legal Studies*, 459, 2004.

_____. Afterword: Explaining Litigation. *Law and Society Review*, v. 9, 1975.

GARCEZ, J. M. R. *Negociação. ADRS. Mediação. Conciliação e arbitragem.* 2. ed. Rio de Janeiro: Lumen Juris, 2003.

GICO JUNIOR, Ivo T. Bem-estar social e o conceito de eficiência. *Revista Brasileira de Direito*, Passo Fundo, v. 16, n. 2, p. 1-43, maio/ago. 2020.

GOLDBERG, S. B.; SANDER, F. E. A.; ROGERS, N. H.; COLE, S. R. *Dispute Resolution:* Negotiation, Mediation, and Other Processes. 4. ed. New York: Aspen Publishers, 2003.

GOLDSCHMIDT, J. *Derecho Procesal Civil.* Barcelona: Labor, 1936.

_____. *Principios Generales del Proceso.* México: Jurídica Universitaria, 1961.

_____. *Problemas Generales del Derecho.* Buenos Aires: [S.E.],1944.

_____. *Problemas Jurídicos y Políticos del Proceso Penal.* Barcelona: Bosch, 1935.

_____. *Problemi Generali del Diritto*, Trad. it. Padova: Cedam; Casa Editrice Dott. A. Milani, 1950.

GONÇALVES, Hebe S.; BRANDÃO, Eduardo P. (Orgs.) *Psicologia jurídica no Brasil.* Rio de Janeiro: Nau, 2011.

GRECO, L. *Instituições de direito processual civil.* 3. ed. Forense: Rio de Janeiro, 2011. v. 1.

_____. Garantias fundamentais do processo: o processo justo. *Mundo Jurídico.* Disponível em: https://processoemdebate.files.wordpress.com/2010/09/processo-justo_leonardo-greco.pdf. Acesso em: 9-6-2015.

GRINOVER, A. P. Controle judicial de políticas públicas. Palestra realizada no Seminário sobre Procuradoria Geral do Estado do Rio de Janeiro, 2013.

_____. DINAMARCO, C. R.; WATANABE, K. (Coords). *Participação e processo.* São Paulo: Revista dos Tribunais, 1988.

GUINCHARD, S. et al. *Droit processual:* Droit commun et droit comparé du procès équitable. 5. ed. Paris: Dalloz, 2009.

GUSMÁN, A. La función jurisdicional en las concepciones clássica, moderna y contempránea. In: GUSMÁN, A. *La función judicial.* Buenos Aires: Depalma, 1981.

HALPERIN, Jean-Louis. Le Code de procédure civile de 1806: un code de praticiens? In: CADIET, Loïc; CANIVET, Guy (Dirs.). *De la commémoration d'un code à l'autre:* 200 ans de procédure civile en France. Paris: Litec, 2006.

HILL, F. P. A nova lei de mediação italiana. *Revista Eletrônica de Direito Processual,* v. 1. Disponível em: http://www.redp.com.br. Acesso em: 10-1-2011.

JUSSIM, L.; ECCLES, J.; MADON, S. Social Perception, Social Stereotypes, and Teacher Expectations: Accuracy and the Quest for the Powerful Self-fulfilling Prophecy. *Advances in Experimental Social Psychology,* 28, 1996.

KLIPPEL, R.; ARAÚJO, J. H. M.; DIDIER JR, F. (Orgs.). *O projeto do novo Código de Processo Civil.* Salvador: JusPodivm, 2011.

KOMATSU, Roque. *Da invalidade no processo civil.* São Paulo: Revista dos Tribunais, 1991.

KRAMMER, Larry. Choice of law in complex litigation. *New York University Law Review,* v. 71, 1996.

LAMBERTUCCI, Leonardo Luís. Breves considerações sobre a repercussão geral das questões constitucionais no recurso extraordinário. Disponível em: http://www.unibrasil.com.br/arquivos/direito/20092/leonardo-luis-lambertucci.pdf.

LANE, Silvia T Maurer. O que é psicologia social. Disponível em: https://edisciplinas.usp.br/pluginfile.php/139985/mod_resource/content/1/O-que-%C3%A9-Psicologia-Social.pdf.

LEAL, Márcio Flávio Mafra. *Ações coletivas:* história, teoria e prática. Porto Alegre: Sergio Antonio Fabris, 1998.

LESSA, Pedro. *Do Poder Judiciário.* Edição fac-similar, Brasília: Senado Federal, 2003.

LEVINE, J. D. et al. Analgesic Responses to Morphine and Placebo in Individuals with Postoperative Pain. *Pain,* 10, 1981.

LI, K. W.; KILGOUR, D. M.; HIPEL, K. H. Status quo analysis of an environmental conflict. *Proceedings of the IEEE International Conference on Systems, Man and Cybernetics,* v. 4, p. 3700-3705, 2003.

LINDBLOM, Per Henrik. Group actions in civil procedure in Sweden. *A national report for the XIII international congress of comparative law*. Montreal: august 19-25, 1990.

MANCUSO, R. de C. *A resolução dos conflitos e a função judicial no contemporâneo estado de direito*. São Paulo: Revista dos Tribunais, 2009.

_____. *Jurisdição coletiva e coisa julgada:* teoria geral das ações coletivas. São Paulo: Revista dos Tribunais, 2007.

MADON, S.; JUSSIM, L.; ECCLES, J. In Search of the Powerful Self-fulfilling Prophecy. *Journal of Personality and Social Psychology*, 72, 1997.

MARINONI, L. G.; MITIDIERO, D. *O projeto do CPC:* críticas e propostas. São Paulo: Revista dos Tribunais, 2010.

_____. *Novas linhas do processo civil:* o acesso à justiça e os institutos fundamentais do direito processual. 2. ed. São Paulo: Revista dos Tribunais, 1997.

MARQUES, C. L. *Contratos no Código de Defesa do Consumidor*. 4. ed. São Paulo: Revista dos Tribunais, 2002.

MAYER, K. R. *With the stroke of a pen:* Executive orders and presidential power. Princeton: Princeton University Press, 2002.

MCKEE, S. Gordon. *Class actions in Canada*: a potentially momentous change to canadian litigation. The Fraser Institute., out. 1999.

MENDES, C. H. Is it all about the last word? *Legisprudence (Oxford. Print)*, Oxford: *Oxford University Press*, v. 3, p. 69-110, 2009.

_____. *Direitos fundamentais, separação de poderes e deliberação*. São Paulo: Saraiva, 2011.

MENDES, A. G. de C. *Ações coletivas no direito comparado e nacional*. São Paulo: Revista dos Tribunais, 2002. v. 4.

MERTON, R. K. The self-fulfilling prophecy. *The Antioch Review*, 8(2), 193-210, 1948. DOI: 10.2307/4609267.

MIRELLES, H. L. *Direito administrativo brasileiro*. 32. ed. São Paulo: Malheiros, 2006.

MITIDIERO, D. Direito fundamental ao processo justo. Disponível em: http://www.rkladvocacia.com/arquivos/artigos/art_srt_arquivo20130419164953.pdf. Acesso em: 15-7-2015.

_____. *Colaboração no processo civil:* pressupostos sociais, lógicos e éticos. São Paulo: Revista dos Tribunais, 2009.

M. MORELLO, A. *Constitución y Proceso:* la nueva edad de las garantías jurisdiccionales. La Plata/Buenos Aires: Abeledo-Perrot, 1998.

MONTENEGRO FILHO, M. *Projeto do novo Código de Processo Civil:* confronto entre o CPC atual e o projeto do novo CPC – com comentários às modificações substanciais. São Paulo: Atlas, 2011.

NADER, P. *Introdução ao estudo do direito.* 36. ed. Rio de Janeiro: Forense, 2014.

NASCIMENTO, Carlos Valder. *Coisa julgada inconstitucional.* Rio de Janeiro: América Jurídica: 2002.

NEVES, A. Castanheira. *O instituto dos "assentos" e a função jurídica dos supremos tribunais.* Coimbra: Coimbra Ed., 1983.

NUNES, D. J. Coelho. *Processo jurisdicional democrático:* uma análise crítica das reformas processuais. 1. ed. 2. reimp. Curitiba: Juruá, 2010.

OLIVEIRA, C. A. A. *Do formalismo no processo civil:* proposta de um formalismo valorativo. 3. ed. São Paulo: Saraiva, 2009.

_____. O formalismo-valorativo no confronto com o formalismo excessivo. Porto Alegre: PPGD-UFRGS, 2001. Disponível em: http://www.ufrgs.br/ppgd/doutrina/CAO_O_Formalismo-valorativo_no_confronto_com_o_Formalismo_excessivo_290808.htm. Acesso em: 15-7-2015.

_____. Poderes do juiz e visão cooperativa do processo. Disponível no endereço eletrônico: www.egov.ufsc.br. Acesso em: 15-7-2015.

PANTOJA, F. M. Mediação judicial. In: PINHO, Humberto Dalla Bernardina de (Org.). *Teoria geral da mediação à luz do projeto de lei e do direito comparado.* Rio de Janeiro: Lumen Juris, 2008.

PAUMGARTTEN, M. *Justiça, jurisdição e mediação:* o desafio de resolver os conflitos sob uma base qualitativa de justiça. 2012. 215 f. Dissertação (Mestrado em Direito) – Universidade Estácio de Sá, Rio de Janeiro, 2012.

_____; PINHO, H. D. B. de. A institucionalização da mediação é a panaceia para a crise do acesso à justiça? In: COUTO, Monica Bonetti; MEIRELLES, Delton Ricardo Soares; MATOS, Eneas de Oliveira. (Orgs.). *Acesso à justiça.* Florianópolis: Funjab, 2012.

PICARDI, N. *Jurisdição e processo.* Rio de Janeiro: Forense, 2008.

PICÓ I JUNOY, J. El principio de la buena fe procesal y su fundamento constitucional. *Revista de Processo*, São Paulo: Revista dos Tribunais, v. 196, p. 131-162, 2011.

PINHO, H. D. B. de. Mecanismos de solução alternativa de conflitos: algumas considerações introdutórias. *Revista Dialética de Direito Processual*, v. 17, p. 9-14, São Paulo: Oliveira Rocha, 2004.

_____. (Org.). *Teoria geral da mediação à luz do projeto de lei e do direito comparado*. Rio de Janeiro: Lumen Juris, 2008.

_____. Mediação: a redescoberta de um velho aliado na solução de conflitos. In: PRADO, Geraldo (Org.). *Acesso à justiça: efetividade do processo*. Rio de Janeiro: Lumen Juris, 2005.

_____. DURÇO, K. A. A mediação e a solução dos conflitos no estado democrático de direito. O "juiz Hermes" e a nova dimensão da função jurisdicional. *Revista Eletrônica de Direito Processual*, v. 2, ano 2, jan./dez. 2008. Disponível em: http://www.redp.com.br. Acesso em: 15-7-2015.

_____. Mediação: a redescoberta de um velho aliado na solução de conflitos. In: PRADO, Geraldo (Org.). *Acesso à justiça: efetividade do processo*. Rio de Janeiro: Lumen Juris, 2005.

_____. A mediação e a necessidade de sua sistematização no processo civil brasileiro. Disponível em: http://www.humbertodalla. pro.br/arquivos/A%20MEDIA%C3%87%C3%83O%20E%20A%20NE CESSIDADE%20DE%20SUA%20SISTEMATIZA%C3%87%- C3%83O%20NO%20PROCESSO%20CIVIL%20BRASILEIRO.pdf. Acesso em: 15-7-2015.

PINTO, P. D. Presidentes, presidencialismo e o poder executivo no Brasil: o fenômeno presidencial no Brasil, modelos comparados e perspectivas de evolução. 2015. 264 f. Dissertação (Mestrado em Direito) – Universidade do Estado do Rio de Janeiro, Rio de Janeiro, 2015.

PIRES, A. A. Mediação e conciliação: breves reflexões para uma conceituação adequada. In: AZEVEDO, André Goma de (Org.). *Estudos de arbitragem, mediação e negociação*. Brasília: Brasília Jurídica, 2002.

PIRIE, A. *Alternative Dispute Resolution Skills, Science and the Law*. Toronto: Irwin Law, 2000.

PONTES DE MIRANDA, Francisco Cavalcanti. *Comentários ao CPC*. Rio de Janeiro, 1973. t. VIII.

PRESS, S. Institutionalization: Savior or Saboteur of Mediation? *Florida State University Law Review*, v. 24, p. 903-917, Flórida, jan. 1997.

PUOLI, José Carlos Baptista. *Os poderes do juiz e as reformas do processo civil*. São Paulo: Juarez de Oliveira, 2002.

RAWLS, J. *A Theory of Justice*. Cambridge: Belknap Press, 2005.

REALE, M. *Filosofia do direito*. 20. ed. São Paulo: Saraiva, 2002.

REDONDO, Bruno Garcia. Precedente judicial no direito processual civil brasileiro. In: MENDES, Aluísio Gonçalves de Castro; MARINONI, Luiz Guilherme; WAMBIER, Teresa Arruda Alvim (Coords.). *Direito jurisprudencial*. São Paulo: Revista dos Tribunais, 2014. v. 2.

REIS, José Alberto dos. A figura do processo cautelar. Separata do *Boletim do Ministério da Justiça*, n. 3, Lisboa, 1947.

_____. *Processos especiais*. Coimbra: Coimbra Ed., 1982.

RIVAS, Adolfo Armando. *Derecho procesal:* Tratado de los recursos ordinarios y el proceso en las instancias superiores. Buenos Aires: Abaco, 1991. t. I.

RODRIGUES JÚNIOR, W. E. *A prática da mediação e o acesso à justiça*. Belo Horizonte: Del Rey, 2006.

ROUSSEAU, J. J. *Do contrato social*. Disponível em: http://www.ebooksbrasil.org/adobeebook/contratosocial.pdf. Acesso em: 15-7-2015.

ROVINSKI, S. L. R. *Fundamentos da perícia psicológica forense*. São Paulo: Vetor, 2004.

SAMPAIO, M. A. *A medida provisória no presidencialismo brasileiro*. São Paulo: Malheiros, 2007.

SANTOS, Boaventura de Souza. Introdução à sociologia da administração da justiça. In: FARIA, José Eduardo (Org.). *Direito e justiça:* a função social do judiciário. São Paulo: Ática, 1989.

SAVATIER, R. *L'inflation legislative et l'indigestion du corps social*. Paris: Dalloz, 1977.

SCARSELI, G. Sulla Necessità Di Ampliare L'ambito Dei Titoli Esecutivi Nonché L'accesso All'esecuzione Forzata. *Judicium*. Il processo civile in Italia e in Europa. Disponível em: www.judicium.it. Acesso em: 15-7-2015.

SERPA, M. de N. *Teoria e prática da mediação de conflitos*. Rio de Janeiro: Lumen Juris, 1999.

SILVA, I. S. do N. da. Problemas extrajurídicos do estado de direito e a edição da lei justa. *Migalhas*, 2013. Disponível em: http://www.academia.edu/3711803/Problemas_Extrajur%C3%ADdicos_do_Estado_

de_Direito_e_a_Edi%C3%A7%C3%A3o_de_lei_justa. Acesso em: 9 jul. 2015.

_____. O STF e a tempestividade do recurso prematuro ou extemporâneo. *Portal Processual*. Disponível em: http://portalprocessual.com/o-stf-e-a-tempestividade-do-recurso-prematuro-ou-extemporaneo. Acesso em: 9-7-2015.

_____. O princípio da igualdade como pressuposto de validade da mediação para uma tutela jurisdicional efetiva. 2015. Dissertação (Mestrado em Direito) – Universidade do Estado do Rio de Janeiro, Rio de Janeiro, 2015.

SILVA, J. A. da. *Curso de direito constitucional positivo*. 19. ed. São Paulo: Malheiros, 2001.

SILVA, O. B. da. Processo de conhecimento e procedimentos especiais. In: WAMBIER, Luiz Rodrigues; WAMBIER, Teresa Arruda Alvim (Orgs.). *Doutrinas essenciais*: processo civil. São Paulo: Revista dos Tribunais, 2011. v. 2.

TALAMINI, Eduardo. Incidente de resolução de demandas repetitivas (IRDR): pressupostos. *Migalhas*. Disponível em: http://www.migalhas.com.br/dePeso/16,MI236580,31047-Incidente+de+resolucao+de+-demandas+repetitivas+IRDR+pressupostos. Acesso em: 21-8-2016.

TARELLO, Giovanni. *Dottrine del processo civile*: studi storici sulla formazione del diritto processuale civile. Bologna: Il Mulino, 1989.

TARUFFO, M. *La composizione delle liti: la conciliazione*. In: *Autodisciplina, conciliazione, arbitrato*: il Progetto Giustizia della Camera di Commercio di Milano, atti della giornata di studio, Milano, 7 febbraio 1997, p. 25.

_____. Verità negoziata? *Rivista Trimestrale di Diritto e Procedura Civile*, Milano: Dott. A. Guiffrè Editore, 2008, Suppl., 69 s.

_____. Leyendo a Ferrajoli: consideraciones sobre la jurisdicción. *Páginas sobre Justicia Civil*. Madri: Marcial Pons, 2009.

_____. Idee Per Una Teoria Della Decisione Giusta. In: *Sui Confini*: Scritti Sulla Giustizia Civile. Bologna: Il Mulino, 2013.

_____. Cultura e processo. *Rivista Trimestrale di Diritto e Procedura Civile*, Milano: Dott. A. Guiffrè Editore, 2009, p. 63-91.

TEDESCO, P. C. Jurisprudência defensiva de segunda geração. *Revista de Processo*, São Paulo: Revista dos Tribunais, v. 182, p. 259, abr. 2010.

TELLES JUNIOR, Goffredo da Silva. Carta aos brasileiros. *Revista da Faculdade de Direito da USP*, v. 2, p. 411, 1977.

TESHEINER, José Maria Rosa. Em tempo de reformas: o reexame de decisões judiciais. In: FABRÍCIO, Adroaldo Furtado (Coord.). *Meios de impugnação ao julgado civil:* estudos em homenagem a José Carlos Barbosa Moreira, Rio de Janeiro: Forense, 2007.

THEODORO JÚNIOR, H. *Curso de direito processual civil.* 41. ed. Rio de Janeiro: Forense, 2004. v. 1.

THOMAS, W. I.; Thomas, F. S. *The child in America:* Behavior problems and programs. New York: Knopf, 1928.

TOCQUEVILLE, Alexis. *De la démocratie en Amérique.* Coll. Garnier-Flammarion, Ed. Flammarion, 1993.

TROCKER, Nicolò; VARANO, Vincenzo. *The reforms of civil procedure in comparative perspective.* Torino: G. Giappichelli, 2005.

_____. Il nuovo articolo 111 della costituzione e il "giusto processo" in materia civile: profi li generali. *Rivista Trimestrale di Diritto e Procedura Civile*, Milano: Dott. A. Guiffrè Editore, n. 2, anno LV, 2001.

UNIÃO EUROPEIA. Convention for the Protection of Human Rights and Fundamental Freedoms. Disponível em: http://conventions.coe.int/Treaty/en/Treaties/Html/005.htm.

VARANO, Vincenzo. Momenti fondamentali nella storia delle corti inglesi dalla conquista normanna ai Judicature Acts 1873-1875. In: *Organizzazione e garanzie della giustizia civile nell'Inghilterra moderna.* Milano: Giuffrè, 1973.

WACH, A. *La pretensión de declaración:* un aporte a la teoria de la pretensión de protección del derecho. Trad. Juan M Semon. Buenos Aires: EJEA, 1962.

WAMBIER L. R.; VASCONCELOS, R. de C. C. de. O projeto do novo Código de Processo Civil e a eliminação da audiência preliminar: um retrocesso na efetividade, celeridade e razoável duração do processo. *Revista de Processo*, São Paulo: Revista dos Tribunais, v. 199, p. 195-204, set. 2011. *DTR* 2011/2446.

WAMBIER, T. A. A. *Anotações sobre a efetividade do processo. RT*, São Paulo: Revista dos Tribunais, v. 814, ago. 2003.

_____. Civil procedure in time of crisis. *Revista de Processo*, São Paulo: Revista dos Tribunais, v. 244, p. 381-389, 2015.

_____. Fundamentos do processo. *RT*, São Paulo: Revista dos Tribunais, v. 96, p. 11-29, 2007.

_____. O princípio da fungibilidade sob a ótica da função instrumental do processo. *RT*, São Paulo: Revista dos Tribunais, v. 93, n. 821, p. 39-74, 2004.

_____. Mandatory mediation: Is it the best choice? *Revista de Processo*, São Paulo: Revista dos Tribunais, v. 38, p. 413-451, 2015.

WATANABE, K. et al. *Código brasileiro de Defesa do Consumidor comentado pelos Autores do Anteprojeto*. 6. ed. São Paulo: Forense Universitária, 1999.

WATSON, G. D. QC. From an adversarial to a managed system of litigation: A comparative critique of Lord Woolf's interim report. In: SMITH, Roger (Ed.). *Achieving Civil Justice*, Legal Action Group, 1996.

WOLKART, Erik Navarro. Análise econômica e comportamental do processo civil: como promover a cooperação para enfrentar a tragédia da justiça no processo civil brasileiro. 2018. Tese (Doutorado em Direito) – Universidade do Estado do Rio de Janeiro, Rio de Janeiro, 2018.

WOLLSCHLÄGER, Christian. Introduzione: La Zivilprozessordnung del 1877/1898. In: *Ordinanza della procedura civile dell'Impero Germanico* – 1877/1898. Milano: Giuffrè, 2002.

WOOLF, Lord M. R. *Final Report on access to justice*, jul. 1996.

ZACLIS, Lionel. *Proteção coletiva dos investidores no mercado de capitais*. São Paulo: Revista dos Tribunais, 2007.

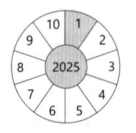